JN044824

2024 TBC 中小企業診断士試験シリーズ

速修テキスト

6 経営情報システム

TBC受験研究会
山口 正浩［監修］
渡邉義一　福井泰介　吉田 昭　小路康弘
小林 仁　藤田浩幸　米森啓貴［編著］

早稲田出版
WASEDA PUBLISHING

受験校のインプット講座をまるごと収録した2024年版速修テキスト！

独学合格のための効率的インプット学習

中小企業診断士の１次試験の学習は、本試験の選択肢を判断するために必要な知識を習得する「インプット学習」がとても大切です。

速修テキストは、受験校のインプット講座（テキスト・講義・理解度確認テスト・重要例題）をまるごと収録しているため、これ一冊で、一般的な受験校と同様のインプット学習に取り組むことができます。

I 効率的インプット学習の取り組み方

テキスト ＋ 無料講義動画 ＋ 章末問題 ＋ 重要例題

１次試験の学習では、科目合格を狙う受験生と、７科目全ての科目の合格を狙う受験生で、各科目にかける学習時間が異なります。効率的にインプット学習を行うためには、テーマ別の重要度に合わせて、経営情報システムに対する時間配分を考えながら学習を進めましょう。

合格者に学ぶ！必勝学習法①

無料講義の中で、講師が説明する重要ポイントを理解しながら、一緒に学習しました。苦手な「経済学・経済政策」「運営管理」「企業経営理論」は時間をかけて勉強し、理解できるまで繰り返し動画を見ました。その中でも経済学・経済政策は苦手意識が強く、また理解が必要な科目でもあったため、経済学・経済政策の講義は３回以上見たかと思います。

さらに詳しく！　写真入りの体験談と学習法はこちらをチェック

※Cookieのブロックの解除をお願いします。

【 経営情報システムの重要度マークと学習の取り組み方 】

重要度	重要度別の学習の取り組み方
基	各章の学習内容を理解していく上で前提となる**基礎**のテーマです。 まず、基礎のテーマから学習をはじめて、知識の基礎固めをしましょう。
A	**直近10年間**の本試験で**5回以上**出題された、**重要度Aランク**のテーマです。本試験で**4割以下の足切りにならない**ためにも、しっかりと理解して、覚えてほしいテーマです。
B	**直近10年間**の本試験で**4回〜3回**出題された、**重要度Bランク**のテーマです。本試験で**6割を得点するため**には、上記2つのテーマとともに、しっかりと理解して、覚えるようにしましょう。
C	**直近10年間**の本試験で**2回以下**の出題頻度で、**重要度Cランク**のテーマです。上記3つのテーマの学習が完璧になったら学習に取り組みましょう。本試験で**6割以上を狙う場合**には、しっかりと理解して、覚えるようにしましょう。

【 テーマ別出題ランキング 】
(各章トビラ対向ページに掲載)

テーマ別出題ランキング

過去18年分 平成18年(2006年)〜令和5年(2023年)	
1位	入出力装置
2位	記憶装置
3位	SQL

直近10年分 平成26年(2014年)〜令和5年(2023年)	
1位	入出力装置
2位	記憶装置
3位	SQL
3位	重要な言語
3位	アウトソーシング

過去18年間の出題傾向

18年間で、コンピュータ操作時に必要となる入出力装置が22回、記憶装置が各17回、SQLが16回以上出題されている。コンピュータ操作時にはキーボードやセンサー、記憶装置から入力した情報を、オペレーティングシステムの制御で処理し、人間が認識できる画面やデータに出力する流れの中でどのような技術が使われているかのイメージが重要になる。

各章の学習を始める前に、各章のテーマ別出題ランキングで、過去18年分と直近10年分のテーマ別の出題ランキングを把握しましょう。

【 出題年度・頻度や重要箇所が一目でわかるテキスト本文 】

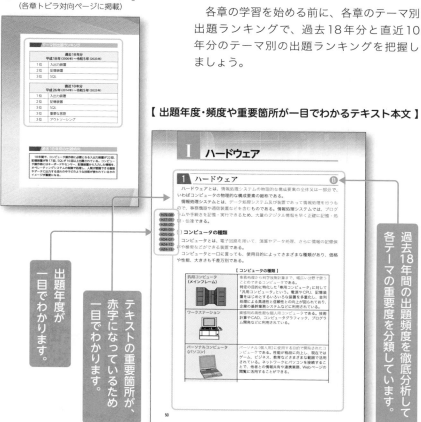

I ハードウェア

1 ハードウェア B

ハードウェアとは、情報処理システムの物理的な構成要素の全体又は一部分で、いわばコンピュータの物理的な構成要素の総称である。

情報処理システムとは、データ処理システム及び装置であって情報処理を行うもので、事務機器や通信装置などを含むものである。情報処理システムでは、プログラムや手続きを記憶・実行できるため、大量のデジタル情報を早く正確に記憶・処理・伝達できる。

H29-08 H27-01 H25-02 H25-03 H25-02 H24-07 H24-12 H24-15

(1) コンピュータの種類

コンピュータとは、電子回路を用いて、演算やデータ処理、さらに情報の記憶保存や検索などができる装置である。

コンピュータと一口に言っても、使用目的によってさまざまな種類があり、価格や性能、大きさも千差万別である。

【 コンピュータの種類 】

汎用コンピュータ(メインフレーム)	事務処理から科学技術計算まで、幅広い分野で使うことのできるコンピュータである。特定の目的に特化した「専用コンピュータ」に対して「汎用コンピュータ」という。電源やCPU、記憶装置をはじめとするいろいろな装置を多重化し、並列処理による高速性と信頼性との向上が図られており、企業の基幹業務システムなどに利用されている。
ワークステーション	業務用の高性能な個人用コンピュータである。技術計算やCAD、コンピュータグラフィック、プログラム開発などに利用されている。
パーソナルコンピュータ(パソコン)	パーソナル(個人用)に使用する目的で開発されたコンピュータである。性能が格段に向上し、現在ではゲーム、ビジネス、教育などさまざまな範囲で活用されている。ネットワークにパソコンを接続することで、他者との情報共有や連携業務、Webページの閲覧に活用することができる。

50

出題年度が一目でわかります。

テキストの重要箇所が、赤字になっているため一目でわかります。

過去18年間の出題頻度を徹底分析して各テーマの重要度を分類しています。

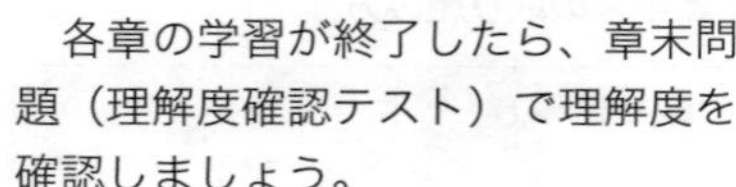

各章の学習が終了したら、章末問題（理解度確認テスト）で理解度を確認しましょう。

【 章末問題 】

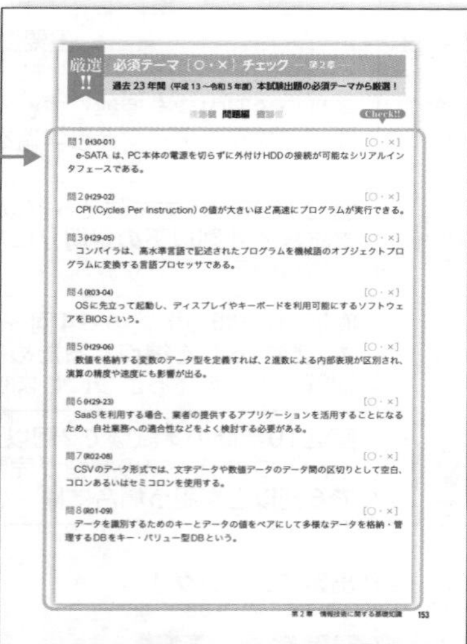

厳選!! 必須テーマ［○・×］チェック ―第2章―

過去23年間（平成13～令和5年度）本試験出題の必須テーマから厳選！

問題編　Check!!

問1 (H30-01)　［○・×］
e-SATA は、PC本体の電源を切らずに外付けHDDの接続が可能なシリアルインタフェースである。

問2 (H29-02)　［○・×］
CPI (Cycles Per Instruction) の値が大きいほど高速にプログラムが実行できる。

問3 (H29-05)　［○・×］
コンパイラは、高水準言語で記述されたプログラムを機械語のオブジェクトプログラムに変換する言語プロセッサである。

問4 (R03-04)　［○・×］
OSに先立って起動し、ディスプレイやキーボードを利用可能にするソフトウェアをBIOSという。

問5 (H29-06)　［○・×］
数値を格納する変数のデータ型を定義すれば、2進数による内部表現が区別され、演算の精度や速度にも影響が出る。

問6 (H29-23)　［○・×］
SaaSを利用する場合、業者の提供するアプリケーションを活用することになるため、自社業務への適合性などをよく検討する必要がある。

問7 (R02-08)　［○・×］
CSVのデータ形式では、文字データや数値データのデータ間の区切りとして空白、コロンあるいはセミコロンを使用する。

問8 (R01-09)　［○・×］
データを識別するためのキーとデータの値をペアにして多様なデータを格納・管理するDBをキー・バリュー型DBという。

第2章　情報技術に関する基礎知識　153

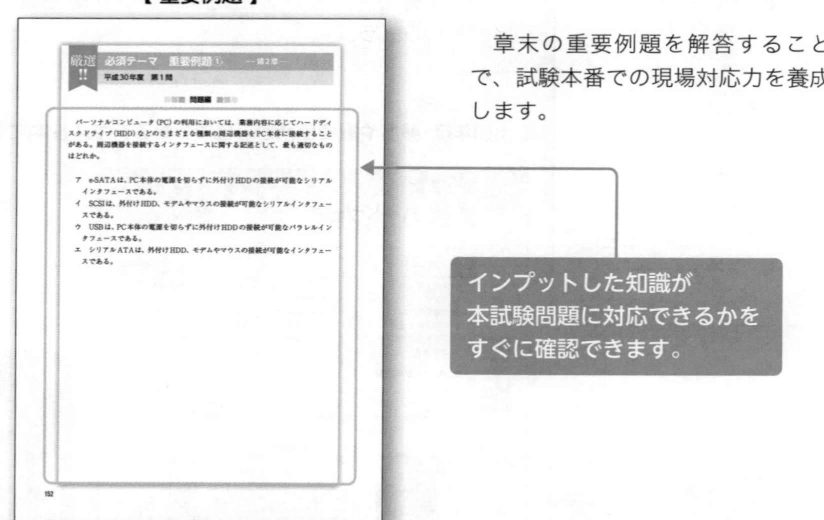

過去23年間（平成13～令和5年度）の本試験出題の過去問から必須テーマを厳選しています。

【 重要例題 】

厳選!! 必須テーマ　重要例題①　―第2章―

平成30年度　第1問

問題編

パーソナルコンピュータ(PC)の利用においては、業務内容に応じてハードディスクドライブ(HDD)などのさまざまな種類の周辺機器をPC本体に接続することがある。周辺機器を接続するインタフェースに関する記述として、最も適切なものはどれか。

ア　e-SATAは、PC本体の電源を切らずに外付けHDDの接続が可能なシリアルインタフェースである。
イ　SCSIは、外付けHDD、モデムやマウスの接続が可能なシリアルインタフェースである。
ウ　USBは、PC本体の電源を切らずに外付けHDDの接続が可能なパラレルインタフェースである。
エ　シリアルATAは、外付けHDD、モデムやマウスの接続が可能なインタフェースである。

152

章末の重要例題を解答することで、試験本番での現場対応力を養成します。

インプットした知識が本試験問題に対応できるかをすぐに確認できます。

本書の使い方も、TBC受験研究会統括講師（NHK「資格☆はばたく」中小企業診断士代表講師、司会進行講師）の山口正浩が動画解説しています。こちらもご参照ください。

※Cookieのブロックの解除をお願いします。

II 出題マップの活用

巻末（p.326～327）の「出題マップ」では、本書の章立てに合わせて、本試験の出題論点を一覧表にしています。最近の出題傾向の把握に活用できます。

【 出題マップ 】

出題マップ：経営情報システム

第1章：経営戦略と情報システム		令和5年度	令和4年度		令和3年度	令和2年度	令和元年度
I	経営戦略と情報化						
II	経営革新と情報システム	03-ニューラルネットワーク,深層学習、04-半構造化データ、15-DX、16-ダイシング、24-混同行列、25-情報流通の特徴	04-データレイク、09-DXレポート2.1、15-機械学習、25-ブロックチェーン		02-RFID、08-データの収集・加工・分析、13-人工知能（AI）、15-SoS、16-DX	11-AI、16-新システムへの移行、22-サブスクリプション、25-RPA	15-ERPシステム、16-意思決定のためのデータ支援
III	情報活用の関連用語						
第2章：情報技術に関する基礎知識							
I	ハードウェア	01-フラッシュメモリ、10-ストレージ技術	01-Bluetooth				
II	ソフトウェア		02-Python、03-プログラミング言語、21-スループット,レスポンスタイム		04-ソフトウェアの役割・機能、05-OSS、06-Python		04-表計算ソフト
III	アルゴリズムとデータ構造						
IV	情報処理システムの形態と関連技術	07-マルチメディアのファイル形式、14-アナログデータのデジタル化、19-ITサービスマネジメント	12-システムの処理能力、18-SLA、22-アウトソーシング,クラウドコンピューティング				
V	ファイルとデータベース	02-正規表現、05-データベース管理システム、08-正規化、09-SQL	02-KVS、05-SQL、06-相対パス、14-データベース			06-正規化、07-ACID特性、08-CSVファイル	09-データモデル
第3章：通信技術に関する基礎知識							
I	通信ネットワーク	12-LAN接続機器、13-ネットワークの性能	01-無線LAN規格、08-IPアドレス				
II	インターネット	11-サブネットマスク、15-Society5.0,Web3.0,インダストリー4.0	07-通信プロトコル、08-ドメイン、10-オープンデータ		12-チャットボット、17-SOA	05-Cookie、19-ユーザビリティ	03-Webアプリケーション、05-マッ 08-プロトコル、
第4章：システムの開発・運用・評価							
I	情報システムの開発	17-モデリング手法、18-エラー埋め込み法	11-クラス図、13-システム開発方法論		14-UML、18-エクストリーム・プログラミング、19-共通フレーム2013	03-オブジェクト指向、17-UMLのダイアグラム、20-ブラックボックステスト	17-システム開発手法、18-テスト
II	情報システムの評価	06-負荷分散、20-プロジェクト管理	19-CPI,SPI、21-RASIS		20-情報システムの信頼性、23-顧客生涯価値	14-インターネットマーケティングの効果測定指標、18-プロジェクト管理、	13-システムの稼働率、21-バランスト・スコアカード
III	情報システムの運用	21-モバイル端末管理、22-ネットワークセキュリティ、23-リスクマネジメント	07-SSL/TLS、16-IDとパスワード、17-リスク対応、18-ITサービスマネジメント、20-デジタル署名		11-認証、21-ゼロトラスト、22-情報セキュリティ5か条、25-テレワークセキュリティガイドライン	10-ネットワークセキュリティ、15-ITガバナンス、21-リスクの対応策	14-ビジネスモデル特許、19-暗号化、20-中小企業の情報セキュリティ対策、25-標準化組織
第5章：統計解析							
I	統計解析の基礎					23-データや統計量の解釈	24-代表値とバラツキの統計量
II	確率分布						
III	検定・推定		23-統計的仮説検定、24-母平均と母分散		24-検定方法		
IV	多変量解析					23-データや統計量の解釈、24-データ分析手法	
その他							

326

出題論点が多く記入されている箇所は出題頻度が高くなっています。

合格者に学ぶ！必勝学習法②

講義動画の良い所は、スマートフォンがあればどこでもアクセスでき、理解が難しい所を繰り返し視聴することができる事です。移動中などのちょっとした空き時間に繰り返し視聴しました。テキストを読み直す度に講義の記憶が呼び戻され、まるで「テキストが語りかける」感覚があり、試験当日も講義内容が頭に浮かび何度も助けられました。

さらに詳しく！　写真入りの体験談と学習法はこちらをチェック

※Cookieのブロックの解除をお願いします。

目 次

第5章 統計解析

2024年版 TBC中小企業診断士試験シリーズ

速修 テキスト

6 経営情報システム

経営情報システムの体系図

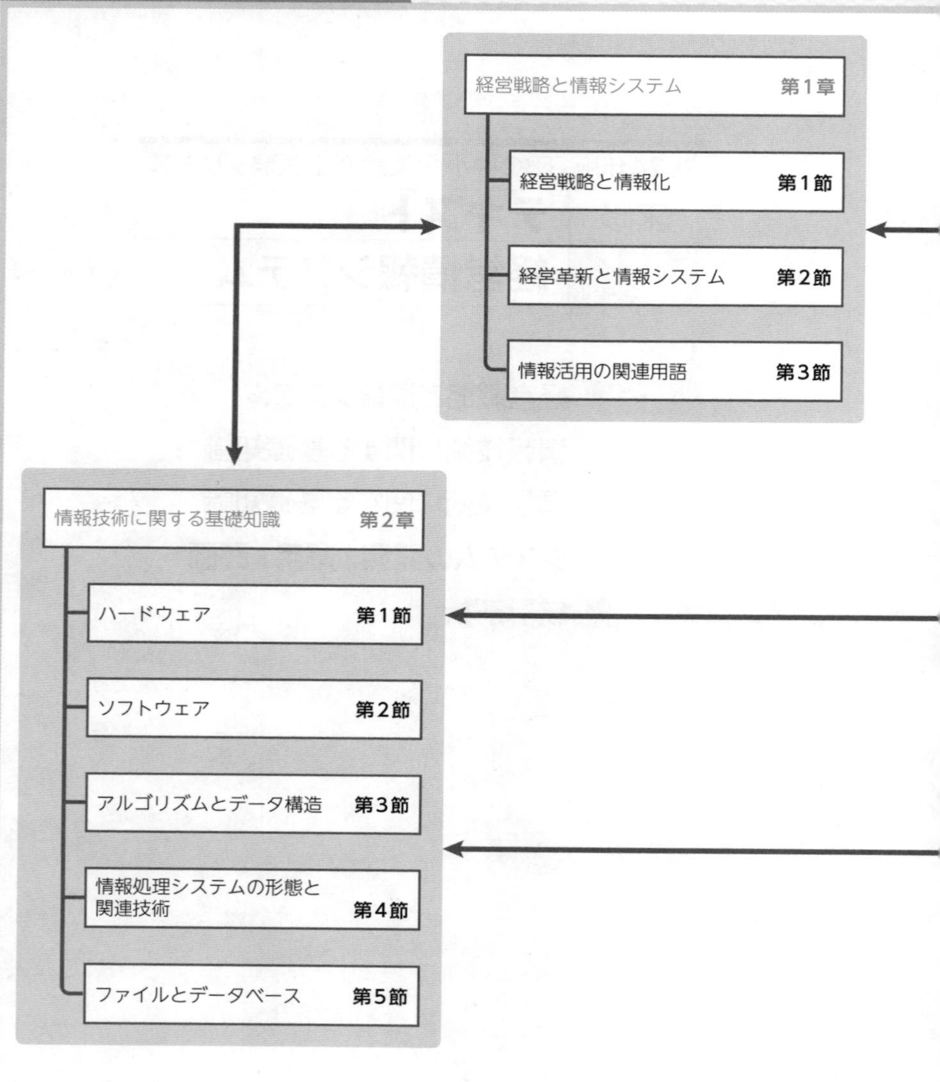
経営戦略と情報システム 第1章
経営戦略と情報化 第1節
経営革新と情報システム 第2節
情報活用の関連用語 第3節
情報技術に関する基礎知識 第2章
ハードウェア 第1節
ソフトウェア 第2節
アルゴリズムとデータ構造 第3節
情報処理システムの形態と関連技術 第4節
ファイルとデータベース 第5節

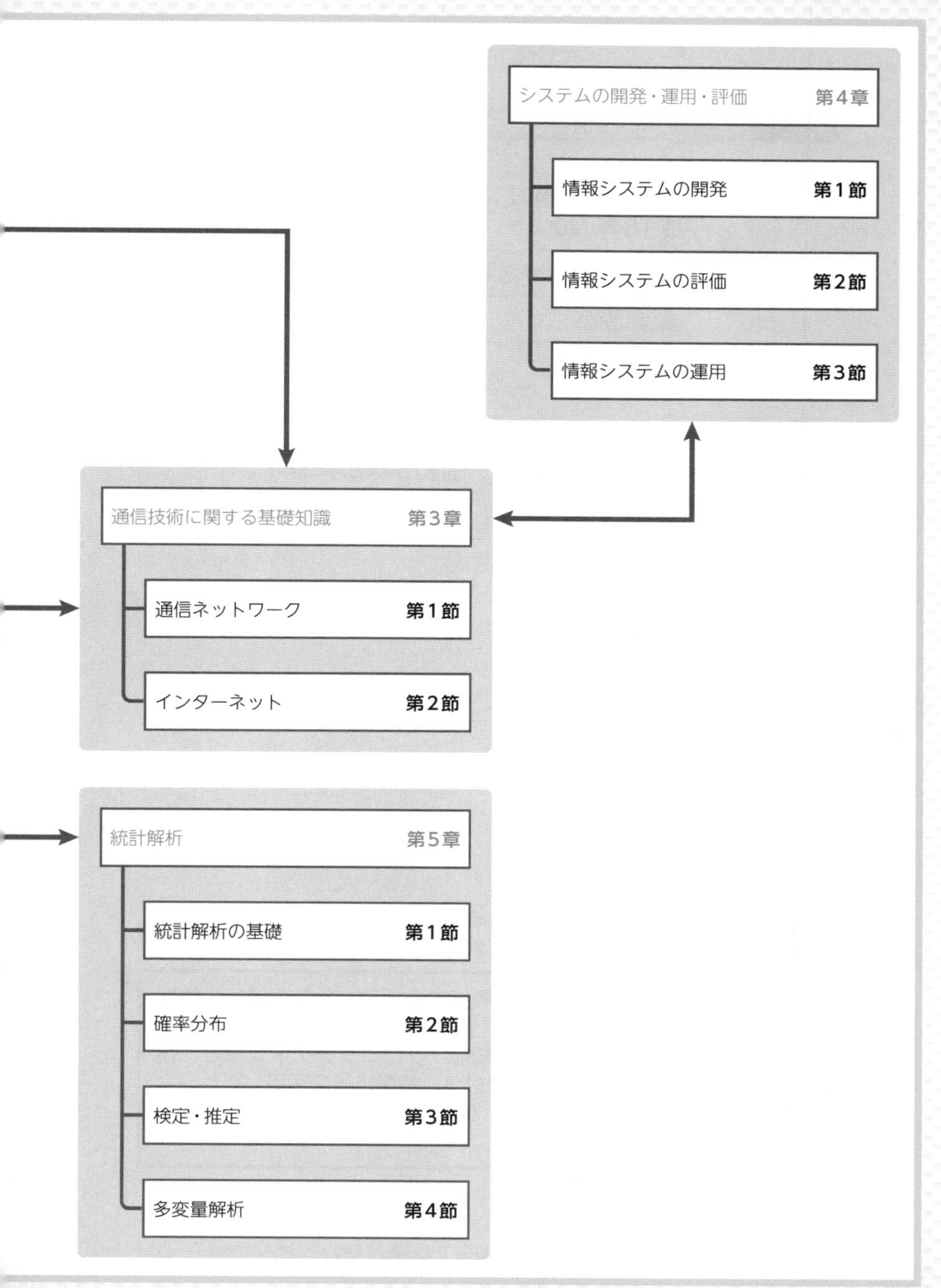
システムの開発・運用・評価 第4章
情報システムの開発 第1節
情報システムの評価 第2節
情報システムの運用 第3節
通信技術に関する基礎知識 第3章
通信ネットワーク 第1節
インターネット 第2節
統計解析 第5章
統計解析の基礎 第1節
確率分布 第2節
検定・推定 第3節
多変量解析 第4節

テーマ別出題ランキング

過去18年分 平成18年（2006年）～令和5年（2023年）	
1位	情報分析・情報活用
2位	業務改革
3位	基幹業務

直近10年分 平成26年（2014年）～令和5年（2023年）	
1位	業務改革
2位	情報分析・情報活用
3位	基幹業務

過去18年間の出題傾向

18年間で、情報システムや情報技術を活用した情報活用・情報分析が15回、業務変革が14回、基幹業務が7回以上出題されている。例えば、DXやRPA、人工知能、ブロックチェーンなど、情報通信白書など行政機関の白書で扱う、情報技術を活用したビジネスや活用している情報技術に関する時事的な用語に、普段から触れることが重要になる。

第 1 章

経営戦略と情報システム

I 経営戦略と情報化

1 経営と情報システムとの関係 

経営情報システムは、経営戦略を実現する手段として利活用される情報システムを指すことが多い。一般的には「システム企画」→「開発・運用」→「利活用」の手順で経営情報システムによる経営戦略の実現が図られる。

経営情報システムでは「経営戦略を実現するための情報システム利活用」という「経営」面と、「経営課題達成に利活用できる情報システムの構築」という「情報技術」面との学習がある。「経営」面は主に第１章と第５章、「情報技術」面は主に第２章～第４章にまとめている。

【 経営と情報技術 】

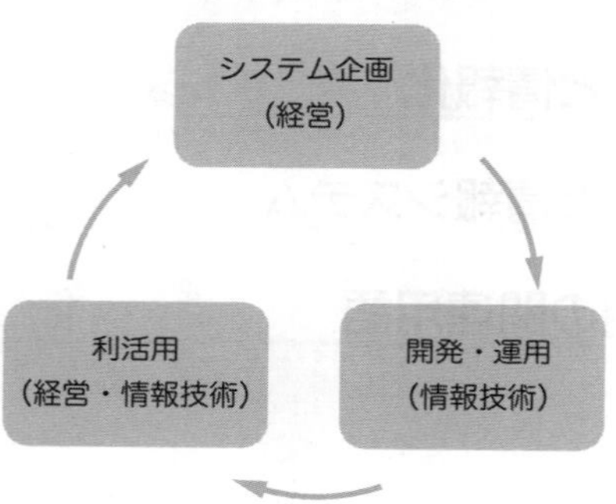

システム企画（経営）	開発・運用（情報技術）	利活用（経営・情報技術）
経営課題解決のために ●どんな情報を ●どう利活用するか 【第１章】	●開発プロジェクト監督 ●情報システム安定稼働 【第４章】	●早い意思決定と業務効率化【第１章】 ●情報を蓄積する 【第２章】 ●情報をつなぐ【第３章】 ●情報を処理する 【第２章、第５章】 ●情報を見やすくする 【第２章】

例えば、教育サービス事業において、「通学できない人の教育格差をなくす」という経営戦略実現の場合、手順とテキストの章は次の関係になる。

（システム企画）

●情報システムを活用した講義動画配信サービスという情報戦略を立て、サービス内容を検討する【第１章】

●動画を作成するための機材や、顧客の視聴機器（パソコン、タブレット、スマー

トフォンなど）に合わせた撮影方法を検討する【第２章】

●動画配信に使うネットワークや配信の仕組みを検討する【第３章】

(開発・運用)

●講義動画配信システムの作成と運用を他社に委託する【第４章】

(利活用)

●動画配信する戦略の妥当性を検証するために、統計解析を使う【第５章】

2 経営戦略と情報戦略

(1) 情報戦略の役割

情報戦略とは、経営戦略の一部であり、情報に関連する資源を獲得・配分し、情報を活用していく戦略である。企業にコンピュータが導入された当時は、情報戦略の主眼はコンピュータを使っていかに現場の効率化を進めるかという点にあった。

現在の情報戦略は、企業の成長と競争優位確保のために、「情報技術の活用方法について意思決定し、必要な資源を確保すること」に重点がおかれている。

(2) 情報資源

情報戦略で検討するべき資源には、次のようなものがある。

① データ資源

データ資源とは、競争優位確保の価値をもつデータである。

② 情報基盤

情報基盤とは、ネットワーク、ハード、ソフトなどのインフラストラクチャである。

③ 情報リテラシー

情報リテラシーとは、データを情報に変え、情報を戦略的に活用していく能力である。

(3) 情報戦略立案におけるアプローチ

多くの企業が、従来の現場主義的なボトムアップ型アプローチによって情報技術を導入している。しかし、スピードが求められる現在の経営環境では、ボトムアップ型アプローチでは限界がある。経営戦略と情報戦略を一体化するべき現在では、業務プロセスの再構築と情報システムの構築、及び将来的な情報化投資を**トップダウン型アプローチ**で行う必要がある。

情報戦略の策定は、**CIO**（Chief Information Officer：情報統括役員）を筆頭に、主要な**利用部門役員**の協力を得て実行される。最近では、経営戦略と情報戦略の整合という立場から、**CSO**（Chief Strategic Officer：最高戦略責任者）の存在が必要とされている。CSOは社長自身であったり、経営企画担当役員であったりする。

⑷ IT経営ロードマップ

IT経営ロードマップとは、IT経営を実現するための取り組みを、成功企業の事例を踏まえ、「見える化」、「共有化」、「柔軟化」の３段階で整理したものである。

3 情報戦略策定の体系

⑴ 企業環境の把握

情報戦略を立てるためには、初めに経営目標や経営戦略を正しく理解する必要がある。次に業界における自社の位置づけ、同業他社の動向を把握しなければならない。グローバル化が進んだ現代においては、世界の政治・経済の動向も見逃してはいけない事項である。SWOT分析を用いて、これらの内部・外部環境を把握し、自社の状況を明確にしたうえで経営課題を抽出する。

⑵ 情報戦略の策定

情報戦略は、企業の経営資源である「人・物・金・情報」を有機的に結合させ、経営課題の解決を支援するために策定する。

① ギャップ分析

ギャップ分析とは、経営課題との整合性に注意しながら、新システムのあるべき姿（**To-Beモデル**）を描く。また、現在稼働している情報システムのサービス内容や設備の状況（**As-Isモデル**）を分析し、あるべき姿とのギャップを把握する。

② 情報戦略の策定

情報システムで解決できる課題と情報システムが提供するサービスを明確にし、これを実現するのに必要な資源、技術・時間・組織などの制約条件を洗い出し、回避策や代替案を検討する。

また、いつまでに何から順番にやっていくのかといった優先順位を決めていく。そのうえで、投資によって得られる効果を予測し、評価するための尺度、時期などを設定し情報戦略（案）としてとりまとめる。

【 情報戦略策定の体系 】

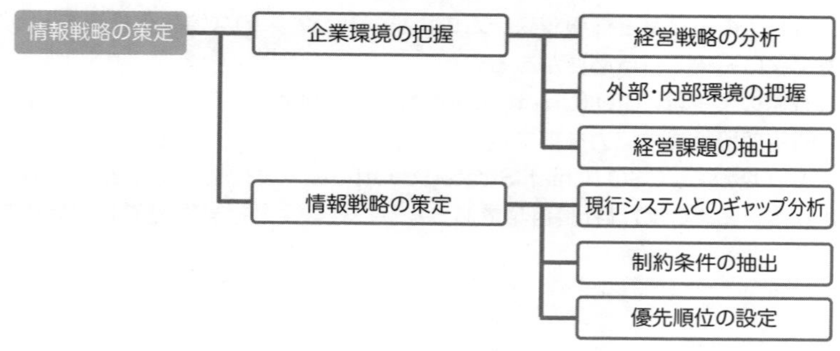

③意思決定原理

具体的な意思決定原理には、次のようなものがある。

【 意思決定原理 】

マクシマックス原理	各投資計画の中から最大利得を選択し、その最大利得のうちでも最も大きくなる投資を選択する戦略
マクシミン原理	各投資計画の中から最小利得を選択し、その最小利得のうちでも最も大きくなる投資を選択する戦略
ラプラスの原理	各投資計画が同じ確率で起こると仮定して最適な投資を選択する戦略

4 経営情報システムの変遷 

(1) 経営情報システム概念の変遷

経営情報システムは、広義の意味では企業組織のための情報システム全体を総称したものである。経営環境の変化や情報技術の発展により新しい情報システムの概念が登場すると、その概念に基づく経営情報システムが企業に導入されてきた。

【 経営情報システム概念の変遷 】

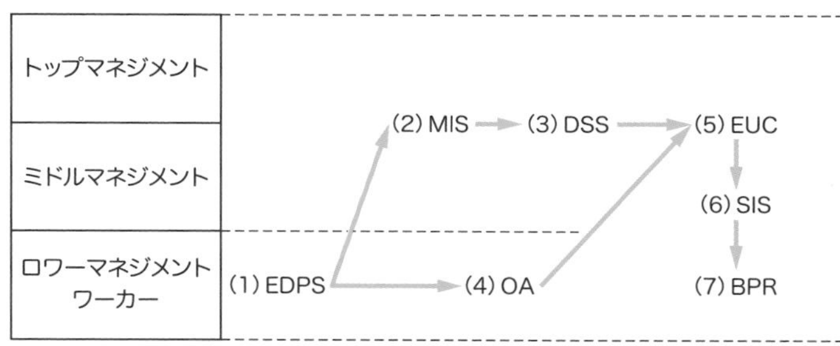

(2) 経営情報システム概念の特徴

① EDPS (Electronic Data Processing System)

EDPSは、これまで手作業で行っていた業務をコンピュータに置き換え、事務作業の効率化を目的とした情報システムである。定型的な業務について、予め決められた手続きに従ってデータを処理するものであり、主にロワーマネジメントやワーカーを対象としていた。

② 経営情報システム：MIS (Management Information System)

MISは、1960年代半ばに提唱された概念である。業務機能に応じた複数のサブシステムを統合しデータ処理を行うとともに、トップマネジメントやミドルマネジメント、ロワーマネジメントの構造的な意思決定に必要な情報を必要な時に必要な形態で、ワーカーから提供しようという目的があった。しかし、本来の目的であった経営情報の提供という点では実用レベルに達することができず、別名MISS(失敗)ともいわれた。その後、MISはトランザクション処理の完成度を高める方向へと発展した。

③ 意思決定支援システム：DSS (Decision Support System)

DSSは、1970年代初めに提唱された概念である。MISの反省に立ち、半構造的な問題について、トップマネジメントやミドルマネジメントの意思決定を支援することを目的としていた。当時の技術レベルではまだ多くの問題があったが、近年のリレーショナルデータベースやプロトタイピング開発技法、GUI等の情報技術により実用化し、さまざまな形で企業に定着している。

④ オフィスオートメーション：OA (Office Automation)

OAは、1970年代後半に提唱された概念である。現場ごとの小規模な構造的業務を、それぞれの現場で分散的に処理することを目的としている。OAの普及により、ユーザ部門がシステム開発に参画する風土ができあがると、ユーザ部門が独自にまたは主導的にシステムを構築する姿勢ができ始め、その後のEUCの基盤となった。

現場での分散的な処理が進むと、データベースの一元化ができないことが問題になることがある。

⑤ エンドユーザ・コンピューティング：EUC (End User Computing)

EUCは、1980年代後半に提唱された概念である。EUCは、情報処理の専門でない部門におけるエンドユーザたちが自分たちの情報ニーズを自分たちの責任において満たすものである。非定型的な意思決定の迅速化や情報の共有化に大きく貢献している。EUCが出現した背景には次のような要因がある。

(a) 非定型的処理ニーズの増大

意思決定の迅速化や分権化により非定型的な情報処理のニーズが増大した。

(b) 情報システム部門の対応の限界

ユーザ部門からの非定型情報処理要求が増大するにつれ、情報システム部門ではバックログ(仕事の積み残し)が累積した。エンドユーザは、自己の要求を満たすため、エンドユーザ自身でシステムを構築せざるを得なくなった。

(c) 情報技術の進展

- コンピュータの高性能化、低価格化
- 使いやすいGUI(グラフィカルユーザインタフェース)の出現
- データの検索・加工が容易にできるツールの出現
- コミュニケーションや情報共有を促進するネットワーク技術の進展

⑥ 戦略的情報システム：SIS (Strategic Information System)

SISは、1980年代半ばに提唱された概念である。SISは、企業における情報システムの位置づけを大きく変えた。SISの根底には、経営戦略と情報システムは密に関係するものであり、情報技術を経営戦略に活かすためには、情報システム部門とその責任者が経営的視点に立つことが重要であるという考えがある。したがってシステムの計画には、SWOT分析、価値連鎖、重要成功要因(CSF：Critical Success Factor)等の戦略的視点を必要とする。競争優位の確立とそれを実現する情報技術の活用について経営レベルで意思決定することを世に広めた。

⑦ ビジネス・プロセス・リエンジニアリング：BPR (Business Process Reengineering)

BPRは、1990年代半ばに提唱された概念である。企業のビジネスプロセスを抜本的に改革することを目的としている。BPRの背景には低迷する業績からの脱却があった。それまでの個別の改善や最適化ではなく、経営全体の効率化を図るためにトップダウンによる抜本的改革を模索する中からBPRの発想が生まれた。具体的には、コスト、品質、サービス、業務のスピードを劇的に改善するために、取引の発生から完了までの一連の流れであるビジネスプロセスを再構築する。そしてビジネスプロセスを劇的に改革する手段として情報技術を最大限に活用することを提唱している。

(a) ベンチマーキング

業種・業界・国籍にこだわらずに、優れた業績を上げている企業との比較・分析から自社の問題点を明確にして経営革新を実現する方法である。ベンチマークとは、一般的には何かと比較することを指すが、**ベンチマーキング**では、BPRの観点から、コスト、スピード、品質、サービス、などの業績を他社と比較し、自社の新たなビジネスプロセスを設計することに役立てることを目的としている。

(b) ベストプラクティス

優れた業績を生み出す企業や、BPRに成功した企業のビジネスプロセスを**ベストプラクティス**という。

自社の業務プロセスを再設計する過程で他社のビジネスモデルと比較し、ベンチマーキングを行う。これによって、他社のビジネスプロセスにベストプラクティスを見出し、自社のビジネスプロセス再構築の参考にすることもある。

【 経営情報システム　各概念の特徴 】

	EDPS	MIS	DSS	EUC	SIS	BPR
目的	●事務効率化	●構造的意思決定	●半構造的意思決定	●迅速な意思決定	●競争優位の獲得	●業務改革
主な利用者層	●一般事務職	●一般事務職 ●監督者層	●監督者層 ●管理者層	●一般事務職	●全階層	●全階層
主な機能	●トランザクション処理	●トランザクション処理 ●報告書出力	●シミュレーション ●対話処理	●4GLによるデータ検索・加工	●業務間連携	●業務間連携 ●企業間連携
処理方式	●バッチ処理 ●集中処理	●オンライン	●タイムシェアリング	●ローカル処理 ●分散処理	●オンライン ●集中処理 ●分散処理	●オンライン ●集中処理 ●分散処理
主な情報技術	●汎用コンピュータ	●データベース	●RDB ●プロトタイピング	●LAN ●GUI ●パソコン	●データベース ●ISDN ●エキスパートシステム	●グループウェア ●インターネット

参考：『経営情報システム』島田達巳・高原康彦著　日科技連

H26-13
H24-20
H23-13

5 情報化組織

⑴ CIO (Chief Information Officer)

情報戦略を推進していくためには、企業のすべての情報処理活動に関する戦略的意思決定の権限および責任をもつ経営幹部の存在が必要である。この経営幹部のことを情報統括役員または**CIO**という。CIOは次の役割を果たす。

①経営戦略と情報戦略の統合
②情報システム基盤構築の計画と実行管理
③情報システム資源の統合的・戦略的管理

⑵ 情報システム部門

情報システム部門は、次のサブ部門から構成される。

① システム企画部門

システム企画部門とは、利用者との間で、開発要求や開発計画の調整を行う。外部調達を行う際には、システム要求を取りまとめたRFP(Request for Proposal：提案依頼書)を準備し、外部へ提案を要求し提案内容を評価する。**企業内での役割が明確でないと、情報システムの企画・計画等を担当する要員が手薄になり、経営戦略とIT戦略のギャップの問題が生じる。**

② 開発プロジェクト部門

開発プロジェクト部門とは、開発プロジェクトごとにプロジェクトリーダーを立て、プロジェクトを推進する。プロジェクトリーダーは、利用部門または情報システム部門から選出する。

システムを開発するには、利用部門の参加が不可欠である。したがって、開発プロジェクトには、情報システム部門のメンバーだけでなく、利用部門社員、外部の専門家、ITベンダーのシステムエンジニア(SE)などが参画する。

③ システム運用部門

システム運用部門とは、開発または外部から調達したシステムの運用を担当する。システムの計画段階から参画し、運用方針等の決定に関与する必要がある。実際の運用は、自社で行うこともあるが、外部の専門会社を活用(アウトソーシング)することも多い。

④ 情報センター

EUCの進展に伴い、エンドユーザへの支援や教育を担当する**情報センター**やヘルプデスクが設置されるようになった。自社で行うこともあるが、外部の専門会社にアウトソーシングすることもある。

⑶ リテラシー

① コンピュータリテラシー

コンピュータリテラシーとは、コンピュータを使って情報の収集、検索、加工、提供を行う基本能力のことである。コンピュータを使いこなす能力で、コンピュータの操作やデータベースの利用、表計算ソフトの操作などが相当する。

② 情報リテラシー

情報リテラシーとは、コンピュータリテラシーよりも実務的な能力であり、情報を積極的に仕事に活用していく能力のことである。コンピュータを利用した情報システムを使いこなす能力で、データを加工・分析し、その結果から新たなアクションを起こすなどである。

⑷ 政府CIOポータル

政府CIOポータルとは、CIOが活躍するために必要となる情報の提供を行う目的で、内閣官房および経済産業省が運営しているポータルWebサイトである。CIO相互の知見の交流を進めるために、CIOの役割や現在の政策、CIO業務に役立つ報告書等を掲載している。

【 情報化組織 】

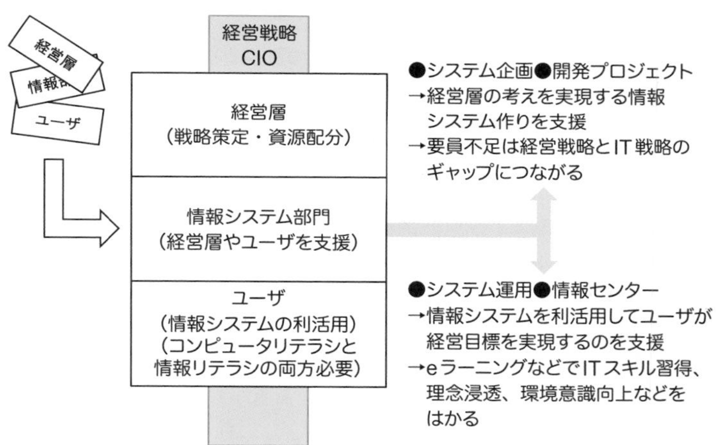
経営層
情報部
ユーザ
経営戦略
CIO
経営層
（戦略策定・資源配分）
情報システム部門
（経営層やユーザを支援）
ユーザ
（情報システムの利活用）
（コンピュータリテラシと
情報リテラシの両方必要）
●システム企画●開発プロジェクト
→経営層の考えを実現する情報
システム作りを支援
→要員不足は経営戦略とIT戦略の
ギャップにつながる
●システム運用●情報センター
→情報システムを利活用してユーザが
経営目標を実現するのを支援
→eラーニングなどでITスキル習得、
理念浸透、環境意識向上などを
はかる
情報システム部門が経営層とユーザをつなぐ

II 経営革新と情報システム

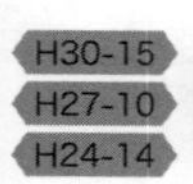

1 電子商取引(Electronic Commerce)

(1) EC

コンピュータを利用してネットワーク上で電子的に商談を行い、注文情報や決済情報を交換する商取引のことを総称してECという。最近では、特にインターネットを通じて行うビジネス全般を指す言葉として用いられるようになった。

(2) ECの分類

ECの範囲は広がっているが、取引の相手が企業か個人かで次のように分類するのが一般的である。

また、アイデアさえあればビジネスが成り立つ面もあり、さまざまな取引形態が生まれている。

① B to B (Business to Business：B2B)

企業と企業の間の取引である。

(a) 電子調達 (e－procurement)

電子調達とは、調達にインターネットを利用することであり、商品の発注や見積もり・請求などのコスト削減や、時間・場所にとらわれない取引が可能となる。

(b) eマーケットプレイス

eマーケットプレイスとは、インターネット上に設けられた企業間取引所のことである。電子市場であるWebサイトを通じて、売り手企業と買い手企業がオープンな取引を直接行うことにより、中間流通業者が「中抜き」になるため、流通コストを削減できる。

【中抜きによるメリット】

売り手にとってのメリット	新規取引先の開拓や、営業コストの削減、取引先の増加による在庫リスクの平準化、在庫調整などを実現できる
買い手にとってのメリット	調達コストや物流コストの削減、スポット取引による緊急時の調達手段の確保などが実現できる

② B to C (Business to Consumer：B2C)

企業と消費者の間の取引である。

(a) 電子商店

B to Cの最も一般的な形態として、**電子商店**がある。インターネット上に商店を構えて、消費者に商品を販売するオンラインショップを運営する形態である。複数の電子商店が集まったWebサイトを**電子商店街**(電子モール・仮想モール・

ショッピングモール）という。

(b) コンテンツビジネス

コンテンツビジネスとは、ソフトウェアや画像、音楽などのコンテンツをネットワーク上に有料で配信するビジネスである。デジタルデータの特性を利用した取引である。このような販売形態をノンパッケージ販売という。コンテンツビジネスでは、無断複製の防止やライセンスの範囲の点から、著作権保護が課題になる。

(c) オンライントレード

オンライントレードとは、株式などの金融商品を、ネットワークを通じて売買するビジネスである。

(d) ショッピング・エージェント

ショッピングエージェントとは、インターネット消費者に代わって商品の価格を調べ、値引き交渉をするなど、ECの代理店として、買い物の支援をするビジネスである。

(e) O2O（オーツーオー）

O2Oとはネット店舗やソーシャルメディア等のOnline側の活動と、実店舗であるOffline側との活動が、相互に連携・融合し合う仕組みである。

(f) その他

人材派遣、販売仲介をオンラインで提供するサービス、パソコンの製造・販売でよく見られるBTO（Build To Order）がある。**BTO**は、Webサイトで消費者の注文を受けてから最終製品の生産を開始することで在庫リスクを最小化するビジネスモデルである。

実際の店舗網をネット上に展開した例としては、ネット銀行、ネットスーパーなどがある。実店舗の運営費用や人件費がかからない分、コストを抑えることができる。

③ C to C（Consumer to Consumer：C2C）

消費者と消費者の間の取引である。消費者同士が直接取引するケースと、専門業者を介して取引を行うケースとがある。

(a) ネットオークション

ネットオークションとは、ネットオークション事業者のWebサイト上に売り手個人が商品を出品し、買い手個人が応札してオークションを行い、売買を成立させる方式である。買い手個人が購入条件を指定して公開し、売り手個人が応じるやり方を**逆オークション（リバースオークション）**という。

(b) その他

自ら立ち上げたホームページ上で何らかの商品を販売するケースがある。個人輸入の商品を販売したり、個人で作ったプログラムを販売したりするケースが多い。

【 ECのイメージ① 】

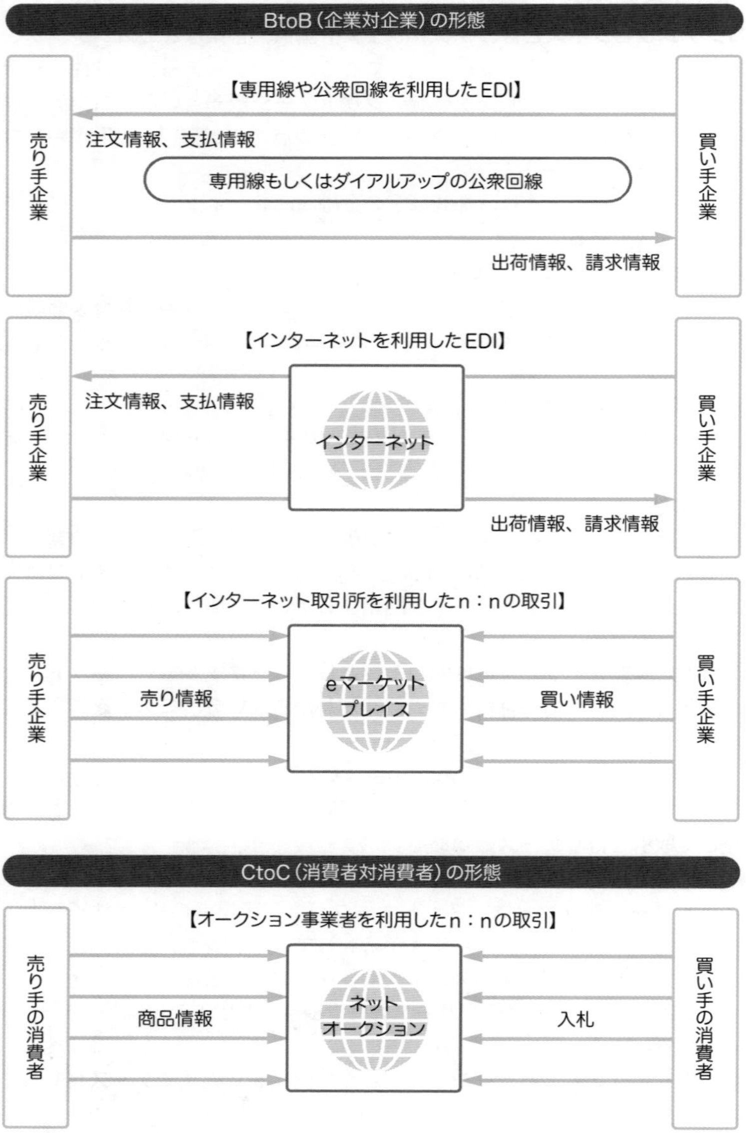

BtoB（企業対企業）の形態

【専用線や公衆回線を利用したEDI】

売り手企業

買い手企業

注文情報、支払情報

専用線もしくはダイアルアップの公衆回線

出荷情報、請求情報

【インターネットを利用したEDI】

売り手企業

買い手企業

注文情報、支払情報

インターネット

出荷情報、請求情報

【インターネット取引所を利用したn：nの取引】

売り手企業

売り情報

eマーケット
プレイス

買い情報

買い手企業

CtoC（消費者対消費者）の形態

【オークション事業者を利用したn：nの取引】

売り手の消費者

商品情報

ネット
オークション

入札

買い手の消費者

【 ECのイメージ② 】

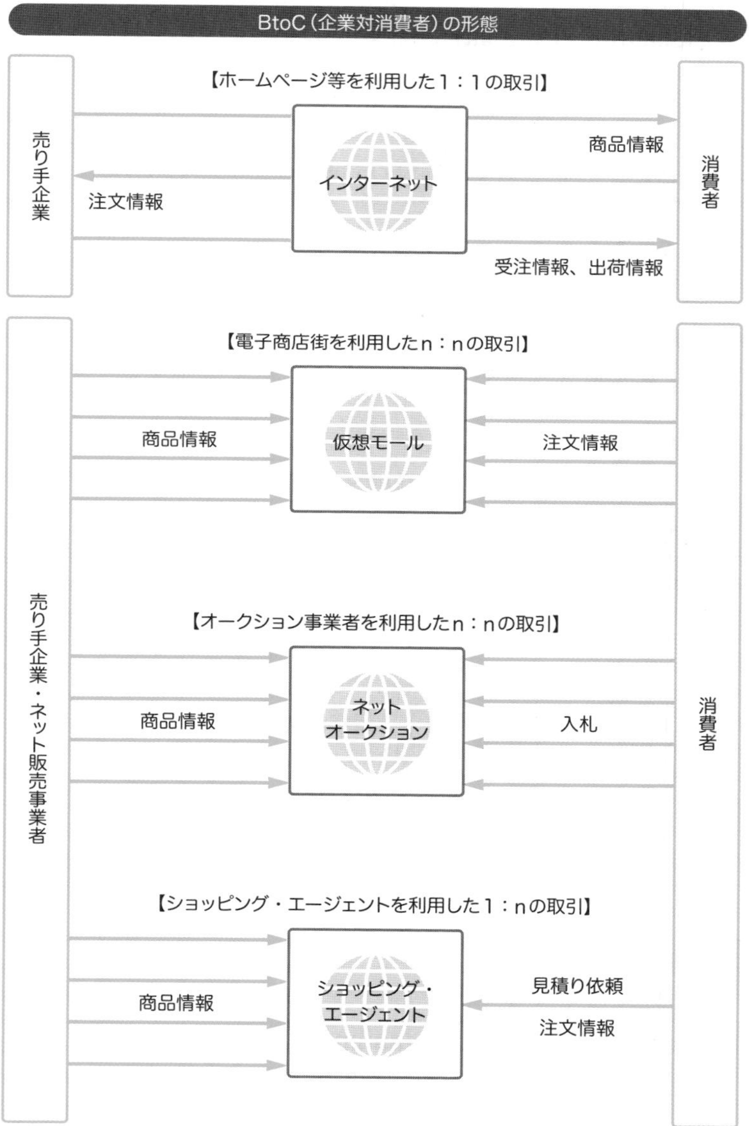

BtoC（企業対消費者）の形態
【ホームページ等を利用した１：１の取引】
売り手企業
インターネット
商品情報
注文情報
受注情報、出荷情報
消費者
【電子商店街を利用したn：nの取引】
仮想モール
商品情報
注文情報
売り手企業・ネット販売事業者
【オークション事業者を利用したn：nの取引】
ネット
オークション
商品情報
入札
消費者
【ショッピング・エージェントを利用した１：nの取引】
ショッピング・
エージェント
商品情報
見積り依頼
注文情報

(3) EDI

① EDI (Electronic Data Interchange)

EDIとは、企業間の電子データ交換のことである。専用線やVAN（付加価値通信網）を用いて業界ごとの専用プロトコルを使用した、特定企業間の専用ネットワークである。受発注、納品、在庫、請求などのデータを企業間でオンラインでやり取りし、取引の集約化を図るシステムである。EOS（電子受発注システム）が受発注のオンライン化を目指したのに対し、EDIは受発注業務に留まらず、企業間の取引業務全体の効率化を目指している。

インターネット経由でWebブラウザからシステムを利用するWeb EDIでは、専用線を利用するよりも大幅にコストが抑えられる。また、専用のソフトウェアが不要となり、Webブラウザがあれば比較的短期間でEDIを利用することができる。受発注などの商流情報だけでなく、入出金などの金流情報を交換する金融EDIもあり、経理処理の効率化も図られる。

【EDIの標準規約】

上位	レベル4	取引基本規約	取引を行うための契約について規定する。受発注の方法、検収時期、支払方法などの基本契約事項に関する取り決めを行う。
↑	レベル3	業務運用規約	業務やシステムの運用に関して規定する。メッセージ送受信のタイミングやセキュリティの運用管理、障害管理など業務処理に関する取り決めを行う。
	レベル2	情報表現規約	メッセージの表現形式や作成方法を規定する。シンタックスルール（データ構文の規則）、標準メッセージ、データエレメント（データ項目一覧）に関する取り決めを行う。
下位	レベル1	情報伝達規約	ネットワーク回線の種類や伝送手順を規定する。メッセージを送受信するための通信プロトコルに関する取り決めを行う。流通業界の「JCA手順」、物流業界の「JTRN」などがある。

2 基幹業務 

R02-16
R01-15
H27-13
H25-21

(1) ERP (Enterprise Resource Planning)

① ERP

ERPとは、「ヒト、モノ、金、情報といった経営資源を企業全体の観点から計画し、最適に配分し、最適な活用を行うマネジメント概念」のことである。ERPを実現するためには、企業を構成する様々な部門・業務で扱う資源を統一的・一元的に管理して、基幹業務プロセスの実行を支援する総合情報システムが必要となり、この情報システムのことをERPシステムという。

具体的には、販売、生産、物流、会計、人事・給与といった企業の基幹業務を司るシステム群を指す。これらの各々のサブシステムが統合データベースを活用して必要な機能を相互に関係付け、データのリアルタイム性と整合性が高いレベルで維持できるという利点を有する統合業務パッケージシステムである。

② ERPが注目される背景

⒜ BPRの実現手段

バブル崩壊後の景気低迷により、日本企業はひたすらリストラクチャリング（業務の再構築）に取り組んだが、そこには自ずと限界があった。一方、欧米の企業では、情報技術を活用することで業務のやり方そのものを変革するBPRにより、さらに高い成果を上げていた。

ERPは基幹業務のパッケージシステムであり、業務そのものと密接に結びついている。多くの企業の業務の良いところ（ベストプラクティス）を参考にして培われたERPを採用すれば、他社で行われている優れた業務処理を参考にできるメリットがある。日本ではBPRを実現する手段としてERPを適用し、それが持つビジネスプロセスを利用するといった動きもある。

⒝ 情報システム投資の見直し

ある程度の規模以上の企業では、多くの場合基幹業務の情報システムを自社で開発してきたが、経営環境の変化、情報技術の進展により、業務の複雑化と変化のスピードへの対応が強く要求され、情報システムの開発・保守負担が重くなってきた。ERPは、豊富な業務機能を提供するパッケージシステムであるため、自社で基幹業務システムを開発するのに比べて、一般的に短期間で安くシステムを稼働させることができる。また情報技術の進展への対応という意味では、パッケージベンダーが最新技術を取り込んだバージョン・アップを行うため、技術の陳腐化へのリスクが軽減できる。

③ ERP適用における留意点

基幹業務のニーズは、企業の生産する製品、業界慣習、企業文化などによって変化する。業務プロセスには、企業の付加価値を高めて競争を優位に導いていく企業独自のノウハウが含まれていることが少なくない。そのため、いくらERPがベストプラクティスで作られているといっても、自社特有の業務の長所をうまく活かしきれないリスクがある。しかし、自社の業務に合わせたカスタマイズを施す場合は、予想以上にコストがかかり、安価というパッケージのメリットを活かせなくなる。そこでERPなどのパッケージソフトウェア導入前には、自社の業務を見直した後にどれだけ適合（Fit）し、どれだけ乖離（Gap）があるのか分析するFit&Gap分析を行い、追加開発やカスタマイズがどの程度必要になるかを検討する。

④ ERP導入により目指すもの

ERPの導入を成功に導くためには、ERPを導入する意識を、経営者、管理者を始め現場担当者にまで浸透させていくことがポイントとなる。工程管理、在庫管理といった部分最適を追求する観点ではなく、企業全体の効率化を追求する姿勢が経営者、管理者に根付いていないとERPの導入はシステムの導入以前に経営や管理の文化が原因で失敗してしまう。

コンピュータによる情報システムの統合を目指すだけではなく、さまざまな業務、組織の統合・合理化を促すマネジメントの枠組みを見出すために、ベンダーからの進言でなく、自社が主体的にERP導入を検討・決定・推進することが重要である。

【ERPパッケージイメージ】

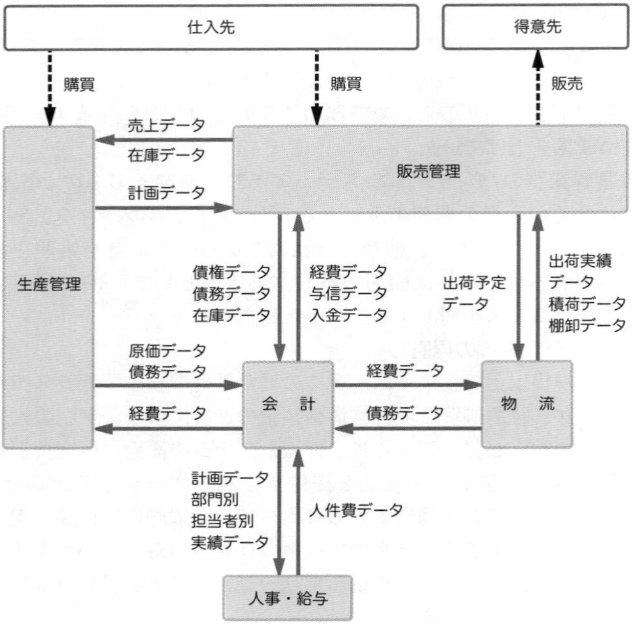

H21-13

(2) CADデータの交換

三次元CADシステムによる製品設計や製造が実用段階にある機械系産業では、CADデータの交換が盛んである。CADデータの交換で必要になる、異なるCADシステム間でのデータ変換には、ダイレクトトランスレータや中間ファイルが利用される。

ダイレクトトランスレータとは、送り手・受け手のCADシステム間で、中間ファイルを介することなく、直接的にデータ変換を行うツールである。

中間ファイルとは、異なるCADシステム間で汎用的にデータ交換ができるファイル形式のことである。代表的な中間ファイルの標準仕様として、米国のANSI（アメリカ規格協会）が1981年に制定したIGES（Initial Graphics ExchangeSpecification）、ISOが規定するSTEP（STandard for the Exchange of Product model data）などがある。

H26-20

(3) BABOK (A Guide to Business Analysis Body of Knowledge)

ビジネスアナリシスに必要な知識とスキルの標準をIIBA（International Institute of Business Analysis）が定めたものである。BABOK2.0では、新しいソリューションを実現するための要求を、①ビジネス要求、②ステークホルダー要求、③ソリューション要求、④移行要求、の４つに分類している。

BABOK3.0では、2.0から大きく改訂され、ビジネスアナリシスの専門視点をすべて包含している。従来のITプロジェクト、アジャイルから①ビジネスプロセス・マネジメント、②ビジネスアーキテクチャー、③ビジネスインテリジェンスが拡張された。

3 企業間連携 基

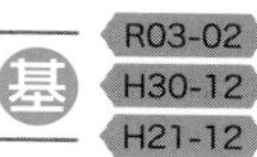

(1) SCM

① SCM

私たちが消費者として日常購入している製品の多くは、原資材供給業者―製造業者―卸売業者―小売業者―消費者といった一連の取引において、それぞれの段階で、企業が自社顧客の需要を満たすよう製品を供給している。この一連の流れである供給連鎖を**サプライチェーン**という。しかし、サプライチェーンの主体は独立した企業であるため、通常は自社の視点から最適化を目指す。これに対して、消費者の視点で川上から川下までのサプライチェーンを見直し、そこに存在するムダを省くことによる全体最適の追求を**サプライチェーンマネジメント**（SCM）という。

② 企業間連携による効果

原材料や部品を調達し、製造・加工・リパッケージして製品を顧客に届けるプロセスを最適化しようとすれば、否応なしに取引関係にある他社との連携によって課題解決の打開策をさぐる必要が出てくる。例えば、見込み生産の企業が取引先である卸や小売店の販売計画および売上実績を適切なタイミングで受け取っていたらどうであろうか。より精度の高い需要予測を行うことができ、効率的な生産計画が立てられ、結果的に原価を低減させることができるだろう。また、受注生産の企業が、得意先の売上実績に応じた自社の生産計画を部品供給企業にも公開しておいたらどうであろうか。生産計画を公開していないときに比べ、部品調達の不安がずいぶん軽減できるだろう。いずれの場合も自社のみで効率化を図るのに比べ大きな効果が期待できる。自社の販売状況を公開することによって企業間で発生する無用な憶測や変化に対する増幅効果（**ブルウィップ効果**）を抑えることによってムダを省くことができるからである。その結果、消費者はリードタイムの短縮による鮮度の向上、在庫の削減およびロス率の減少による価格の低下等のメリットを享受することができる。

(a) ブルウィップ効果

牛（ブル）をムチ（ウィップ）で打つ際にムチは、先端ほど大きく振れる。これをサプライチェーンに当てはめて、川下の動向によって、川上に行けば行くほど予測が大きく振れることを意味する。

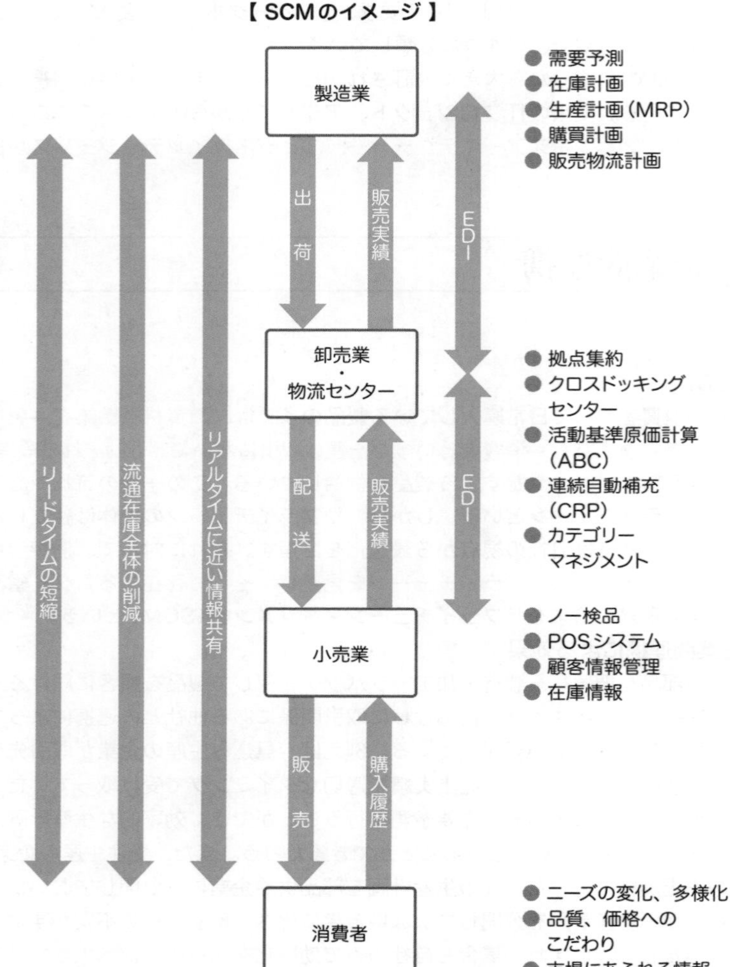

③ 全体最適へのあつれき

「部分最適」を各々の立場で追求していくと「全体最適」とは矛盾が生じる。1企業で見ても、過剰在庫を防止するためには、製造部門の生産効率を落とさざるを得なく、生産効率を上げるためには、販売実績を考慮することなく生産計画どおりに工場を稼働させた方が良いことになる。これらは視点の違いから発生しており、言い換えると評価の指標が異なっている。したがって、全体最適を実現するためには、まず評価の指標をより高い視点におかなければならない。1企業内であればまだしも、サプライチェーン全体で最適化を実現していくためには十分な下準備と個々の企業の努力が必要となる。「自社さえ儲かれば、どこかの企業が泣いても構わない」という考え方は通用しない。サプライチェーンに参加するすべての企業がWin－

Winの関係でなければSCMは成功しないのである。あくまでも消費者の立場からムダを省き、サプライチェーン全体での効率化を目指さなければならない。

④ SCMを効果の高いものにするために

効果の高いSCMを構築するには、サプライチェーンの弱点となっている企業、すなわちボトルネックを発見し、強化することが必要となる。サプライチェーンは、1カ所でもボトルネックがあれば残りの企業すべてが効率的な企業でも効果が発揮できないからである。ボトルネックを発見して、改善する方法として、TOC（制約条件の理論：Theory of Constraints）がある。

⑤ SCMにおける物品管理

物品の入出庫、移動など物品の識別を必要とする物品管理においては、物品に付与されたコードが重要な役割を果たす。近年、物品へのコード付与には、従来のバーコードに加え、二次元コードやRFIDが利用されている。

二次元コードとは、文字や数字などのデータをタテヨコ二次元の図形で表現したコードである。二次元コードには、高速な読み取りを重視したQRコードなどがある。二次元コードには、従来のバーコードよりも面積当たりの情報量の密度が高い、誤り訂正機能を持ち、コードの一部に汚れや破損があっても元のデータを復元できるなどの特長がある。

RFID（Radio Frequency IDentification）とは、微小な無線チップを埋め込んだICタグ（数キロバイトのデータ保持可能）などと電波を用いて人やモノを自動的に識別・管理するための技術全般を指す。RFIDは、バーコードと異なりデータの書き換えが可能である。また、電波を用いてRFタグ上のデータを読み取ることができ、複数のRFタグ上のデータを一括して読み取ることができる。

RFIDを用いることで、個品ごとの柔軟なID管理が実現できるため、SCMや物流においては、RFIDを活用して業務改善が積極的に進められている。国際標準団体であるEPCglobalでは、RFIDをSCMで活用するためのタグデータの標準仕様（EPC IS：EPC Information Services）、リーダ・プロトコルなどのグローバル標準技術の整備を進めている。RFIDの活用では、RFIDとバーコードなどの既存の仕組みを共存させる必要があり、JANコードとEPCコードなど複数コードの同時管理をする。

(2) CPFR（Collaborative Planning Forecasting and Replenishment）

SCMを一歩進めた概念としてCPFRがある。SCMでは売上の実績データを川上側に開示することでブルウィップ効果を抑えたが、CPFRでは、これを計画段階にまで進めている。小売業を始めとする流通業者が販売計画をメーカーに開示して、メーカーの生産計画を共同で立案すること、および生産と販売の予測のズレに「しきい値」を設定し、「しきい値」を超えた場合に生産計画の見直しを行うことを追加している。

生産計画を共同で立案するということは、サプライチェーンのパートナー同士が合意したうえで、共同でビジネスの目標を設定することであり、SCMでの協力体制よりも、さらに踏み込んだ関係を築く必要がある。

H22-21
H21-14

4 業務変革 A

(1) 情報共有

企業や個人の持つ独自の理念や技術、製造に関する知識や情報を組織全体で共有し、有効に活用することで業績向上を目指す経営手法である。

① ナレッジ

ナレッジとは「見えざる資産」であり、既に顕在化している知識・情報といったデータ(**形式知**)だけではなく、経験則や仕事のノウハウといった通常は言語化されない潜在知識(**暗黙知**)までを含んだ幅広いものを指す。

② ナレッジマネジメント

これまでは、人材の流出が起こった場合には、知識や知恵(ナレッジ)も同時に流出していた。また、営業方法を営業担当者個人の独自のやり方に任せていた場合、業績が伸びる者と、業績が伸びない者との差が埋まらなかった。

ナレッジマネジメントとは、こうしたことを防止するために、情報システムを利用して企業内に埋もれたナレッジを発掘し、個人の知識を組織の知識として体系化して蓄積し活かす仕組みと、知識の共有・適用・学習により新たな企業価値を創造するプロセス、そのプロセスを継続できる文化・環境・システムなどを備えようとするものである。

【ナレッジマネジメントのプロセス】

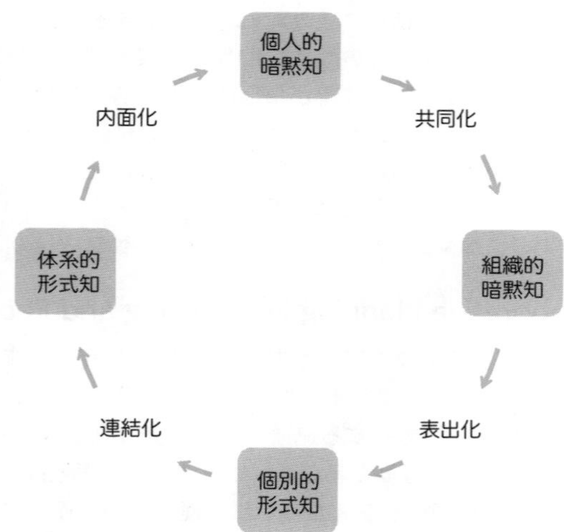

ナレッジマネジメントを浸透させることにより、個人能力の育成や、組織全体の生産性の向上・意思決定スピードの向上、業務の改善などが実現できるとされている。

③ グループウェア

グループウェアとは、企業や組織において情報の共有、コミュニケーションの効率化を図り、共同作業を支援するソフトウェアのことである。電子メール、電子掲示板、テレビ会議、メンバー間のスケジュールを共有するスケジューラ、文書を承認ルートにあわせて回覧するワークフローなどの機能を提供することで、グループ内外のメンバー間のコミュニケーションの効率化、情報共有を促進する。

④ ナレッジポータル

ナレッジポータルとは、企業のイントラネットに構築されたさまざまな情報共有機能を活用して、誰がどのような情報を持っているかなどを横断的に検索し、各々の従業員が最適な情報を各々の目的にあった形で選択・収集できるようにする仕組みのことである。ナレッジマネジメントの全社展開に向け、企業の情報共有機能の対象範囲を全社の知識や情報に広げ、全社員で活用できるようにしたものである。

⑵ マーケティング

① CRM (Customer Relationship Management)

CRMとは、顧客の属性などの基本的な情報はもちろん、購買履歴、問い合わせ履歴、趣味・嗜好などを分析し、顧客を知り尽くすことによって顧客ごとの個別のニーズを把握し、これを満足させる対応や提案を行い、顧客と自社との関係をより強化するマネジメントをいう。顧客との関係を長期間良好に保ち、顧客一人一人から得られる収益を最大にすることを目的とする。

② CRMが注目される理由

現在のように物があふれ、成熟した市場では、新規顧客開拓の余地が少ないため、いかに既存の顧客をつなぎ止め、繰り返し取引してもらえる、上得意客に育てられるかが鍵になる。既存顧客の維持に必要なコストは、新規顧客の開拓に比べ数分の一と言われるため、はるかに効率良く収益につなげられるからである。

[顧客の識別は難しい]

個人商店の場合には、店主の頭の中にお得意様の誕生日や家族構成、商品の好みまでが入っており、適切なサービスの提供を行うことができる。ところが、企業規模が大きくなれば、顧客一人ひとりとの関係が薄れてくる。また、フェイスツーフェイスでの商売だけでなく、電話や電子メール、インターネットでの受注など取引の手段が広がるにつれて、企業と顧客との接点が少なくなっている。このようなことが重なって、企業全体として優良顧客を確実に判別することが難しくなる。

[CRMによって効率の良いマーケティングを実現する]

部門や担当者が変わっても優良顧客に対し、常に一貫した対応ができるようにするためには、顧客が過去にどの商品を購入しているか、どういった好みを持つのかなどを部門や担当者を超えて共有しておく必要がある。そのためには、全社の顧客に関する情報を1カ所で管理して活用することのできる統合データベースが不可欠である。このような統合データベースを活用することで、蓄積されたデータからさまざまな切り口で優良顧客を見つけ出し、営業担当者の接触機会を増やしたり、特別なサービス・販売促進を提供したりして、継続的取引につなげる。一方、取引の少ない顧客には、マーケティングのコストをかけないような重み付けも可能となる。

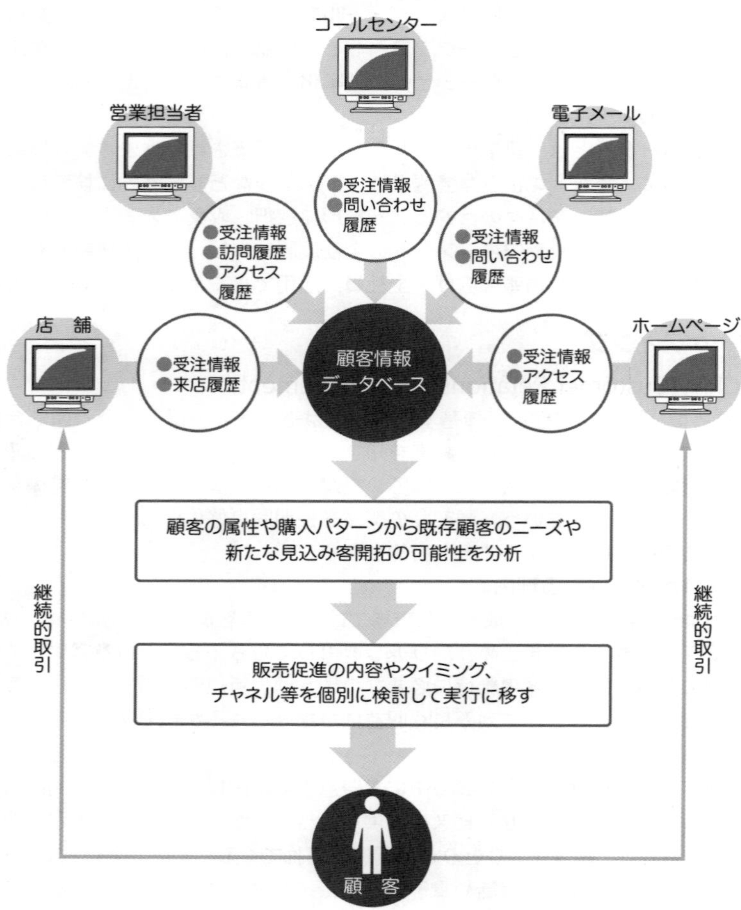

③ IVR

IVR（Interactive Voice Response）とは、企業の電話窓口で、音声による自動応答を行うコンピュータシステムのことである。発信者のダイヤル操作に合わせて、あらかじめ録音してある音声を発信者側に自動的に再生する。音声認識機能を備え、相手の発話に応じて再生内容を決める高度な製品もある。

H30-14

④ スケールフリー・ネットワーク

スケールフリー・ネットワークとは、リンクの数（次数）が一部のノード（結節点）に集中しているネットワークである。インターネットなどでは次数分布がべき乗則に従う。次数が大きなノードをハブという。ハブを利用して口コミを広めるなどの活用が考えられる。

⑤ フィルターバブル

R05-25 H30-13

フィルターバブルとは、検索エンジンが提供するアルゴリズムにより、利用者が好ましいと思う情報だけが表示される現象である。フィルターバブルにより、目に触れる情報が偏り一部の情報しか得られなくなる懸念がある。利用者の過去の検索履歴などに応じた情報を優先的に提示する傾向があるために、利用者の目に触れる情報に偏りの生じることが懸念されている。

⑥ エコーチェンバー

R05-25

エコーチェンバーとは、SNSなどを利用する際、人間は自分と似た興味や関心を持つユーザをフォローする傾向があるので、自分と似た意見が返ってくる現象である。閉じた小部屋で音が反響する物理現象に例えたものである。

⑦ サイバーカスケード

R05-25

人間は集団になると、個人でいるときよりも極端な方向に走りやすくなるという心理的傾向は集団極性化と呼ばれている。サイバーカスケードとは、インターネットでも集団極性化を引き起こしやすくなる現象である。こうした人間の心理的傾向とネットメディアの特性の相互作用による現象に、フィルターバブルやエコーチェンバーが挙げられる。

⑶ 営業

① SFA (Sales Force Automation)

SFAとは、情報技術を利用して営業部門・営業担当者の業務を支援し、生産性を高めたり顧客満足度を向上したりする概念である。顧客情報、顧客との接触履歴、商談の進捗状況、営業資料、営業担当者の行動予定、上司やベテラン社員のノウハウなどの営業情報を情報システムで共有・伝達する。

共有した営業情報を活用・分析・再利用などすることで、商談件数を増やし、成約率(受注率)を高める仕組みも必要不可欠である。

【 SFAの導入効果 】

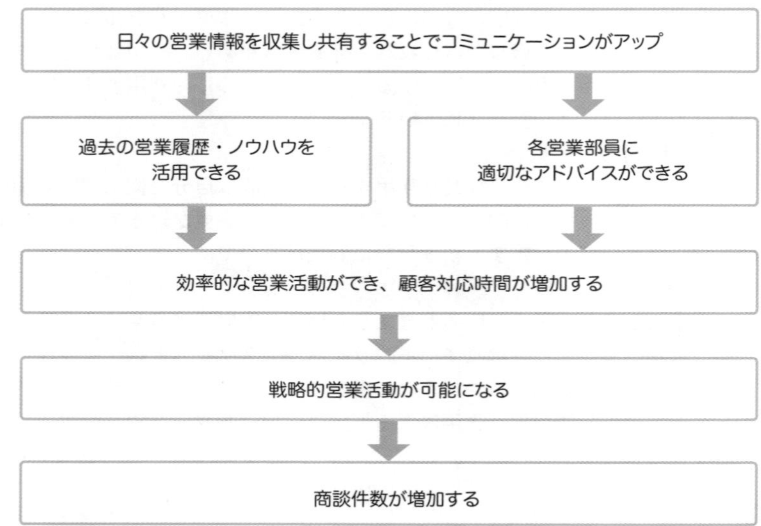

日々の営業情報を収集し共有することでコミュニケーションがアップ
過去の営業履歴・ノウハウを
活用できる
各営業部員に
適切なアドバイスができる
効率的な営業活動ができ、顧客対応時間が増加する
戦略的営業活動が可能になる
商談件数が増加する

⑷ その他の業務変革

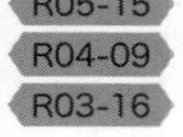

R05-15
R04-09
R03-16

① DX (Digital trans (X) -formation)

DXとは、データとデジタル技術を活用したさまざまな変革である。経済産業省のDXガイドラインでは、経営トップのコミットメントや、利用者である事業部門のオーナーシップ・主体的な要件定義、デジタル産業の企業類型などが提言されている。

【 デジタル産業の企業類型 】

企業の変革を共に推進するパートナー	●新たなビジネス・モデルを顧客とともに形成 ●DXの実践で得られた企業変革に必要な知見や技術の共有 ●レガシー刷新を含めたDXに向けた変革の支援
DXに必要な技術を提供するパートナー	●トップノッチ（最先端のIT技術など、特定ドメインに深い経験・ノウハウ・技術を有する）技術者の供給 ●デジタルの方向性、DXの専門家として、技術や外部リソースの組合せの提案
共通プラットフォームの提供主体	●中小企業を含めた業界ごとの協調領域を担う共通プラットフォームのサービス化 ●高度なIT 技術（システムの構築技術・構築プロセス）や人材を核にしたサービス化・エコシステム形成
新ビジネス・サービスの提供主体	●ITの強みを核としつつ、新ビジネス・サービスの提供を通して社会への新たな価値提供を行う主体

② RPA (Robotic Process Automation) R02-25

RPAとは、手順やルールが定められた事務処理や大量の書類整理など、オフィスにおける単純で時間のかかる処理を自動化する取組みである。分析や意思決定、例外処理など複雑なことでなく、大量データの収集・ダウンロード処理など、複数アプリケーションの連携が必要な定型的単純作業の自動化を得意とする。

③ SoS (System of System) R03-15

SoSとは、複数のシステムを統合して、個々のシステムでは達成できないタスクを達成する考え方である。

④ IoT (Internet of Things) H29-08

IoTとは、あらゆるモノがインターネットを通じてつながることで実現する新たなサービス、ビジネスモデル、またはそれを可能とする要素技術の総称である。パソコンやスマートフォンなどの通信機器だけでなく、家電製品をはじめとする身の回りのさまざまなモノがインターネットにつながる機能を持つことで、ビッグデータまで含めた多種多様な情報の収集や活用が期待されている。

⑤ M2M (Machine to Machine) H29-15

M2Mとは、通信機能を持つ機械同士が自律的に情報をやりとりしたり、自律的に管理や制御をしたりする仕組みである。一般的には、特定の機械同士や特定の閉じたネットワークで利用することを想定している。IoTは、M2Mの考え方をインターネットの利用場面にまで広げたものと言える。

⑸ ビジネススタイル

① サブスクリプション R02-22

サブスクリプションとは、利用するソフトウェアやサービスの範囲や利用する期間に応じて課金する方式である。毎年払うソフトウェアの使用料や自動車使用の月額定額サービスなどがある。

② MCN (Multi Channel Network) H29-08

MCNとは、YouTubeに代表される動画サイトに投稿するクリエイターたち（複数のチャネル）を束ねてネットワーク化し、そのネットワークをマネジメントすること、あるいはそれらを行う会社等の組織のことである。

③ ブロックチェーン R04-25

ブロックチェーンとは、分散型台帳技術、または、分散型ネットワークである。ビットコインの中核技術（サトシ・ナカモトが開発）を原型とするデータベースである。ブロックと呼ばれる順序付けられたレコードの連続的に増加するリストを持つ。各ブロックには、タイムスタンプと前のブロックへのリンクが含まれている。理論上、一度記録すると、ブロック内のデータを遡及的に変更することはできない。ブロックチェーンデータベースは、Peer to Peerネットワークと分散型タイムスタンプサーバーの使用により、自律的に管理される。フィンテックに応用されるケースでは独占や資金洗浄の危険が指摘されることもある。

NFTは、ブロックチェーン技術を基に作られた一意で代替不可能なトークン（暗号資産）であり、デジタルコンテンツに対応したNFTを発行することにより唯一性・

真正性を証明できる。

5 情報分析・情報活用

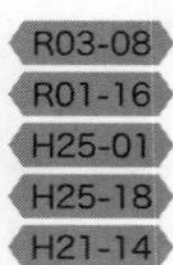

(1) データウェアハウス(Data Warehouse:DWH)

時系列に蓄積されたデータを意思決定支援に用いるための全社規模のデータベースである。ウェアハウスは「倉庫」という意味である。企業のさまざまな活動を介して得られた大量のデータを目的別に整理・統合して蓄積し、意思決定支援などに利用するために、基幹業務用のデータベースとは別に作成するものである。

① データウェアハウスの特徴

これまでのデータベースは、個々の業務を遂行するために必要なデータしか蓄えていなかった。**データウェアハウス**として管理するデータベースは、全社データの中からさまざまな見方をする要望に応えなければならないため、次の特徴がある。

(a) サブジェクト指向(テーマに沿った見方ができる)
(b) 統合型(全社データ)
(c) 恒常的(いつでも使える)
(d) 時系列(発生したデータが時系列で蓄積される)
(e) 非更新性(データは、更新されることなく蓄積されたままの状態である)

② データウェアハウスに必要なもの

データウェアハウスにデータを蓄積しただけではデータの活用に結びつかない。十分に活用されるように運営するためには、情報システムに次の機能が必要である。

(a) 業務系データベースやインターネットから取り込んだデータから抽出・変換して蓄積する機能
(b) 検索用途向けに機能拡張したリレーショナルデータベース機能
(c) さまざまな観点から総合的に分析をしたいという要望に応えるために、行と列で表現できる二次元のテーブル構造だけでなく、三次元以上のデータ構造に対応した多次元データベース機能

③ 意思決定を支援するには

ユーザ個々人の意思決定を支援するには、データを分析し、データの中から有効な要素の発見を支援できる、次の機能を持つツールが必要である。

【 意思決定支援ツール例 】

OLAPツール	●対話形式でデータを分析するツール
データマイニングツール	●データの山から法則性や方向性を見つけるツール
データマッピングツール	●各システムで扱うデータの項目同士を関連付けるツール
データクレンジングツール	●不要情報を除去して、データ品質を高めるツール ●多様な形式で蓄積されている生データに対して、データ形式統一、欠損値補完、単位統一などの処理を行い、横断的な解析ができるように整える
データアクセスツール	●エンドユーザがデータベースを利用するためのツール
レポーティングツール	●分析結果を出力するためのツール

(2) オペレーショナルデータストア

データウェアハウスを用いた分析を行うにあたり、データウェアハウスへの登録前に、業務系データベースにある元データの整備を必要とすることがある。こうした処理の負荷が高い場合には、データを一時的に蓄積し、データを整備するための専用のデータベースを用意する。これを**オペレーショナルデータストア**と呼ぶ。例えば、多国籍企業が財務状況を分析する場合に、各国の財務データをオペレーショナルデータストアに一時的に蓄積し、各国の通貨から円への換算を行うような使い方がある。

(3) データマート

R03-08
H21-14

企業のあらゆる情報を生データのまま格納したデータウェアハウスから、特定の部門や部署が必要とするデータを抜き出した部分集合（サブセット）のことである。**データマート**の実体は、データベースと解析・視覚化ツールの組み合わせである。データマートは開発部門用マート、営業部門用マート、経理部門用マートなど部門ごとに構築され、各部門の要求に応じて解析・視覚化が行える。

(4) データマイニング

R03-13
R01-16
H29-16
H21-14

① データマイニング

データマイニングとは、大量のデータを分析して、これまで知られなかった規則性や傾向など、何らかの知見を得るための技術や手法のことである。たとえば、小売店の売上履歴や電話の通話履歴、クレジットカードの利用履歴など、企業に蓄積される膨大な量の生データ（明細データ）の解析を通じて、経営やマーケティングにとって必要な傾向・動向、相関関係、パターンなどを導き出すことである。

② データマイニングの利用例

データマイニングは、データの中から何らかの法則性を見つけ出すため、大量の生データが必要である。大手の流通業、生命保険会社、クレジットカード会社などが盛んに利用している。データマイニングによって導き出した結果を新しい商品やサービスの開発に利用し、利益を向上させた企業の例が数多く報告されている。

例えば、米ウォルマートでは、スーパーの販売データをデータマイニングで分析することにより、「日曜日の夕方はビールと紙オムツが一緒に売れる」という有名な分析結果を導き出した。見ただけではわからない項目間の相関関係を発見することができたのである。

他にも、クレジットカードの利用履歴を解析することで、不正使用時の特徴的なパターンを見つけ出し、不正使用の可能性がある取引を検出し、事前に警告するなどの応用例が考えられる。

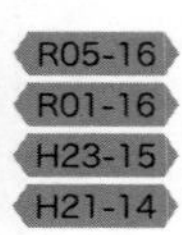

⑸ OLAP (On – line Analytical Processing)

① OLAP

OLAPとは、企業がデータウェアハウスなどを使って蓄積したデータを、スライシング、ダイシング、ドリルダウンなどのインタラクティブな操作によって、さまざまな視点で多次元的に解析し、視覚化するシステムである。大量の生データを多次元データベースに格納し、場所別・製品別・時間別・担当者別などさまざまな次元から検索・集計して問題点や解決策を発見しようとしている。

(a) ダイシング

ダイシングとは、多次元データの分析軸を入れ替えて、データの切り口を変えることをいう。

② OLAPの特徴

OLAPを用いると、さまざまな次元に集約した購入データや、顧客の購入履歴を解析し、地域別や製品別、月別などさまざまな次元から売上に影響を与える要因を瞬時に分析することができる。情報技術部門ではなく、解析結果を必要としている部門のエンドユーザがシステムを直接操作して解析を行う点が従来の解析システムと異なる。

③ OLAPの種類

OLAPには、M-OLAPとR-OLAPの２種類がある。

(a) M-OLAP (Multi-dimensional OLAP)

M-OLAPは、サーバ側に多次元データベースを搭載する。データウェアハウスをもとにして、予め作成したサマリー（集約・集計）情報を、地域別や製品別などの次元に基づいて格納し、クライアントからのドリルダウンなどの処理要求に合わせてデータを切り出して送る。

(b) R-OLAP (Relational OLAP)

R-OLAPは、リレーショナルデータベースの生データを直接に検索・集計し、処理結果をクライアント側で表示する。生データのマスターテーブルに存在しない、分析のためのカテゴリ項目の設定が難しい特徴がある。

【企業でのデータ活用イメージ】

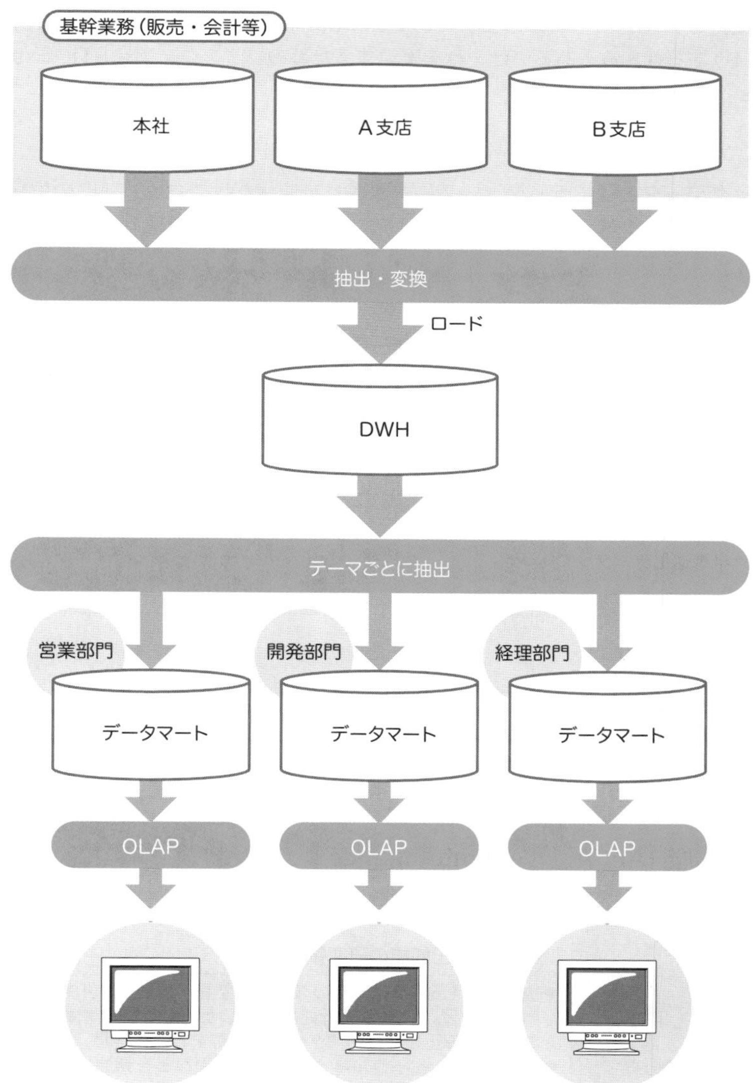

⑹ ビジネスインテリジェンスシステム

H29-16
H22-20

ビジネスインテリジェンス（BI）システムとは、企業内外にあるデータを蓄積・分析・加工して、ビジネスの意思決定に必要な知識を生み出すサポートをするシステムである。データウェアハウス（DWH）、意思決定支援システム（DSS）、オンライン分析処理（OLAP）、クエリツール、レポーティングツール、データマイニングなどが該当する。

また、基幹業務で発生・管理しているデータをデータウェアハウスに保存するため、基幹業務のデータベースにあるデータをExtract(抽出)、Transform(変換)、Load(ロード)する仕組み、あるいはそれを実現するためのソフトウェアを**ETL**(Extract/Transform/Load)という。

R05-04 H29-16 H28-09 H25-15

(7) ビッグデータ

ビッグデータとは、データベースに登録された情報だけでなく、SNSの投稿、音声・ビデオデータやブログの書き込み、スマートフォンの位置情報など、多種多様なソースから生成される膨大なデータである。単に大量のデータという意味合いではない。

【 ビッグデータの種類 】

構造化データ	●リレーショナルデータベースに登録したコードや名称などのデータ。 ●リレーショナルデータベースやSQLで管理・利用する。
非構造化データ	● SNS投稿や音声・ビデオデータ、位置情報など様々なデータ。 ● NoSQL(NotOnly SQL)データベースで管理・利用する。
半構造化データ	●あらかじめスキーマを定義せず、データにキーやタグなどを付加することで、データ構造を柔軟に定義できるデータ。 ● JSON形式のデータ、XML形式のデータ、YAML形式のデータなどが該当する。

R04-04 R03-08

(8) データレイク

構造化されたデータに加えて、IoT機器やSNSなどからの構造化されていないデータを、そのままの形で格納するデータベースである。膨大なデータを蓄積する必要があるため、比較的安価なパブリッククラウドのオブジェクトストレージに格納される場合が多い。

R05-03 R05-24 R04-15 R03-13 R02-11

(9) 人工知能(AI:Artificial Intelligence)

人工知能とは、人間の知能・知性を代替する技術の総称である。

【 人工知能の研究領域 】

基礎分野	●機械学習(正解ラベル有の教師あり学習。正解ラベル無の教師なし学習。個々の試行錯誤を通じた行動に得点や報酬を与えながら正しい行動パターンを獲得する強化学習。) ●深層学習(ニューラルネットワーク技術などを発展させた自動翻訳や自動運転) ●エキスパートシステム(入力された知識ベースを用いて、コンピュータが専門家のように推論するシステム)
応用分野	●画像認識、音声認識、自然言語処理 ●大量データに対する高度な推論で、識別・予測・実行の機能を提供。

【 機械学習の分類 】

教師あり学習	あらかじめ問題（データ）とその答えを与えて学習させる	●分類（※カテゴリ型変数予測） ●回帰（量的変数予測）
教師なし学習	問題（データ）のみを与え、その答えは与えずに学習させる	●クラスタリング（グループ分け） ●次元削減（主成分分析）
強化学習	明確な正解がない時、どの行動が「最適」か選択するように学習させる	●自動運転 ●ロボット制御 ●エレベーター制御 ●ゲーム

※カテゴリ型変数：性別など定量的に表せず、値の差に意味を持たない質的変数

① 深層学習（ディープラーニング）

深層学習とは、ディープニューラルネットワークを用いた学習方法のことである。ニューラルネットワークは、入力層、隠れ層、出力層の3つの層から構成されるが、特に隠れ層が複数あるニューラルネットワークはディープニューラルネットワークと呼ばれる。

また、ニューラルネットワークの中のニューロンにおいて、複数の入力の重み付け総和などの値から、その出力を決定するための関数は活性化関数と呼ばれる。代表的な活性化関数には、シグモイド関数、双曲線正接関数、ReLUなどがあり、これらは目的に応じて使い分けられる。

② 機械学習における性能評価

機械学習において、陽性（Positive）と陰性（Negative）のどちらかに分類する二値分類タスクが存在する。二値分類タスクに対する性能評価を行う際に、混同行列と呼ばれる分割表が用いられる。

【 混同行列 】

		予測	
		陽性	**陰性**
実際	**陽性**	TP（真陽性の件数）	FN（偽陰性の件数）
	陰性	FP（偽陽性の件数）	TN（真陰性の件数）

二値分類タスクに対する評価指標には、次のようなものがある。

【 二値分類タスクに対する評価指標 】

評価指標	内容	式
正解率	全体の件数のうち、陽性と陰性を正しく予測した割合	$\frac{TP+TN}{TP+FP+FN+TN}$
適合率	陽性と予測した件数のうち、実際も陽性である割合	$\frac{TP}{TP+FP}$
再現率	実際に陽性である件数のうち、陽性と予測した割合	$\frac{TP}{TP+FN}$

 情報活用の関連用語

H29-08

1 AR（Augmented Reality：拡張現実） 基

ARとは、コンピュータを利用して、現実の風景に文字、図、音声などのデジタル情報を重ね合わせる技術である。スマートフォンのカメラで現実の風景を写すと、デジタルの付加情報を重ねて表示するアプリなどの利用例がある。

H29-08

2 VR（Virtual Reality：仮想現実） 

VRとは、コンピュータを利用して、合成したCG（Computer Graphics）によって実際にその場にいるかのような映像をリアルタイムで生成する技術である。

H30-12

3 QRコード 

QRコード等の水平と垂直の二次元方向に情報を持つ表示方式のバーコードを二次元コードという。JANコードなど横方向のみに情報を持つ一次元バーコードと比べ、二次元コードは格納データ量が多い。

QRコードは、高速読取ができるように開発されたマトリックス式の二次元コードのひとつである。省スペースに大量のデータをコード化でき、漢字等の2バイト系文字もコード化可能である。全方向から高速に読み取れ、汚れ・破損があっても情報を復元できる。

【 二次元コードの種類 】

スタック式	一次元バーコードを縦に積み重ねて縦横で情報を表示させたもの
マトリックス式	情報を白黒交互のマス目（セル）で縦横モザイク状に表示したもの

厳選!!

必須テーマ［○・×］チェック ―第1章―

過去23年間（平成13～令和5年度）本試験出題の必須テーマから厳選！

問題編

Check!!

問1 (R05-15) ［○・×］

「DX」とは、人件費削減を目的として、企業組織内のビジネスプロセスのデジタル化を進め、人間の仕事をAIやロボットに行わせることを指している。

問2 (R04-15) ［○・×］

クラスタリングはカテゴリ型変数を予測する手法であり、教師あり学習に含まれる。

問3 (H27-13) ［○・×］

企業を構成する様々な部門・業務で扱う資源を統一的・一元的に管理することを可能にするシステムをERPと呼ぶ。

問4 (R02-16) ［○・×］

スクラッチ開発した情報システムを刷新するためにパッケージソフトウェアの導入を図る際には、カスタマイズのコストを検討して、現状の業務プロセスの見直しを考慮する必要がある。

問5 (R03-02) ［○・×］

RFIDは赤外線を用いてRFタグ上のデータを読み取ることができる。

問6 (R01-16) ［○・×］

スライシング、ダイシング、ドリルダウンなどのインタラクティブな操作によって多次元分析を行い、意思決定に利用できるようにすることをOLAPという。

問7 (H25-15) ［○・×］

ビッグデータの活用では、業務取引上生成される構造化データだけでなく、非構造化データも注目されている。

問8 (H30-13) ［○・×］

フィルターバブルにより、虚偽の情報から作られたニュースがまん延することで、利用者の正しい判断を阻害することが懸念されている。

解答・解説編

問1　×：DXは、データとデジタル技術を活用したさまざまな変革であり、人件費削減だけが目的でない。

問2　×：クラスタリングはデータをグループに分ける手法であり、教師なし学習に含まれる。

問3　○：ERPは、全社を統合的に管理できる情報システムである。

問4　○：スクラッチ開発とは、既存のパッケージソフトウェアを利用しない独自個別開発である。

問5　×：RFIDは電波を用いてRFタグ上のデータを読み取ることができる。赤外線と電波は周波数が異なる。

問6　○：OLAPにはM-OLAPとR-OLAPとの2種類がある。

問7　○：非構造化データは、リレーショナルデータベースで管理できない自然現象や人の動きなど、様々なデータのことである。

問8　×：フィルターバブルにより、目に触れる情報が偏り一部の情報しか得られなくなる懸念がある。

厳選!!

必須テーマ　重要例題①　―第1章―

平成30年度　第15問

問題編

売り手と買い手間の受発注処理などで、EDI（Electronic Data Interchange）を利用することが少なくない。EDIの情報伝達規約に関する記述として、最も適切なものはどれか。

ア　シンタックスルールや標準メッセージのフォーマットに関する取り決めを行う。
イ　通信暗号化や障害時の対応など、セキュリティ面に関する取り決めを行う。
ウ　メッセージ送受信のタイミングなど、システム運用に関する取り決めを行う。
エ　メッセージを送受信するための通信プロトコルに関する取り決めを行う。

解答：エ

EDIの情報伝達規約に関する出題である。

EDI（Electronic Data Interchange）は、企業間の商取引に関する電子データ交換である。4つの標準規約で構成され、レベル1から順に標準化されている。

【EDIの標準規約】

レベル4	取引基本規約	取引を行うための契約について規定する。受発注の方法、検収時期、支払方法などの基本契約事項を取り決める。
レベル3	業務運用規約	業務やシステムの運用に関して規定する。システムの運用管理、障害管理、セキュリティ対応など業務処理に関することを取り決める。
レベル2	情報表現規約	メッセージの表現形式や作成方法を規定する。シンタックスルール（電文構文の規則）、標準メッセージ、データエレメント（データ項目一覧）から構成される。
レベル1	情報伝達規約	ネットワーク回線の種類や伝送手順を規定する。流通業界の「JCA手順」、物流業界の「JTRN」などの通信プロトコルが該当する。

ア：不適切である。シンタックスルールや標準メッセージのフォーマットに関する取り決めは、情報表現規約である。

イ：不適切である。セキュリティ面の対応に関する取り決めは、業務運用規約である。

ウ：不適切である。システム運用に関する取り決めは、業務運用規約である。

エ：適切である。通信プロトコルに関する取り決めは、情報伝達規約である。

必須テーマ　重要例題②　―第１章―

平成29年度　第15問

問題編

企業や社会で、インターネットを介して、さまざまな形でデジタルデータの利活用が進んでいる。

それに関する記述として、最も適切なものはどれか。

ア　M2Mとは、人同士がよりスムースにインターネットを介してつながることを意味する言葉であり、SNSの基本とされている。

イ　インダストリー4.0とは、米国政府が2012年に発表した、情報技術を活用し生産性の向上やコストの削減を支援する取り組みを指す。

ウ　オープンソースとは、インターネットの双方向性を活用するデータ利用のことで、行政への市民参加を促進するための情報公開・意見収集の手段である。

エ　行政データのオープンデータ化とは、行政組織で収集されてきたデータを広く社会に公開し民間で利活用できるようにすることを指す。

解答：エ

インターネットを介したデジタルデータの利活用に関する出題である。

ア：不適切である。M2M（Machine To Machine）は、機械同士がよりスムースにつながることである。

イ：不適切である。インダストリー4.0は、ドイツ政府が発表したものである。インターネット、IoT（Internet of Things）、ビッグデータ、AI（Artificial Intelligence）、産業用ロボットなどの活用により工場のスマート化を実現する考え方である。

ウ：不適切である。オープンソースとは、インターネットなどを通じて、ソースコードを無償で公開し、誰でも当該ソフトウェアの改良や再配布が行えるものである。

エ：適切である。行政データのオープンデータ化により、行政データを民間が加工するなどの２次利用できる環境が整備されてきた。

厳選!!

必須テーマ　重要例題③　―第1章―

平成29年度　第16問

問題編

データベースに蓄積されたデータを有効活用するためにデータウェアハウスの構築が求められている。

データウェアハウスの構築、運用あるいはデータ分析手法などに関する記述として、最も適切なものはどれか。

ア　BI(Business Intelligence)ツールとは、人工知能のアルゴリズムを開発するソフトウェアをいう。

イ　ETL(Extract/Transform/Load)とは、時系列処理のデータ変換を行うアルゴリズムをいい、将来の販売動向のシミュレーションなどを行うことができる。

ウ　大量かつ多様な形式のデータを処理するデータベースで、RDBとは異なるデータ構造を扱うものにNoSQLデータベースがある。

エ　データマイニングとは、データの特性に応じてRDBのスキーマ定義を最適化することをいう。

解答：ウ

データウェアハウスに関する出題である。

ア：不適切である。BI（Business Intelligence）ツールは、人工知能のアルゴリズムを開発するソフトウェアではない。BIツールとは、企業内外にあるデータを蓄積・分析・加工して、ビジネスの意思決定をサポートをするものである。

イ：不適切である。ETLは、データ変換を行うアルゴリズムではない。ETLとは、基幹業務で発生・管理しているデータをデータウェアハウスに保存するため、基幹業務のデータベースにあるデータを抽出（Extract）、変換（Transform）、転送（Load）する仕組み、あるいはそれを実現するためのソフトウェアである。

ウ：適切である。NoSQL（Not Only SQL）とは、従来のSQLだけでは対応しきれない、多種多様な大量データの高速処理が求められるビッグデータ処理に対応する技術である。

エ：不適切である。データマイニングは、RDB（Relational Database）のスキーマ定義を最適化するものではない。データマイニングとは、生データ（明細データ）の解析を通じて、経営やマーケティングにとって必要な傾向・動向、相関関係、パターンなどを導き出すための技術や手法である。

厳選!!

必須テーマ　重要例題④　──第1章──

令和2年度　第11問

問題編

以下の文章は、AI（Artificial Intelligence）を支える基礎技術である機械学習に関するものである。文中の空欄A～Dに入る語句として、最も適切なものの組み合わせを下記の解答群から選べ。

機械学習は［A］と［B］に大きく分けることができる。［A］はデータに付随する正解ラベルが与えられたものを扱うもので、迷惑メールフィルタなどに用いられている。［B］は正解ラベルが与えられていないデータを扱い、［C］などで用いられることが多い。

また、自動翻訳や自動運転などの分野では、人間の神経回路を模したニューラルネットワークを利用する技術を発展させた［D］が注目されている。

〔解答群〕

ア　A：教師あり学習　　B：教師なし学習
　　C：手書き文字の認識　　D：強化学習

イ　A：教師あり学習　　B：教師なし学習
　　C：予測や傾向分析　　D：深層学習

ウ　A：教師なし学習　　B：教師あり学習
　　C：手書き文字の認識　　D：深層学習

エ　A：教師なし学習　　B：教師あり学習
　　C：予測や傾向分析　　D：強化学習

解答：イ

AIを支える基礎技術である機械学習に関する出題である。

A：教師あり学習が適切である。教師あり学習とは、正解ラベルが与えられたデータで学習させる方法である。迷惑メールフィルタや不正行為の検知といった、過去の事例に基づいて将来に起こることを予測する分野で用いられる。

B：教師なし学習が適切である。教師なし学習とは、正解ラベルが与えられていないデータで学習させる方法である。正解ラベルがある教師あり学習とは異なり、未知のパターンを見つけ出す分野で用いられる。

C：予測や傾向分析が適切である。教師なし学習は、データを解析した特徴から未知の構造、法則、傾向、分類、定義を導き出し、予測や傾向分析などに用いられることが多い。

D：深層学習が適切である。深層学習（ディープラーニング）とは、人間の神経細胞の仕組みを再現したニューラルネットワークを用いた機械学習の一種である。画像認識や音声認識、自動運転、自動翻訳などさまざまな分野で高い認識率を実現している。

よって、選択肢イが最も適切である。

厳選!!

必須テーマ　重要例題⑤　―第1章―

平成29年度　第8問

問題編

自社のWebサイトを近年の開発技術や新しい考え方を用いて魅力的にすることができれば、さまざまな恩恵がもたらされる。

それに関する記述として、最も適切なものはどれか。

ア　AR（拡張現実）とは人工知能技術を指し、これをWebサイトに組み込むことができれば、顧客がWebサイトを通じて商品を購入する場合などの入力支援が可能となる。

イ　IoTとはモノのインターネットと呼ばれ、今後、インターネットは全てこの方式に変更されるので、既存の自社のWebサイトを変更しなくても顧客が自社商品をどのように使っているかをリアルタイムに把握できるようになる。

ウ　MCN（マルチチャンネルネットワーク）とは、自社のWebサイトを介して外部のWeb サイトにアクセスできる仕組みを指し、自社のWebサイトにゲートウェイの機能を持たせることができる。

エ　ウェアラブルデバイスとは身につけられるデバイスを指し、それを介して顧客の日々の生活、健康、スポーツなどに関わるデータを自社のWebサイトを経由してデータベースに蓄積できれば、顧客の行動分析をより緻密かつリアルタイムにできるようになる。

解答：エ

ア：不適切である。ARは人工知能技術でない。AR（Augmented Reality）とは、現実の風景に文字や画像、音声などのデジタル情報を重ね合わせる技術である。

イ：不適切である。インターネットは全てIoT方式に変更されるわけではない。IoT（Internet of Things）とは、あらゆるモノがインターネットを通じてつながることで実現する新たなサービス、ビジネスモデル、またはそれを可能とする要素技術の総称である。

ウ：不適切である。MCN（Multi-channel Network）とは、YouTubeに代表される動画サイトに投稿するクリエイターたち（複数のチャネル）を束ねてネットワーク化し、そのネットワークをマネジメントすること、あるいはそれらを行う組織のことである。

エ：適切である。通信機能のあるウェアラブルデバイスにより、例えば、心拍数などの身体的情報を収集・蓄積・分析すれば、健康管理などに有用な情報となる。

テーマ別出題ランキング

過去18年分 平成18年（2006年）～令和5年（2023年）	
1位	入出力装置
2位	記憶装置
3位	SQL

直近10年分 平成26年（2014年）～令和5年（2023年）	
1位	入出力装置
2位	記憶装置
3位	SQL
3位	重要な言語
3位	アウトソーシング

過去18年間の出題傾向

18年間で、コンピュータ操作時に必要となる入出力装置が22回、記憶装置が各17回、SQLが16回以上出題されている。コンピュータ操作時にはキーボードやセンサー、記憶装置から入力した情報を、オペレーティングシステムの制御で処理し、人間が認識できる画面やデータに出力する流れの中でどのような技術が使われているかのイメージが重要になる。

第 2 章

情報技術に関する基礎知識

Ⅰ ハードウェア

Ⅱ ソフトウェア

Ⅲ アルゴリズムとデータ構造

Ⅳ 情報処理システムの形態と関連技術

Ⅴ ファイルとデータベース

I ハードウェア

1 ハードウェア B

ハードウェアとは、情報処理システムの物理的な構成要素の全体又は一部分で、いわばコンピュータの物理的な構成要素の総称である。

情報処理システムとは、データ処理システム及び装置であって情報処理を行うもので、事務機器や通信装置などを含むものである。**情報処理システム**では、プログラムや手続きを記憶・実行できるため、大量のデジタル情報を早く正確に記憶・処理・伝達できる。

H29-08 H27-01 H25-02 H25-03 H25-02 H24-07 H24-12 H24-15

(1) コンピュータの種類

コンピュータとは、電子回路を用いて、演算やデータ処理、さらに情報の記憶保存や検索などができる装置である。

コンピュータと一口に言っても、使用目的によってさまざまな種類があり、価格や性能、大きさも千差万別である。

【 コンピュータの種類 】

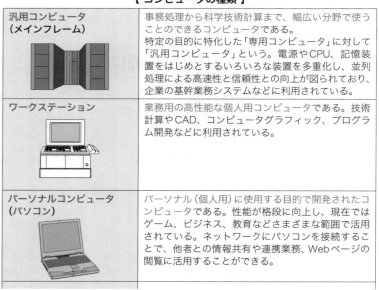

汎用コンピュータ (メインフレーム)	事務処理から科学技術計算まで、幅広い分野で使うことのできるコンピュータである。 特定の目的に特化した「専用コンピュータ」に対して「汎用コンピュータ」という。電源やCPU、記憶装置をはじめとするいろいろな装置を多重化し、並列処理による高速性と信頼性との向上が図られており、企業の基幹業務システムなどに利用されている。
ワークステーション	業務用の高性能な個人用コンピュータである。技術計算やCAD、コンピュータグラフィック、プログラム開発などに利用されている。
パーソナルコンピュータ (パソコン)	パーソナル(個人用)に使用する目的で開発されたコンピュータである。性能が格段に向上し、現在ではゲーム、ビジネス、教育などさまざまな範囲で活用されている。ネットワークにパソコンを接続することで、他者との情報共有や連携業務、Webページの閲覧に活用することができる。

エンベデッドコンピュータ（組み込みコンピュータ）	家電製品、自動車、産業用機械などの制御用に組み込まれた超小型のコンピュータである。最近は、IoT（Internet of Things）がトレンドとなり、ネットワークに家電製品を接続して制御することも可能になっている。
スマートフォン	携帯電話の一種である。電話やメール、Webページの閲覧だけでなく、便利で快適に利用するためのソフトウェア（アプリ）をダウンロード、インストールして利用できる、携帯が容易な小型のコンピュータである。タッチパネルを採用し、液晶画面を指で触って操作する他、音声入力に対応する機種もある。
タブレット端末	携帯が容易な小型のコンピュータである。スマートフォンよりも画面が大きく、携操作性・視認性が高い。メールやWebページの閲覧、ソフトウェアの利用などはスマートフォンと同様だが、電話機能には一定の条件がある。
ウェアラブル・コンピュータ	ウェアラブル・コンピュータとは、身につけた状態で使用できる小型のコンピュータ端末の総称である。ウェアラブルデバイスともいう。 ウェアラブル・コンピュータがインターネットにスマートフォン経由で接続し、健康管理や業務管理、医療などの分野で身体データの分析・活用が進んでいる。

⑵ コンピュータの装置構成

H24-02
H22-03

一般的に、コンピュータは、入力・出力・記憶・演算・制御の５大装置により構成されている。入力装置と出力装置をあわせて入出力装置ということがある。

【 コンピュータの５大装置 】

入力装置		キーボード、マウス、イメージスキャナ、バーコードリーダ、OCR（OpticalCharacterReader）、マイクなど、コンピュータに対して情報を入力するための装置である。プログラムやデータの入力を行う。
出力装置		ディスプレイ装置、プリンタなどコンピュータ内部のデータや処理結果を出力する装置である。
記憶装置		実行すべきプログラムやそれに関連するデータ、演算の途中結果などを格納する装置である。主に処理に使われる主記憶装置と主に保管に使われる補助記憶装置がある。
中央処理装置（CPU）	演算装置	プログラムなどの命令に従って、加減乗除などの四則演算や、大小比較などの論理演算を行う装置である。
	制御装置	上に挙げた各装置に制御信号を送り動作をコントロールする装置である。プログラムの実行や、優先度の高い処理を先に行う割り込み処理など、全体的な制御を行う。

【 コンピュータの基本的な構成 】

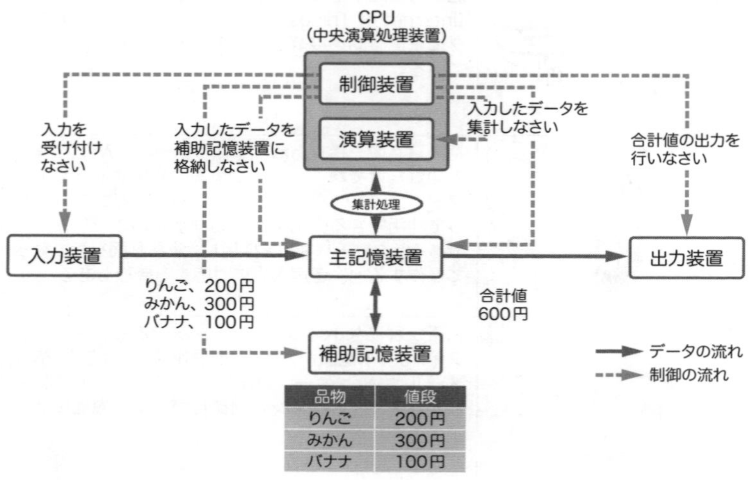

(3) コンピュータで表現する情報の単位

コンピュータでは、"1"と"0"とを組み合わせる2進数で情報を表現する。コンピュータ内にはONを"1"、OFFを"0"として情報を表現するスイッチがあり、意図的に"1"または"0"を設定したスイッチの数が、コンピュータ内部における情報の大きさになる。情報の大きさを表す主な単位を次に示す。

【 情報の単位 】

ビット	Bit	"1"または"0"を表すスイッチの1つひとつをビットという。1ビットは2進数の1桁に対応する。コンピュータ内部では、ビットが情報の最小単位となる。
バイト	Byte	8ビット=1バイトという。1バイトは2^8=256種類の情報を表現できる。
キロバイト	KB	2^{10}バイト=1,024バイトを1キロバイト(KB)という。
メガバイト	MB	2^{10}キロバイト=1,024キロバイトを1メガバイト(MB)という。
ギガバイト	GB	2^{10}メガバイト=1,024メガバイトを1ギガバイト(GB)という。
テラバイト	TB	2^{10}ギガバイト=1,024ギガバイトを1テラバイト(TB)という。
ペタバイト	PB	2^{10}テラバイト=1,024テラバイトを1ペタバイト(PB)という。

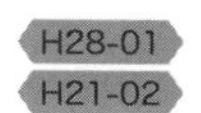

(4) マザーボード

マザーボードとは、CPUやメモリ（主記憶装置）、ハードディスク（補助記憶装置）、拡張ボードなどの部品を装着する基盤である。CPUを差し込むためのCPUソケットが搭載されている。

(5) チップセット

チップセットとは、マザーボード上で、①CPUとRAM（メモリ）間、②CPUと各種インタフェース間などで、データのやり取りを管理する回路群である。チップセットごとに、動作するCPUの種類やクロック周波数（CPU1個の処理速度）が異なる。①のものをノースブリッジ、②のものをサウスブリッジという。

【 マザーボードの全体像 】

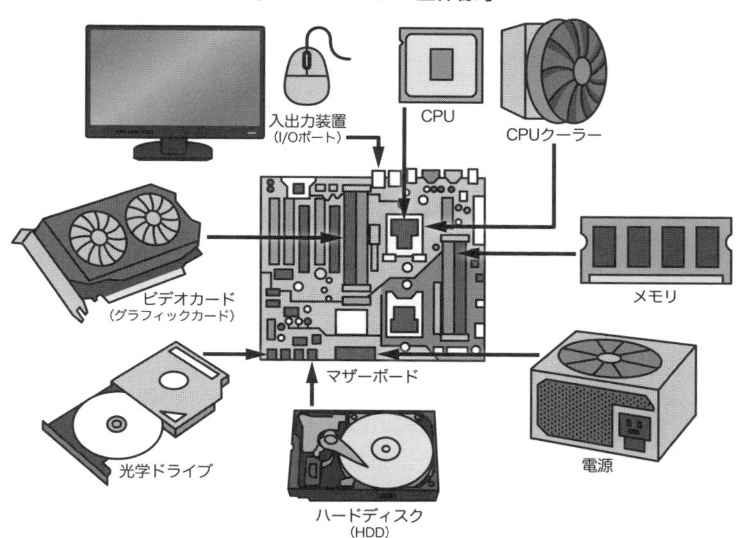

2 記憶装置 Ⓐ

演算装置が処理を実行するためには、処理に必要なデータやプログラムが必要となる。通常これらは補助記憶装置に格納されており、必要な都度、主記憶装置に転送（ロード）される。

(1) 主記憶装置（メモリ）

H23-01

主記憶装置とは、CPUが直接読み書きできる装置である。メインメモリともいう。演算処理に必要なデータやプログラムを格納し、演算装置と頻繁にデータのやり取りを行う。必要な時に必要なデータを読み込み、不要になったらその領域を解放す

R05-01 R02-02 H24-01 H23-01 H22-01 H21-01 H21-11 H19-01

る。装置内部はアドレス（番地）で区分されており、現在どの領域に何の情報が格納されているかは制御装置により管理される。

① 半導体メモリ

主記憶装置やCPUに多く使われる**半導体メモリ**には、基本的には書き換えを行わないROM（Read Only Memory）と、高速で何度でも書き換えが可能なRAM（Random Access Memory）がある。

ROMは、基本的には読み出し専用のメモリであり、電源を落としても内容は保持される。用途は、BIOS等、通常は書き換えを行わないものになる。

RAMは、書き換えが可能であるが、電源を落とすと内容は保持されない。主記憶装置には、RAMの中でもDRAMが用いられる。

【半導体メモリの種類】

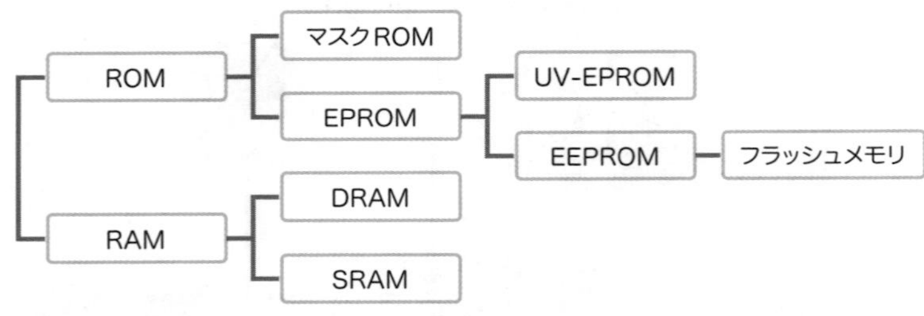

【主なROM】

マスクROM	製造時にデータやプログラムが書き込まれるROM。後から記憶内容を書き換えることはできない。
EPROM (Erasable Programmable ROM)	後からデータやプログラムの消去および再書き込みができるROM、およびその総称。
UV-EPROM (Ultra-Violet Erasable Programmable ROM)	紫外線の照射で記憶内容を消去し、再書き込みができる仕組みのEPROM。
EEPROM (Electrically Erasable Programmable ROM)	電気的に記憶内容を消去し、再書き込みができる仕組みのEPROM。
フラッシュメモリ	EEPROMの一種だが、記憶内容の消去を一定サイズのブロック単位で行うなどで内部構造を簡略化し、大容量化や高速書き換えを実現している。ROMとRAMの中間的な性格を持っており、メモリカードやUSBメモリ、SSDなどに広く使用されている。 不揮発性メモリであり、電源を切っても記憶していたデータを保持できる。 NAND型とNOR型がある。NAND型はNOR型と比べて書き込み速度は高速であり、読み出し速度は低速である。NAND型はUSBメモリやSSDなどの外部記憶装置に用いられている。

【 主なRAM 】

DRAM (Dynamic RAM)	定期的に記憶内容を再書き込みする動作（リフレッシュ動作）が必要なRAM。データ転送速度はSRAMと比較して低いが、安価である。コンピュータの主記憶装置（メインメモリ）に広く使われている。
SRAM (Static RAM)	リフレッシュ動作が不要で、高速なデータ転送が可能なRAM。DRAMと比較して高価なため、小容量でも高速なメモリが必要となる用途（キャッシュメモリ）に使われる。

② DRAMの高速化の流れ

主に主記憶装置で用いられるDRAMは、読み書き速度向上のため、技術的な進展が継続的になされている。

【 DRAMの主な高速化 】

デュアルポート	データの入出力ポートを2つ備えて高速化したRAMである。
SDRAM (SynchronousDRAM)	データの入出力ポートは1つであるが、外部バスインタフェースが一定周期のクロック信号に同期して動作するように改良することで高速化したRAMである。
DDR-SDRAM (DoubleDataRate-SDRAM)	SDRAMの同期タイミングを強化し、さらに高速化、省電力化したRAMである。

③ ECC (Error Checking and Correcting) メモリ

誤りを検知して自動的に訂正する機能を持つRAMである。高信頼性を必要とするサーバなどで使用されている。

(2) 補助記憶装置

補助記憶装置とは、入出力インタフェースを介してコンピュータ本体と接続される記憶装置である。データやプログラムを常時格納しているため、電源の供給がなくても記憶内容が失われないことが求められる。

① 媒体 H19-01

補助記憶装置には、大きな容量を確保するため、磁気ディスク、コンパクトディスク（CD：Compact Disc）、DVD（Digital Versatile Disc）、ブルーレイディスク（BD：Blueray Disc）、磁気テープ、光磁気ディスク（MO：Magneto Optical Disk）、フラッシュメモリ、SSD（Solid State Drive）などが用いられる。

② 磁気ディスク装置（ハードディスク） H29-01 H28-01 H27-01 H26-01 H21-01 H19-01

磁気ディスク装置とは、磁性体が塗布されたガラス製もしくは金属製の円盤（磁気ディスク）を複数枚重ね、磁気ヘッドで磁気的にデータを読み書きする記憶装置である。

磁気ディスクの両面には、多数のトラックが同心円状に配置されており、このトラックにデータが記憶されている。トラックは複数のセクタから構成されており、データの読み書きはセクタ単位で行う。

また、OS（オペレーティングシステム）は、複数のセクタをまとめたクラスタという単位でデータを管理する。

【 磁気ディスク装置の構造 】

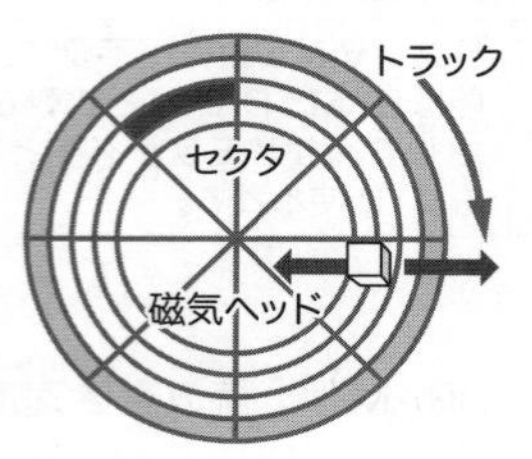

1つのファイルが複数の離れた領域に分割され格納されることを、ファイルの断片化（フラグメンテーション）という。断片化が発生すると、データの読み出し、書き込みの速度が低下する。断片化されたファイルを整理して、連続した領域に格納し直すことをデフラグメンテーションという。

H29-01 H28-01 H27-01

③ SSD

SSD（Solid State Drive）とは、半導体メモリを記憶媒体とした記憶装置のうち、磁気ディスク装置の代替品として利用できるものである。磁気ディスクとは異なり駆動部を持たず、電気信号だけで読み書きが行われるため非常に高速であることに加え、省電力・衝撃耐久性・軽量化などのメリットがある。しかし、高価格、書き換え回数の上限などのデメリットもある。

R01-07 H23-02 H21-03 H20-01

④ その他の補助記憶装置

CD、DVD、ブルーレイディスク（BD）は光ディスクに該当する。

【 主な補助記憶媒体（取り外し可能なディスク媒体）】

種類	媒体1枚当たり容量例
CD（Compact Disc）	650 MB（12cm） 700 MB（12cm）
DVD （Digital Versatile Disc）	4.7 GB（12cm片面1層） 8.5 GB（12cm片面2層） 9.4 GB（12cm両面1層）
ブルーレイディスク	25 GB（12cm片面1層） 50 GB（12cm片面2層） 100 GB（12cm片面3層） 128 GB（12cm片面4層）
光磁気ディスク （MO：magneto optical disk）	128 MB ～ 2.3 GB
フロッピーディスク	～1.44 MB

光ディスク媒体とは、レーザー光を利用してデータの読み書きを行う記憶媒体のことである。繰り返しの書き換えが可能なもの、読み出し専用のものなど、読み書

きにさまざまな特徴があり、ディスク媒体名の後に表記されることが多い。

【 主な光ディスク媒体（レーザー光を利用した記憶媒体）の読み書きの種類 】

読み書きの種類	概要	主なディスク媒体
R（Recordable）	データを一度だけ書き換えることができる。	CD-R、DVD-R BD-R
RW（ReWritable） RE（REwritable）	利用者がデータを削除したり、繰り返し書き換えたりすることができる。一般的に書き換えられる回数がRAMより少ない。データの配布などに利用されることが多い。	CD-RW DVD-RW BD-RE
RAM （Random Access Memory）	利用者がデータを削除したり、繰り返し書き換えたりすることで、ハードディスクと同じように使用できる。	DVD-RAM
ROM （Read Only Memory/Media）	製造時に固定的に記録されたデータの読み出し専用である。	CD-ROM BD-ROM DVD-ROM

例えば、「DVD-RW」は、データを繰り返し書き換えることができるDVDのディスク媒体を表す。

R05-10 H23-06 H21-21

⑤ RAID (Redundant Arrays of Inexpensive Disks)

複数の物理ディスクを1つの論理ディスクとみなし、次のような手法を用いて管理することで信頼性や高速性を改善した仕組みが**RAID**である。信頼性や高速性のレベルに応じて複数の方式がある。試験対策上は特に、RAID0、RAID1、RAID3、RAID5の4つを覚えてほしい。

【 RAIDの方式 】

方式	説明
RAID0 （ストライピング）	高速化を目的に、データの読み書きを並行して行うことができるようにしたものである。データを一定の単位（例：1バイト）に分割して複数のディスクに分散して書き込む。ストライピングとも呼ばれる。構成には、少なくとも2台のディスクが必要である。
RAID1 （ミラーリング）	信頼性向上を目的に、2台のディスクに同一データを同時に書き込むことで、1台のディスクが壊れても、もう1台のディスクで運用ができるようにしたものである。ミラーリングとも呼ばれる。
RAID3	RAID0の動作を基本としつつ、パリティを用いてデータの信頼性を確保しようとする方式である。データから「パリティ」といわれる誤り訂正符号を生成し、データとパリティビットの両方を突き合わせることでデータが正しいかどうかを確認する。構成には、少なくとも3台のディスクが必要である。

RAID5 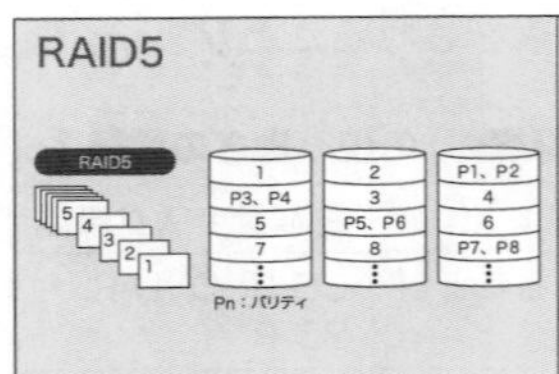	RAID0の動作を基本としつつ、パリティを用いてデータの信頼性を確保しようとする方式である。RAID3とは異なり、パリティ専用ディスクは持たない。パリティは、各ディスクに分散して書き込む。記録できるデータ容量は、N台のディスク構成の場合、N-1台分になる。構成には、少なくとも3台のディスクが必要である。

H25-12

⑥ フォーマット

フォーマットとは、補助記憶装置を利用できるようにするために初期化することである。

H23-01
H21-11

(3) 記憶装置の階層

コンピュータの記憶装置は、「高速・大容量・安価」であることが理想だが、一般には「高速」な装置ほど「小容量」かつ「高価」であるため、現実には「高速・小容量・高価」な装置と「低速・大容量・安価」な装置を目的に合わせて使い分けることで、コンピュータ装置全体の経済性及び性能を確保する。

① 記憶装置の階層

コンピュータの中枢で高速性が求められるCPU（レジスタ）やキャッシュメモリ、主記憶装置には、アクセス時間の速い媒体を使用する。一方、大容量が求められる磁気ディスク・光ディスク、磁気テープなどの補助記憶装置には、容量が多い媒体を使用する。

なお**アクセス時間（アクセスタイム）**とは、メモリや磁気ディスク装置などの記憶装置にデータの読み書きを要求してから、データの転送が完了するまでの時間のことである。

【 記憶装置の階層 】

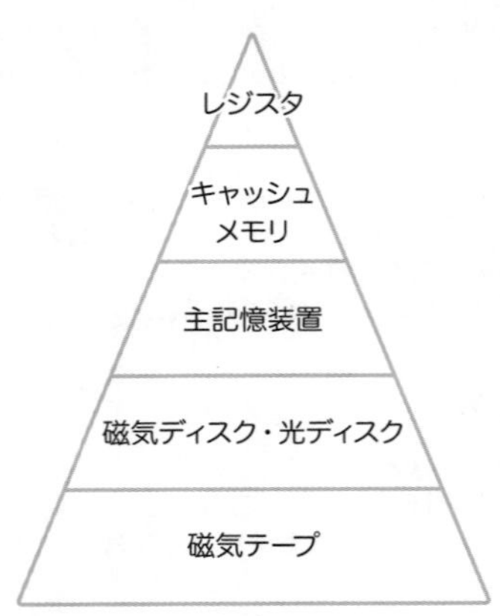

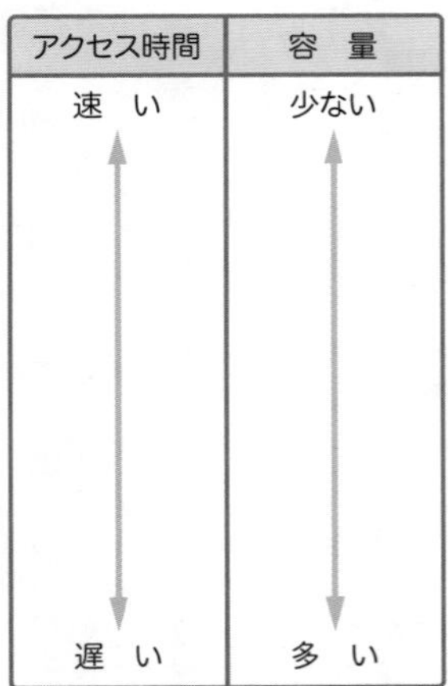

3 中央処理装置（CPU）

演算装置と制御装置を合わせて中央処理装置（CPU：Central Processing Unit）という。コンピュータの中心的な役割を果たす装置である。

(1) 中央処理装置の役割

① 制御装置

制御装置とは、演算装置、記憶装置、入力装置、出力装置をコントロールし、コンピュータ全体を１つの目的に従って動かす役割を果たす。

② 演算装置

演算装置とは、制御装置からの指示で主記憶装置にロードされたデータやプログラムを順次解釈して四則演算や論理演算を行い、処理結果を格納する役割を果たす。 H29-01

H29-02 H24-03 H22-02 H21-02 H19-10

(2) 命令の実行

① 命令の実行過程

中央処理装置における命令の実行過程を次に示す。演算装置では、処理に必要な情報を一時的に保持するためにレジスタといわれる高速メモリを用いる。レジスタには役割に応じていくつかの種類がある。

【 レジスタの種類 】

命令アドレスレジスタ	次に実行する命令が格納されている主記憶装置内のアドレスを記憶する。プログラムカウンタともいう。
命令レジスタ	取り出した命令を格納する。
汎用レジスタ	演算過程で一時的に情報を格納する。
ベースレジスタ	主記憶装置上のプログラムの先頭位置を記憶する。
インデックスレジスタ	主記憶装置上のデータのアドレスを求めるときに使う基準値からの増減値（オフセット値）を記憶する。

【 命令の実行サイクルとレジスタ 】

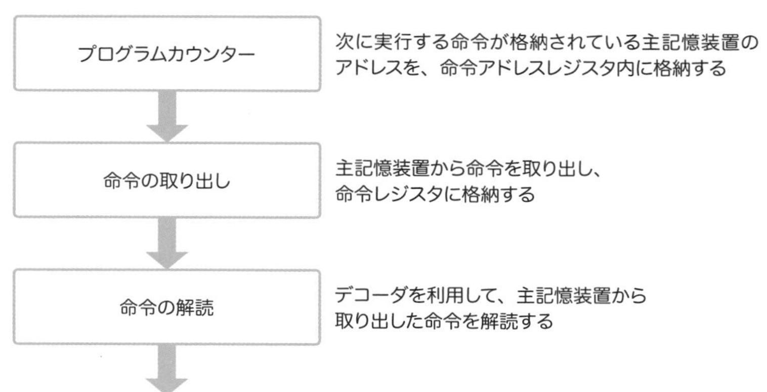

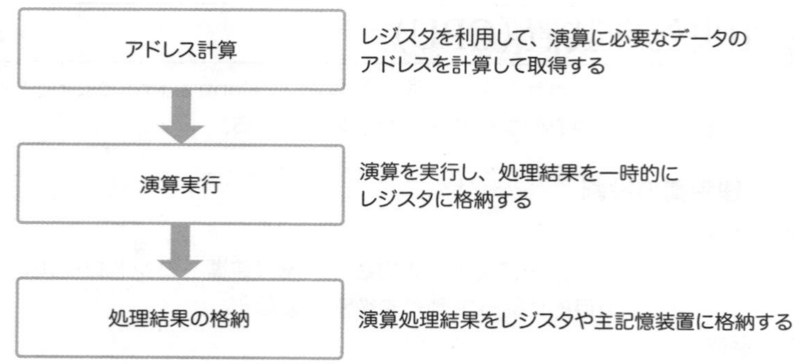
アドレス計算
レジスタを利用して、演算に必要なデータのアドレスを計算して取得する
演算実行
演算を実行し、処理結果を一時的にレジスタに格納する
処理結果の格納
演算処理結果をレジスタや主記憶装置に格納する

② 命令の実行速度

中央処理装置の動作速度を表す指標の1つとして、クロック周波数がある。**クロック周波数**とは、コンピュータ内部の各回路間において処理の同期を取るためのテンポのことで、クロック周波数が高いと処理テンポが速くなり、処理速度も速くなる。

【 主なクロック周波数 】

内部クロック周波数	CPUが動作するクロック周波数のことである。
外部クロック周波数	CPUと主記憶装置間のデータ伝送路（システムバス）におけるクロック周波数のことである。

③ 処理速度の評価指標

中央処理装置の処理速度の評価指標として、MIPSやFLOPSがある。

【 評価指標の種類 】

MIPS (Million Instructions Per Second)	1秒間に平均**何百万回**の命令を実行できるかを表す。例えば1MIPSの中央処理装置は、1秒間に平均100万回の命令を実行できる。また、1命令にかかる平均時間は10^{-6}＝1マイクロ秒となる。
FLOPS (Floating point Operations Per Second)	1秒間に実行される**浮動小数点演算**の回数を表す。例えば1MFLOPS（10^6FLOPS）の中央処理装置は、1秒間に100万回の浮動小数点演算を実行できる。
CPI (Cycles Per Instruction)	1命令の実行に必要な**CPUクロック数**である。CPUや主記憶装置、システムバスなどが同条件であれば、CPIは値が小さいほどコンピュータの処理速度が速い。

4 高速化技法

(1) 制御装置による高速化

制御装置のコントロールにより、記憶装置からデータやプログラムを取り出して処理を行う演算装置の高速化が図られる。

① 先行制御方式

先行制御方式とは、命令（プログラムやデータ）を逐次実行させるのではなく、演算装置が命令の演算や結果の格納を行っている間に、次の命令を補助記憶装置から主記憶装置に読み出し、解読やアドレス計算などを並行して行うことで、実行演算速度を向上させる方式である。

② パイプライン方式

パイプライン方式とは、先行制御方式をさらに発展させた方式である。命令の実行ステップを4つ（命令の取り出し、アドレスの計算、データの取り出し、命令の実行）に分割し、各々のステップ単位にハードウェア機構を準備し並行処理を行う方式である。

【 パイプライン処理のイメージ 】

処理1	命令の取出し	アドレスの計算	データの取出し	命令の実行	
処理2		命令の取出し	アドレスの計算	データの取出し	命令の実行
処理3			命令の取出し	アドレスの計算	データの取出し
処理4				命令の取出し	アドレスの計算

時間軸 →

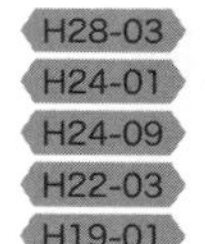

(2) 記憶装置の高速化

記憶装置に使われる半導体のアクセス時間よりも演算装置に使われる半導体のアクセス時間の方が速いため、演算装置に待ち時間が発生しないように、記憶装置の高速化が図られる。

① メモリインタリーブ

主記憶装置を複数のバンク（領域）に分けておき、複数のバンクから同時並行的に読み取れる仕組みを**メモリインタリーブ**という。これにより、主記憶装置のアクセス時間を短縮することができる。

② キャッシュメモリ

キャッシュメモリは、演算装置と主記憶装置のアクセス時間の差を解消するために置かれる高速の記憶装置である。実際にはCPUに実装されている。

演算装置と主記憶装置ではアクセス速度に相当な開きがある。このため演算装置と主記憶装置の間にキャッシュメモリを配置しておき、主記憶装置のデータのうち当面使用する部分をこの中に取り込み、主記憶装置にアクセスする頻度を減少させることで処理全体の高速化を図る。

また、演算装置に必要なデータやプログラムを検索する場合に、それがキャッシュメモリに存在する確率を**ヒット率**という。ヒット率が高いほど全体の処理効率が高くなる。

【 キャッシュメモリの検索の仕組み 】

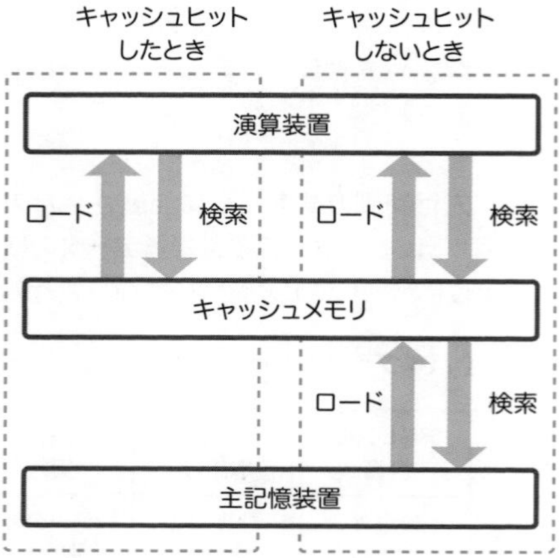

キャッシュヒット したとき / キャッシュヒット しないとき

演算装置
ロード 検索 / ロード 検索
キャッシュメモリ
ロード 検索
主記憶装置

キャッシュヒット率の計算

[例　題]
主記憶装置のアクセス時間が50ns、キャッシュメモリのアクセス時間が5nsのときの平均アクセス時間を計算せよ。ただし、キャッシュメモリのヒット率は0.8とする。

[解　答]
全体の平均アクセス時間=50ns × 0.2+5ns × 0.8=14ns

※参考　1ns(ナノセコンド)＝0.000,000,001秒(10億分の1秒)

③ キャッシュメモリの構造

さらに高速化するために、アクセス速度と容量によりキャッシュメモリを段階化したCPUもある。演算装置に近い方から**1次キャッシュ**、**2次キャッシュ**といい、なかには3次キャッシュを持つものまである。

【 キャッシュメモリの構造と検索の仕組み 】

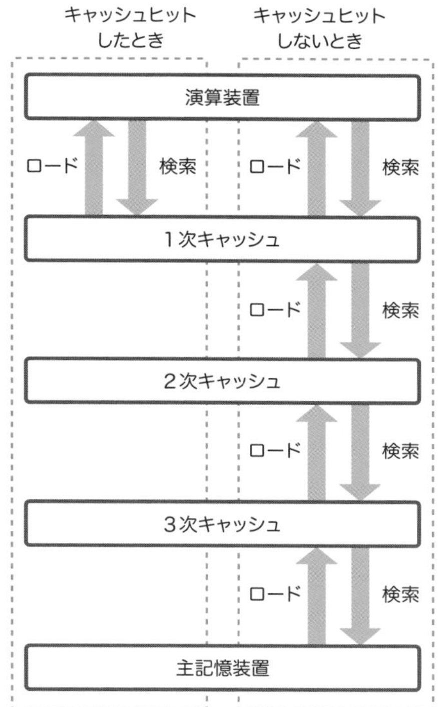

④ ディスクキャッシュ

主記憶装置と補助記憶装置のアクセス時間にも相当な開きがある。そこでキャッシュメモリと同様の考え方で、使用頻度の高い補助記憶装置内のデータを半導体メモリに予め配置しておき、高速化を図る技法およびその半導体メモリ領域を**ディスクキャッシュ**という。

【 ディスクキャッシュの検索の仕組み 】

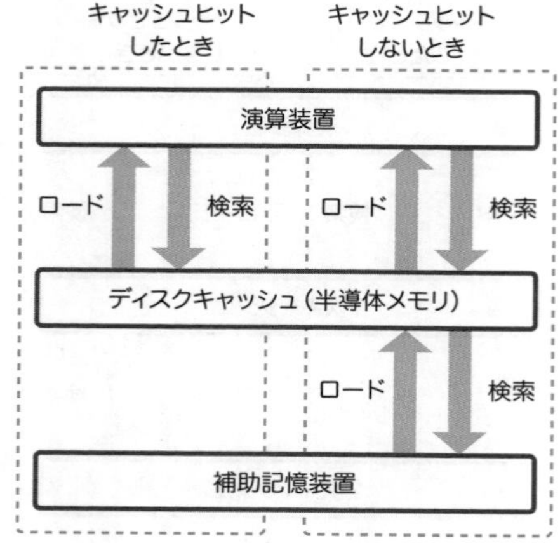

⑤ メモリコンパクション

メモリコンパクションとは、主記憶装置（メインメモリ）の記憶領域において、断片化して点在する空き領域を整理し、連続して利用可能な記憶領域を確保することである。

H24-01 (3) 演算装置の高速化

演算装置自体の処理性能を向上させるための技術も考えられている。

① CISC (Complex Instruction Set Computer)

CISCとは、個々の命令をプログラムの高級言語に近づけ、1つの命令で複雑な処理を実行できるようにすることで処理能力の向上を図る方式である。

② RISC (Reduced Instruction Set Computer)

RISCとは、個々の命令を簡略化し、組み合わせて複雑な処理を行う。パイプライン処理を行うことで処理能力の向上を図る方式である。

【 CISCとRISC 】

	CISC	RISC
機械語の実現方法	マイクロプログラム	ワイヤードロジック（固定長、ハードウェア）
機械語命令の種類	複雑な命令を多数用意している	単純な命令を少種類用意している
パイプライン	実行効率が悪い	実行効率がよい
プログラミング	アセンブラ言語を用いたプログラム開発が比較的容易	コンパイラが必要
消費電力	多い	少ない

③ マルチコア技術

マルチコア技術とは、1つのLSIチップに、複数のCPUコア（演算処理など、CPUの中核的な機能）を集積する技術である。それぞれのCPUコアは独立しているため、他のCPUコアに影響されることなく動作することができる。複数のCPUコアで処理を分担するため、性能が向上し、処理が高速になるとともに遅くなりにくい。

【マルチコアの呼び方】

コア数	呼び方
2個	デュアルコア
4個	クアッドコア
6個	ヘキサコア
8個	オクタコア

5 入出力装置 

入出力装置は、演算装置や記憶装置に比べ格段に動作速度（アクセス時間）が遅い。機能面においては多種多様であるため、装置各々の特性を理解して導入目的に合った機種を選択する必要がある。

H29-01
H23-01
H22-02
H21-01

(1) 入出力アーキテクチャー

① バス

バスとは処理装置間でデータを伝送するための共通の伝送路である。1回の伝送で送ることのできるデータ量を**「バス幅」**といい、コンピュータ全体の処理性能に大きな影響を与える。32ビット、64ビットなどのバス幅が処理性能指標としてよく用いられる。

【バスの分類】

分類		説明
内部バス		CPU内部の回路間を結ぶ。
外部バス		CPUとメモリなどの周辺回路を結ぶ。
拡張バス		コンピュータ本体と拡張スロットに接続された周辺機器とを結ぶ。
	PCI（PCIバス）(Peripheral Components Interconnect)	パソコン内部の各パーツ間を結ぶバス（データ伝送路）の規格である。パラレル伝送方式を採用している。PCIバスは拡張カードを増設する規格として広く普及している。
	PCI Express	汎用的なシリアル伝送インタフェースである。PCIバスの後継規格として策定された。PCIバスよりも高速転送が可能である。装着できるSSDを使用すると、データなどの読み書き速度やPC の起動速度が向上する。

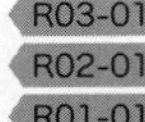

R03-01
R02-01
R01-01
H30-01
H25-01
H21-01
H20-02

⑵ 入出力インタフェース

多種多様な入出力装置と端末の間の相互接続性を確保するために、入出力インタフェースの標準化が図られている。

【 シリアル転送とパラレル転送のイメージ 】

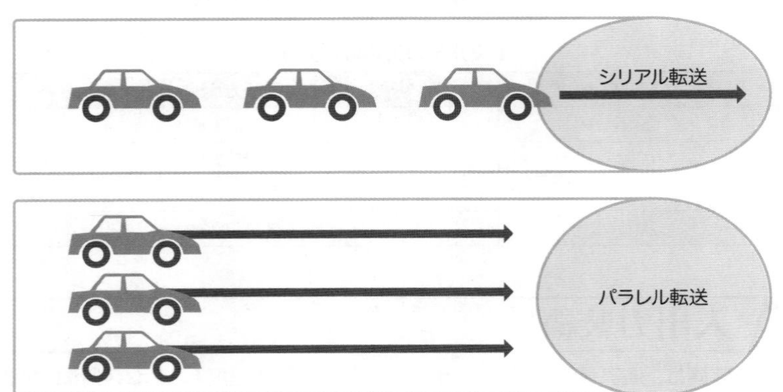

① シリアル伝送方式

シリアル伝送方式とは、データを1ビット単位に分割し、1本の信号線を用いて1ビットずつデータを転送する方式である。

【 シリアル伝送方式の主な規格 】

RS-232C (Recommended Standard 232 versionC)		コンピュータ本体とモデムなどとの接続に用いられる。
USB (Universal Serial Bus)		汎用的な接続インタフェースを目指して策定された規格である。コンピュータ本体と周辺機器との接続に幅広く用いられる。 **[バスパワー]** 接続ケーブルにより、パソコンなどの本体から接続した機器へ電源供給を行うことである。
	Standrad-A	コネクタの形状のひとつである。互換性があるため、全てのUSB 3.1 Standard-Aのコネクタは、USB 2.0 Standard-Aの受け口に差し込むことができる。
	Type-C	コネクタの形状のひとつである。上下の区別が無いため、全てのUSB 3.1Type-Cのコネクタは、USB 3.1Type-Cの受け口に上下どちらの向きでも差し込むことができる。
SATA (SerialATA：SerialATAttachment)		コンピュータ本体とハードディスク等の内部接続を行う規格である。高速化しやすい規格なので、パラレル方式であるIDEに代わるものとして位置づけられる。IDEと同様に、光学式ドライブ等の接続もできる。シリアルATAと表記されることがある。

e-SATA (externalSATA)	内部接続用の規格であるSATAを外部接続用の規格にしたものである。PC本体の電源を切らずに(再起動せずに)接続機器を自由に接続/取り外しできる。
m-SATA (miniSATA)	薄型のノートパソコンなどに搭載するために小型化したSATAである。カードのような形状をしている。

R02-01 H28-01 H27-01

② パラレル伝送方式

パラレル伝送方式とは、複数の信号線を用いて複数のビットを同時に転送する方式である。

【 パラレル伝送方式の主な規格 】

SCSI (Small Computer System Interface)	コンピュータ本体と(外付け)ハードディスクやスキャナなどの高速な周辺機器との接続を行う規格である。
IDE (Integrated Drive Electronics)	コンピュータ本体とハードディスクの接続を行う規格である。コンピュータ本体によって直接制御できるため、SCSIなど他の方式に比べ簡便かつ低コストである。光学式ドライブ等の接続もできる。IDEは、PATA (ParallelATA) ともいわれる。

R04-01 R02-01 H25-10 H23-11 H22-07

③ 無線方式

【 主な無線方式 】

IrDA (Infrared Data Association)	赤外線を利用して近距離の無線データ通信を行う規格である。通信可能距離は1m程度と短い。PDAとPCとの間のデータ通信などに用いられる。
Bluetooth	元々は携帯情報機器向けの無線通信技術として開発された規格である。免許なしで使うことのできる2.4GHz帯の電波を利用している。赤外線を利用するIrDAよりも透過性が高いため、電波強度によって機器間が1m以内から100m以内まで多少の障害物があっても利用できる。ノートパソコンやスマートフォン同士のほか、さまざまな周辺機器とケーブルを使わずに接続し、データをやり取りできる。電子レンジなどの家電製品が使用していない周波数に変更する周波数ホッピング(通信に使用する帯域を短い時間ごとに切り替える)機能で電波干渉を軽減できる。
ペアリング	Bluetoothを利用する場合、初回の接続時には接続する機器同士でペアリングという認証が必要である。ペアリングした機器のみが接続され利用できるようになる。
プロファイル	Bluetoothはキーボードやマウス、プリンタなど様々な装置で利用できるよう、装置ごとに策定された通信プロトコルがあり、これをプロファイルという。代表的なプロファイルにHID、HCRP、FTP、HSPがある。
HID (Human Interface Device Profile)	マウスやキーボードなどの入力装置を無線化するためのプロファイルである。

		HCRP (Hardcopy Cable Replacement Profile)	プリンタへの出力を無線化するためのプロファイルである。
		FTP (File Transfer Profile)	パソコン同士でデータ転送を行うためのプロファイルである。ファイル転送プロトコルのFTP (File Transfer Protocol) とは無関係である。
		HSP (Headset Profile)	Bluetooth搭載ヘッドセットと通信するためのプロファイルである。
Bluetooth Low Energy			従来からのBluetoothよりも転送速度や通信可能距離を抑える代わりに低消費電力で利用できるようにした仕様である。従来のBluetoothとBluetooth Low Energyの間に後方互換性はない。

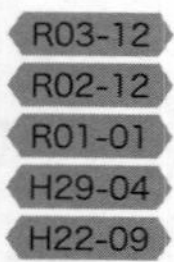

(3) 入力装置の例

① キーボード

入力装置として代表的なものにキーボードがある。キーボードの主な配列を次に示す。

【 キーボードの主な配列 】

101配列	キーの数が101個の英数字のみのキーボードである。
106配列	キーの数が106個の日本語入力に対応したキーボードである。
テンキー	数字や四則演算記号などが縦横に規則正しく並んでいる領域である。テンキー単体のキーボードを接続することもできる。トグル入力やフリック入力でも使われる。
JIS配列	JIS (日本工業規格) として標準化された、日本語キーボードの配列の規格である。
QWERTY配列	キーボードの標準的な配列である。英字部分の左上から右側にQ、W、E、R、T、Yの文字が並ぶためにこのようにいわれる。

② スマートフォンの入力形式とセンサー

スマートフォンを用いて情報を入力する際の主な入力形式とセンサーを次に示す。

【 スマートフォンの入力形式 】

Godan配列	スマートフォンで快適にローマ字入力ができるようにデザインされたキー配列である。画面左側に A、I、U、E、O (あいうえお) が縦に並び、中央と右側に K、S、T、N、H、M、Y、R、W (かさたなはまやらわ) が並ぶ。
トグル	ひとつのキーに複数の文字が割り当てられており、キーを連打することで入力対象となる文字を切り替える方式である。携帯電話 (フィーチャーフォン) における文字入力方式として知られる。
フリック	タッチ後に上下左右にスライドさせるフリック (軽く指でこする) といわれるタッチパネル操作を利用して、日本語の入力を行う方式のことである。

【 スマートフォンの主なセンサー 】

磁気センサー	地磁気を観測して東西南北の方位を検出するセンサーで、電子コンパスともいわれる。
ジャイロ(回転)センサー	スマートフォンの動いた方向や回転を検出するセンサーで、ジャイロスコープともいわれる。AR(拡張現実)やVR(仮想現実)などに対応できる。
加速度センサー	加速度(速度変化)や重力加速度を測定して、スマートフォンの傾きや人の動き、振動、衝撃などを検出する。
近接センサー	対象物が近づくことを検知するセンサーで、例えば、スマートフォンが耳に近づくと画面操作を無効にできる。

センサーとは、物理的な状態やその変化などを捉え、電気信号に変換する装置や機器である。センサーには、温度、位置、光度などさまざまなものがある。モバイル通信機器の小型化・低価格化により、センサーやそれを搭載したデバイス(端末)が近年IoTとしてインターネットにつながるようになった。

遠隔地のセンサーが生成する大量データを、インターネット経由でリアルタイムに受信し、高速処理することで、リアルタイムに状況を判断したり、データを蓄積しておきデータマイニングしたりする、といった活用事例がある。

③ タッチパネル(タッチパッド)

平板上のセンサーを指でなぞる入力装置で、次の種類がある。

【 タッチパネルの種類 】

抵抗膜方式	圧力を検知する方式である。手袋やペンなどでも操作することができる。静電容量方式に比べてコストが低い。
静電容量方式	指や専用のペンなどで操作する。反応速度や位置検出精度は良好で、耐久性や防塵・防水性にも優れる。スマートフォンなどでも使われている。
赤外線方式	画面に触れたときに赤外線ビームが遮られて発生する赤外線反射の変化で位置検出する方式である。機器の画面の複数点を指先で同時に直接触れて操作できる。

また、入力装置には他にも次のようなものがある。

④ スキャナ

写真、図形、文書などのアナログ情報をセンサーで読み取り、デジタル情報(イメージ)としてコンピュータに取り込む入力装置である。読み取りの精度はdpi(dots Per Inch)で表され、この数値が大きいほど解像度が高くなる。パソコンとの接続には、主にUSBが使用される。また、LANに接続し、ネットワークを介して利用することもできる。

【 スキャナの種類 】

フラットベッドスキャナ	コピー機のように原稿をガラス台に載せてデータを読み取るタイプである。
シートフィードスキャナ	ADF（Auto Document Feeder：自動原稿給紙装置）に原稿を流し込み、読み込ませるタイプである。
ハンディスキャナ	スキャナを手で持ち、原稿をなぞることで原稿を読み取るタイプである。

⑤ バーコードリーダ

商品などに付けられているコード（バーコードや2次元コードなど）を読み取る入力装置である。POSシステムや図書館の蔵書管理システムなどに利用されている。

⑥ デジタイザ

デジタイザとは、入力盤上の座標をペンなどで指示することにより、図面入力などを行う装置である。タブレットなどが代表的である。

H28-01 H27-01 H23-01 H22-01 H20-02 H19-01

(4) 出力装置の例

① ディスプレイ装置

コンピュータの処理結果を画面に表示する出力装置である。

(a) ビデオカード

ビデオカードは、画像や文字を描画するための拡張ボードのことである。GPUやVRAM、各種のインタフェースを搭載している。グラフィック処理の高解像度化、高速化、色数の増加に対応するためには、高速かつ大容量の描画処理が必要となる。ビデオカードの性能は、GPUの処理能力、VRAMの容量、インタフェースの転送速度などで決まる。

【 ビデオカードに関連する用語 】

GPU (Graphics Processing Unit)	3Dグラフィックなど画像処理に特化した半導体チップである。画像処理をGPUで行うことで、CPUの負荷が軽減する。
VRAM (Video RAM)	ディスプレイに表示する内容を保存しておくメモリである。

(b) インタフェース

ディスプレイやプロジェクターと、PCを接続する主なインタフェース規格を次に示す。

【 主なインタフェース規格 】

DVI (Digital Video Interface)	デジタル方式での画面伝送を行う規格。デジタル専用のDVI-Dとデジタル・アナログ兼用のDVI-Iがある。
D-Sub (D-Subminiature)／VGA (Video Graphics Array) 端子	アナログRGB信号を入出力する規格。D-Sub規格のコネクタ形式。VGA (Video Graphics Array) 規格 (640×480ドット、16色) のグラフィックス機能を持ったPC／AT互換機等で用いられたためVGA端子ともいう。
Display Port	D-SubやDVIを置き換えるものとして策定された。D-SubやDVIよりもコンパクトで薄型のコネクタを用いている。1本のケーブルで映像と音声を多重化しているほか、複数のディスプレイを接続する際には、数珠つなぎに接続できる。
HDMI (High-Definition Multimedia Interface)	高解像度の映像と音声のデジタル信号を1本のケーブルで伝送する規格である。著作権保護機能HDCP (High-bandwidth Digital Content Protection system) に対応している。

H29-03
H23-06
H20-01
H19-02

② プリンタ

コンピュータの処理結果を紙に印字する出力装置である。印字の方式によって、ドットインパクトプリンタ、インクジェットプリンタ、レーザープリンタなどに分類される。プリンタの印字精度は**dpi** (dot per inch) で表され、この数値が大きいほど解像度が高くなる。

パソコンとの接続にはUSBやWi-Fiが広く使用されている。LANに接続し、ネットワークを介して利用することもできる。

【 プリンタの種類 】

インクジェットプリンタ		ノズルの先端から微細なインクの滴（しずく）を噴射することで着色を行うプリンタである。簡易な造りで比較的安価であることから、家庭を含め、コンピュータに接続して利用するプリンタとして広く普及している。
ドットインパクトプリンタ		ピンを縦横に並べた印字ヘッドをインクリボンに叩きつけ、その圧力で紙に跡をつけるプリンタである。宅配伝票や業務用帳票などの複写用紙を扱う伝票などで、重ね印刷を行うことができる唯一の方法であり、事務用で利用されることが多い。
熱転写プリンタ		顔料などでできたインクを薄く塗布した、ロール状のインクリボンを用い、紙に密着させ、印字したい部分だけに、印字ヘッドで熱したインクを紙に転写する方式のプリンタである。専用用紙を使用し、DPEや証明書写真印刷などに使われている。
	熱溶融型	固形のインクを溶解させて印刷するタイプ。
	昇華型	インクを気化させて印刷するタイプ。
レーザプリンタ		着色された微細な粉末を感光体に対しレーザで付着し、圧力と熱によってトナーを固定するプリンタである。高品質で高速印字が可能であるが、機構が複雑で発熱量や消費電力も大きいため、業務用やオフィスでの利用が多い。

これらのプリンタは文字だけでなく図形やカラー印刷も可能である。モノクロ印刷を行う場合は黒色のトナーやインク等が利用されているが、カラー印刷を行う場合は黒色のほかに、基本的にはシアン（水色に近い青緑色）、マゼンダ（紫を帯びた紅色）、イエローの３原色のトナーやインク等を組み合わせて発色する。

II ソフトウェア

1 ソフトウェア B

(1) ソフトウェアの体系

ソフトウェアは、情報処理システムのプログラム,手続き,規則及び関連文書の全体又は一部分である。利用者とハードウェアとの間に位置し、利用目的に応じ次のように体系化される。

【ソフトウェアの体系】

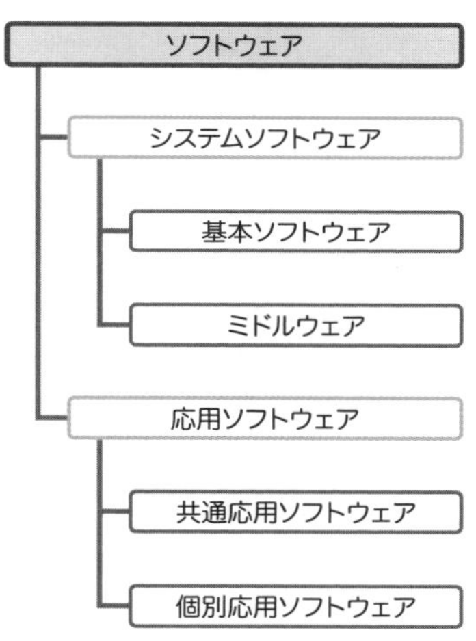

① システムソフトウェア

システムソフトウェアは、基本ソフトウェアとミドルウェアに分類される。

【システムソフトウェアの分類】

基本ソフトウェア	ハードウェア寄りに位置し、ハードウェアを制御する機能を持つ。WindowsやMacOSなどのオペレーティングシステム(OS：Operating System)は、この基本ソフトウェアに相当する。
ミドルウェア	ハードウェアと利用者との中間に位置し、応用ソフトウェアが使う共通的なサービスを提供する。データベース管理システム(DBMS：DataBaseManagement System)や通信制御プログラムなどがミドルウェアに相当する。

② 応用ソフトウェア

応用ソフトウェア（アプリケーションソフトウェア）は、利用者寄りに位置し、利用者が直接操作するソフトウェアである。その使用目的によって、共通応用ソフトウェアと個別応用ソフトウェアに分類される。

【 応用ソフトウェアの分類 】

共通応用ソフトウェア	表計算ソフトウェア、ワードプロセッサなど、業種や担当業務を問わず、どの利用者も共通に利用することができるソフトウェアである。
個別応用ソフトウェア	企業の販売管理システムや財務会計パッケージなど、特定の業種や担当業務に限って、担当者が利用することができるソフトウェアである。

【 利用者から見たソフトウェアの構造 】

共通応用ソフトウェア （表計算、ワードプロセッサなど）	個別応用ソフトウェア （販売管理、財務会計など）
ミドルウェア （DBMS、通信プログラムなど）	
基本ソフトウェア （Windows、MacOSなどのOS）	
ハードウェア	

③ パッケージソフトウェア

パッケージソフトウェアとは、システム開発会社が蓄積したノウハウをもとに、コンピュータで利用する応用ソフトウェアをマニュアルなどとともにパッケージ化したソフトウェアである。店頭で売られている小規模なものから、ERPシステムのような大規模なものまでさまざまな商品がある。パッケージソフトウェアには「導入費用を軽減できる」「導入から本稼働までの期間を短縮できる」「幅広い分野の企業に対応できる」などのメリットがある。パッケージソフトウェアの機能を修正したり、追加したりして、利用企業がソフトウェアを使いやすいように改修することを**カスタマイズ**という。

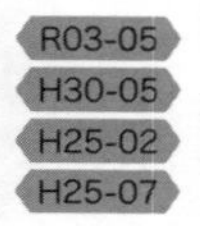

⑵ ソフトウェアの販売・流通方法

① オンラインソフトウェア

オンラインソフトウェアとは、インターネットなどの通信回線を通じて流通するソフトウェア全般を指す。無料で利用できるフリーソフトウェア、機能や利用期間等一定の制約の下では無料で使えるが、制約を超えて利用する場合は対価を支払う必要があるシェアウェア、購入しなければ使えない商用ソフトウェアなどがある。

② フリーソフトウェア

フリーソフトウェアとは、無料で利用できるソフトウェアと自由に利用できるソフトウェアという2つの概念があるが、明確な定義はない。フリーソフトやフリーウェアともいう。

(a) 無料で利用できるソフトウェア

開発者がボランティア的に開発したソフトウェアを、利用者が無料で使えるよう提供したソフトウェアである。プログラムの実行部分のみを提供し、プログラムの設計図にあたるソースコードは公開せず、利用者が改変できないことが一般的である。無料で利用できるが、著作権は開発者に帰属する場合が多い。

(b) 自由に利用できるソフトウェア

開発者がソースコードを公開し、利用者が改変や再配布を自由に行えるソフトウェアである。こちらも著作権は開発者に帰属するのが一般的である。

③ シェアウェア

シェアウェアとはインターネットなどのネットワークから自由にソフトウェアをダウンロードする流通形態をとるソフトウェアである。通常、一定の期間無料で試用できたり、機能限定付きの試用版であったりする。試用して気に入ったら、対価を支払い、継続利用する権利を取得する。

④ オープンソース

オープンソースソフトウェア(OSS)は、インターネットなどを通じて、ソースコードを無償で公開し、誰でも当該ソフトウェアの改良や再配布を行えるようにしている。ソースコードは公開するが、著作権は放棄しないことが多い。OSSの代表的なライセンス条件パターンに、BSD LicenseやGNU General Public Licenseがある。

(a) 主なオープンソースソフトウェア

【主なオープンソースソフトウェア】

名称	用途	説明
CentOS	OS	安定性重視の企業向けLinuxOS
Ubuntu	OS	使いやすさ重視の企業向けLinuxOS
Apache	Webサーバ	性能・安定性に優れ、機能追加が容易
BIND	DNSサーバ	公開DNSサーバでの普及率が高い
Postfix	メール転送エージェント	メールサーバ用ソフトウェアでの普及率が高い
Eclipse	統合開発環境	Webアプリケーションの構築などが可能

(b) LAMP

LAMPとは、オープンソースソフトウェアの組み合わせを表す造語である。OSのLinux、WebサーバのApache、データベースのMySQL、スクリプト言語のPHPまたはPerlの頭文字をとっている。

2 オペレーティングシステム

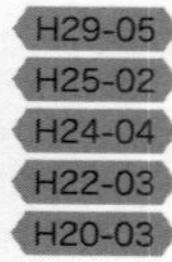

H29-05
H25-02
H24-04
H22-03
H20-03

(1) オペレーティングシステム(OS)

OS(Operating System:オペレーティングシステム)とは、コンピュータを制御するためのプログラム群であり、広義には基本ソフトウェア全体を指す。一方、狭義にはコンピュータ上で動くソフトウェアが効率良く稼働する環境やサービスを提供するプログラム群である制御プログラムを指すこともある。

コンピュータのメモリやハードディスクが高価であった当時、OSはこれらのハードウェア資源を効率良く利用することを第一の目的としていた。その後、ハードウェア資源を効率的に利用しながら、プログラムの実行をいかに高速化するかについてさまざまな工夫がされた。最近は、ユーザにとって直感的にわかりやすく使いやすい画面(GUI:Graphical User Interface)や機能を提供することも重要になっている。また、インターネットの普及に伴い、ネットワーク対応などの通信機能も充実されてきた。

(2) 主なOS

【主なOS】

Windows	Microsoft社が開発したOSのシリーズ名。PC向けのOS。
MacOS	Apple社のパソコンMacintoshシリーズに搭載されているOS。
UNIX	AT&T社のベル研究所で開発されたOS。C言語というハードウェアに依存しない移植性の高い言語で記述されている。またソースコードが比較的コンパクトであったことから、多くのプラットフォームに移植された。
Linux	フィンランド」のヘルシンキ大学の大学院生Linus Torvalds氏によって開発され た UNIX互換のOS。その後フリーソフトウェア(オープンソース)として公開された。

【 オペレーティングシステムの機能体系 】

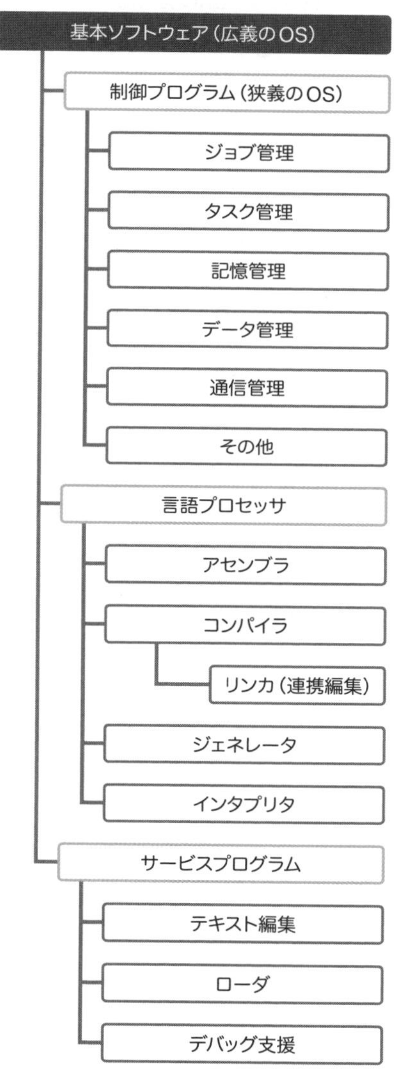

(3) OSの目的

OSは次の3つの目的を達成するように設計されている。

① ハードウェア資源の有効活用

CPU、メモリ、入出力装置などのハードウェア資源を効率良く稼働させる。また、システム全体の処理能力や処理速度を向上させる。ハードウェア資源の有効活用の指標には、次のようなものがある。

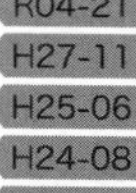

【 ハードウェア資源の有効活用の指標 】

スループット	コンピュータが単位時間あたりに処理する仕事量のことである。
ターン・アラウンドタイム	任意の処理をコンピュータに依頼してから、すべての処理結果を受け取るまでにかかる時間である。
レスポンスタイム（応答時間）	コンピュータに指示をしてから応答が返ってくるまでの時間である。

【 ターン・アラウンドタイムとレスポンスタイム 】

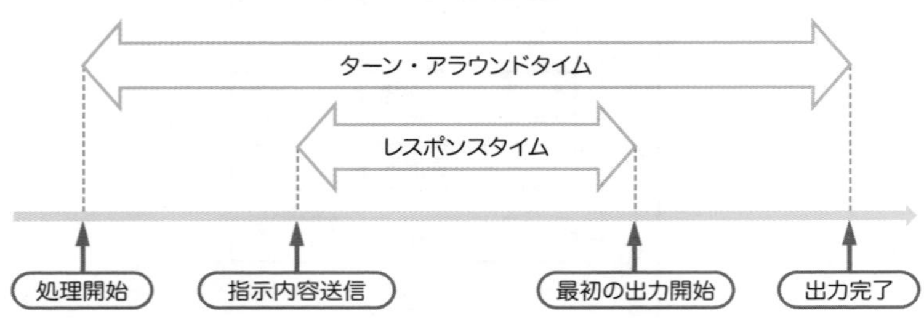

一般的に、ターン・アラウンドタイムはバッチ処理の処理時間を指し、レスポンスタイムはリアルタイム処理の処理時間を指す。

② 多様な処理形態への対応

コンピュータの処理形態には、バッチ処理、リアルタイム処理、リモートバッチ処理などさまざまな形態がある。これらの処理形態に対応でき、なおかつ処理時間を短縮することが求められる。

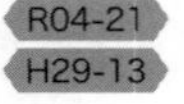

③ 信頼性の確保

コンピュータの故障やエラーは大きな損害をもたらす。このため、信頼性を含め表に示す5つの指標（5つの指標の頭文字をとってRASISという）を確保することが求められる。

【 RASIS 】

指標名		内容
R：Reliability	信頼性	機器や装置が故障なく正常に動作できること
A：Availability	可用性	システムを利用したいときにいつでも使えること
S：Serviceability	保守性	故障が発生した場合に、素早く回復できること
I：Integrity	保全性 完全性	セキュリティ上の十分な対策がとられていて、偶然や故意によるシステムの破壊が起きにくいこと データが矛盾を起こさずに一貫性を保っていることである
S：Security	機密性	システムやデータに対する不正な行為ができないように保護され、データ内容が保証されていること

⑷ 制御プログラム

H29-05 H24-08 H20-09

狭義のOSともいわれる制御プログラムは、コンピュータの各装置を効率的に稼働させるための各種管理プログラムで構成されている。特に次の４つは制御プログラムの中でも重要な管理プログラムである。

① ジョブ管理

ジョブ管理とは、ユーザ（利用者）から投入されたジョブ（仕事）を効率よく実行するプログラムである。利用者から見て、コンピュータに行わせる仕事の単位を**ジョブ**という。例えば「銀行のATMで記帳する」などの単位がジョブに相当する。ジョブはいくつかのタスクから構成される。

⒜ スプール処理

低速な入出力装置を使う場合に、他の処理を行えるようにCPUを早く解放するため、補助記憶装置などにデータを一時的に書き込み、後の空き時間に処理する方式を**スプール処理（スプーリング）**という。スプール処理を利用することで、システム全体のスループットが向上する。

H25-02 H25-05 H25-06 H24-08 H24-09 H23-10 H19-10

② タスク管理

タスクとは、OSからみた処理の実行単位である。コンピュータの主記憶装置上には、実行すべき複数のタスクがCPUの割り当てを待っている。この複数のタスクに対しCPUの使用権を与えるのが**タスク管理**である。

⒜ マルチタスク／多重プログラミング（マルチプログラミング）

マルチタスクとは、コンピュータが、**複数のタスクを同時に処理する機能**である。

⒝ マルチウィンドウ

マルチウィンドウとは、複数のタスク（マルチタスク）をウィンドウに表示する機能である。

⒞ オーバーヘッド

コンピュータシステムに対して指示した処理とは直接関係のない、コンピュータシステム全体に関わる制御や管理にコンピュータ資源が使われること、およびその時間を**オーバーヘッド**という。オーバーヘッドが大きくなると、システムのスループットは低下する。

⒟ スレッド

スレッドとは、OSがアプリケーション内の処理を並列して行うときの最小単位のことである。

⒠ キュー

キューとは、先に入力したデータが先に出力されるという処理形態のことである。待ち行列ともいう。先に入力したデータが先に出力されるということから「First In First Out（FIFO）」という場合もある。

⒡ スタック

スタックとは、後に入力したデータが先に出力されるという処理形態のことである。後に入力したデータが先に出力されるということから「Last In First Out（LIFO）」「First In Last Out（FILO）」という場合もある。

(g) セマフォ

セマフォとは、並行して動作しているプロセス間で排他制御や同期を行うための機能である。

H23-02
H22-03
H19-01

③ 記憶管理

記憶管理には実記憶管理と仮想記憶管理がある。**実記憶管理**とは、主記憶装置の記憶領域を管理することである。**仮想記憶管理**とは、主記憶装置の容量不足を補うために、補助記憶装置の記憶領域などを、仮想の主記憶装置の記憶領域として管理することである。

【 記憶管理の主な方式 】

実記憶管理	区分方式、スワッピング方式、オーバーレイ方式
仮想記憶管理	ページング方式、セグメント方式

(a) スラッシング

仮想記憶管理では、補助記憶装置への書き出しと補助記憶装置からの読み込みが発生するため、処理速度が低下する。この読み書きが頻繁に行われることで、CPUの処理能力のほとんどを仮想記憶管理に使ってしまい、システムの処理能力が極端に低下することを**スラッシング**という。

【 仮想記憶管理の仕組み（ページング方式）】

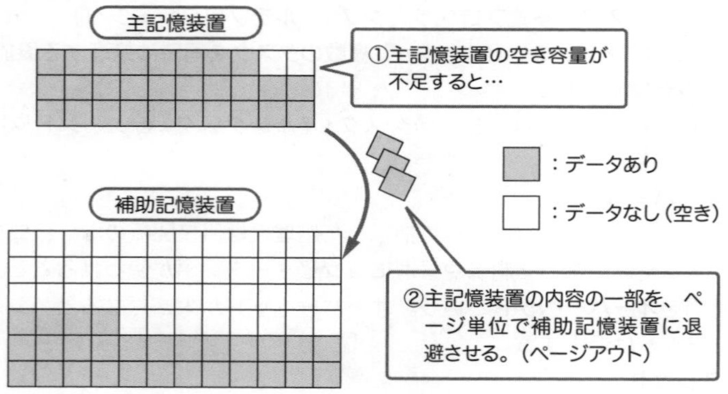

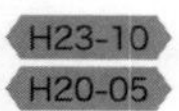

④ データ管理

ファイルの種類や入出力装置を意識せずにデータを管理する。

(a) ファイルパス

階層ディレクトリ構造において、ファイルやフォルダ（ディレクトリ）の所在を示す経路を**ファイルパス**、あるいは単にパスという。

例 Windowsパソコンにおいて、C：¥web¥mydata¥myhistory.htmlは
C：ドライブ内の、webフォルダ内の、mydataフォルダ内の、myhistory.htmlファイルを表すファイルパスである。

⑸ OSを構成するソフトウェア

① カーネル

カーネルは、ディスクやメモリなどの資源管理、周辺装置の制御など、OSの基本機能を実行するプログラムである。

② シェル

シェルは、ユーザの入力を解釈してOS上でファイル操作やアプリケーションの起動などを行うプログラムのことである。

⑹ コンピュータの起動

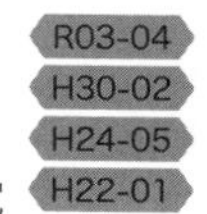

主記憶装置は、電源を切ると情報は保持されない。そのため、コンピュータに電源を投入して起動する際には、OSは主記憶装置上にはなく、入出力装置、主記憶装置、補助記憶装置等へのアクセスが行えない。そのため、次のようにコンピュータを起動し、OSが動く状態にする。

① BIOS（Basic Input Output System）が起動する。BIOSは入出力装置、主記憶装置、補助記憶装置などの状態を確認、制御する。

② OSが、補助記憶装置から主記憶装置に読み込まれる（ロードされる）。

【 コンピュータの起動 】

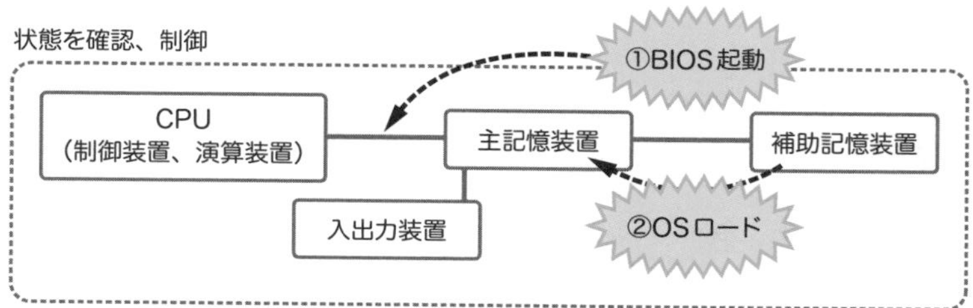

3 プログラム言語

⑴ プログラム言語の発展

コンピュータが登場した当時、プログラム言語は0と1で構成される機械語であった。その後、機械語をわかりやすく表記するアセンブラ言語が開発された。現在、主なプログラム言語は人間の日常単語で表現される高水準言語で記述されている。

⑵ プログラム言語の分類と特徴

【 プログラム言語の体系 】

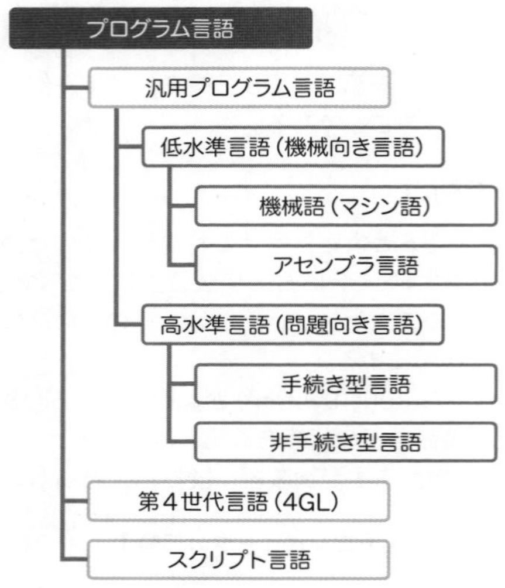

H19-04

① 低水準言語

低水準言語とは、特定のハードウェア仕様に強く依存しているため、人間には理解しにくい言語である。

⒜ 機械語（マシン語）

機械語とは、各ハードウェア固有の言語。その機械が直接理解できる言語である。

⒝ アセンブラ言語

アセンブラ言語とは、機械語の命令をニーモニックコードという人間に理解しやすい記号で表現する言語である。

② 高水準言語

高水準言語とは、特定のハードウェアに依存することなく、日常語に近い表現を用いて容易に記述できるよう設計された言語である。

⒜ 手続き型言語

手続き型言語とは、処理手順を、そのとおりの順番に実行するように記述する言語である。

⒝ 非手続き型言語

非手続き型言語とは、処理手順ではなく、「何を」行いたいか、あるいは「何が」欲しいかという事柄を中心に記述する言語である。

③ 第４世代言語

第４世代言語とは、4GL（4th Generation Languages）ともいわれ、非手続き的なデータ処理機能とデータベース操作機能を統合した言語である。機械語を第１世代、アセンブラを第２世代、高水準言語を第３世代と位置づけている。

④ スクリプト言語

スクリプト言語とは、Webページや表計算ソフトなど、利用範囲を限定して、簡単な処理を追加する目的で使われる簡易的なプログラム言語である。利用範囲を限定することで習得が容易になる。表計算ソフトのマクロ言語もスクリプト言語のひとつである。Webページ上でHTMLだけではできないさまざまな機能を記述するための簡易的なプログラム言語としてJavaScriptが使われている。

⑤ マークアップ言語

マークアップ言語とは、マークアップの方式で、Webページやデータなど記述する言語である。

マークアップとは、「見出し／箇条書きリスト／本文などの文書構造」や「太字などの装飾（見栄え）」など設定したい内容ごとに異なる「タグ」という目印をつけ、開始タグと終了タグとで囲まれた位置（要素内）に設定対象などを記述する方式である。

例えば、マークアップ言語のHTMLでWebページ内の「マークアップ」という文字列に太字の装飾を設定したい場合、Webページのファイル内に「<b>マークアップ</b>」と記述する。b要素内（<b>（開始タグ）と</b>（終了タグ）に囲まれた位置）に書かれた"マークアップ"の文字列に、「b（太字に設定する）」というコマンド（命令）が発行され、「<b>マークアップ</b>」と記述した位置に"マークアップ"の文字列が太字で表示される。

⑶ 主なプログラム言語の特徴

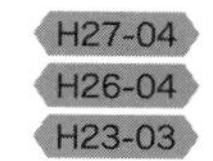

【 プログラム言語の特徴 】

① 手続き型言語

COBOL	CODASYL（米国の標準化機構の委員会）によって言語仕様が制定された。事務処理分野で広く利用されている。
C言語	AT＆T社のベル研究所がUNIX用に開発した言語。移植性が高く、UNIXの大部分はC言語によって書かれている。
BASIC	ダートマス大学で初心者向け・学習用に開発された言語。パソコン用プログラム開発言語として利用されている。
Fortran	IBM社が開発した科学技術計算用言語。数式に似た表現でプログラムが記述できる。
Pascal	ニクラウス・ビルト氏によって開発された構造化プログラミング言語。プログラム教育に利用されている。
PL/Ⅰ	IBM社が開発した事務計算、科学技術に適した言語。
C++	AT&T社が開発したオブジェクト指向言語。C言語をベースに拡張されている。
Java	Sun Microsystems社が開発したオブジェクト指向言語。特定のハードやOSに依存しない言語。

② 非手続き型言語

SmallTalk	ゼロックス社が開発したオブジェクト指向言語。オブジェクト指向言語の草分け的存在。
Prolog	コルメラウア氏を中心とするグループによって開発された人工知能向き言語。第5世代コンピュータ開発に利用されている。
LISP	ジョン・マッカーシー氏によって開発された関数型の人工知能向きリスト処理言語。プログラムとデータをリスト構造で表現できる。
RPG	IBM社が開発した非手続き型言語。

③ 第4世代言語

SQL	関係データベース(RDB)の構築・操作を行う言語。JISにおいても規格化されている。

R04-03
H27-02
H27-04
H26-04
H25-04
H25-07
H23-07
H20-06

(4) スクリプト言語

【 主なスクリプト言語 】

JavaScript	主にWebブラウザ上で動作するスクリプト言語。Webページを記述するHTMLファイル内に直接プログラムを記述して実行する。利用者の操作で画面表示を変化させるなど動的で対話性のあるWebページを作成することができる。
PHP (Hypertext Preprocessor)	動的にWebページを生成するスクリプト言語。レイアウトの「ひな形」となるHTMLファイル内に、処理内容を記述したスクリプトを埋め込み、処理結果に応じて動的に文書を生成し、送出することが可能。データベースと連携したWeb ページを作成できる。
Perl (Practical Extraction and Report Language)	テキスト処理(検索、抽出、レポート作成など)に利用されるスクリプト言語。Webアプリケーションの作成にも利用される。
Ruby	日本人が開発したオープンソースのオブジェクト指向言語で、国際規格として承認されている。

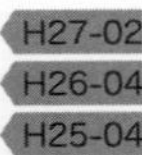

H23-03

(5) マークアップ言語

【 主なマークアップ言語 】

SGML (Standard Generalized Markup Language)	文書の構造やデータの意味などを記述するマークアップ言語を定義することができるメタ言語のひとつ。
HTML (Hyper Text Markup Language)	HTMLは、WWW (World Wide Web) の文書を記述するために使用する言語。電子文書の記述言語であるSGMLを元に開発された。
XML (eXtensible Markup Language)	文書の構造を記述する言語。HTMLと同様、SGMLを元に開発された。ユーザが独自のタグを拡張し定義することができる。

4 重要な言語

(1) オブジェクト指向言語

オブジェクト指向に基づくプログラミング言語である。オブジェクト指向とは、データとメソッド（手続き）を一体化した、オブジェクトという「計算能力を持ったデータ」を用いて情報処理をする考え方である。オブジェクト化することでプログラムを部品化でき、部品を組み合わせたプログラム開発や再利用ができる。

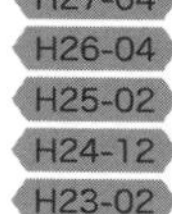

(2) Java

オブジェクト指向言語のひとつで、バイトコードという中間言語と、バイトコードを解釈実行する一種のインタプリタであるJava仮想マシン（JavaVM）により、ハードウェアやOSに依存せずに実行できる。

【 Javaプログラムの実行イメージ 】

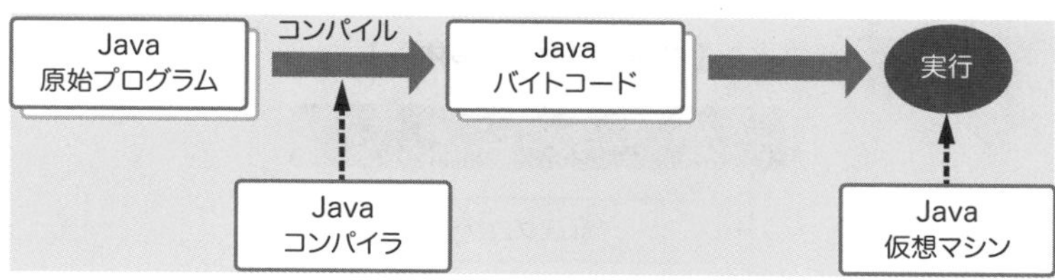

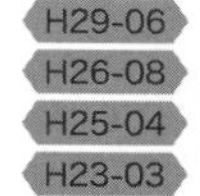

(3) HTML (Hyper Text Markup Language)

ホームページのほとんどはHTMLで記述されている。タグというコマンドを使って、文書の構造や見栄えを記述する。HTMLには次のような特徴がある。

【 HTMLの特徴 】

- HTMLファイル自体は単なるテキストファイルであるため、いろいろなクライアントで共通に利用できる。 また転送時間も比較的短くて済む。
- HTMLを表示するには、ブラウザというソフトウェアが必要である。

(4) SMIL (Synchronized Multimedia Integration Language)

動画、静止画、音声、音楽、文字など様々な形式のデータを同期して再生させることができるXMLベースのマークアップ言語である。

R04-02
R04-03
R03-06

(5) Python

データ分析や機械学習を容易に行えるプログラミング言語である。クラスや関数、条件文などのコードブロックの範囲はインデントの深さで指定する。

Pythonでは、キーと値の組合せを次のように定義できる。

{キー1:値1, キー2:値2, ...}

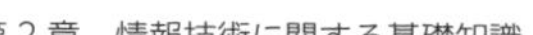

例えば、

exam = {"E":{" 科目名 ":" 科目 E"," 試験時間 ":"60 分 "," 配点 ":"100 点 "},
"G":{" 科目名 ":" 科目 G"," 試験時間 ":"90 分 "}

と定義した場合、

exam = ["E"][" 試験時間 "] の値は "60 分 " で、exam = ["G"][" 試験時間 "] の値は "90 分 " である。

R04-03
(6) R言語

オープンソースの統計解析向けのプログラミング言語である。

H27-03
5 言語プロセッサ

コンピュータが理解し実行できるのは、機械語（マシン語）のみである。したがって、機械語以外で記述される原始プログラム（ソースプログラム）は、最終的には機械語に翻訳されなければならない。この翻訳作業をするのが言語プロセッサである。

【 言語プロセッサの体系 】

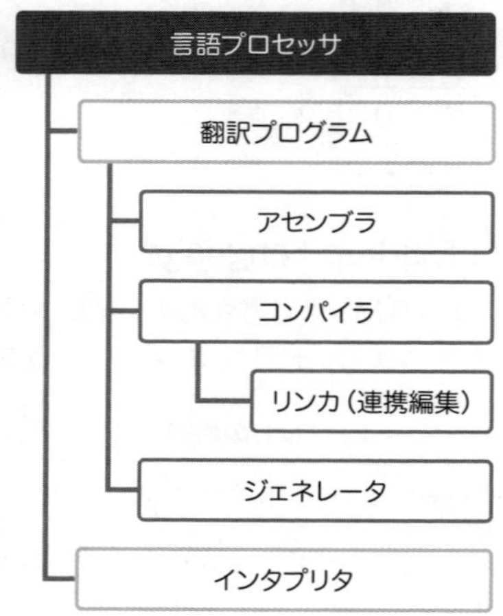

(1) 翻訳プログラム

原始プログラムの記述言語によって、機械語に翻訳する言語プロセッサが異なる。

① アセンブラ

アセンブラ言語で記述された原始プログラムを機械語に翻訳する言語プロセッサである。アセンブラ言語を翻訳することをアセンブルという。実行速度が速い反面、開発効率が悪い。

② コンパイラ

COBOL、Fortran、C 言語などの高水準言語で記述された原始プログラムを機械語に翻訳する言語プロセッサである。このタイプの言語を翻訳することをコンパイルという。アセンブラに比べ開発効率が良い反面、プログラムを実行するには翻訳だけではなく、連係編集(リンク)という手順を必要とする。

(a) **リンカ**

リンカとは、コンピュータ上で実行可能なファイルを生成する連係編集(リンク)のためのプログラムである。COBOLやFortran、C言語などの高水準言語で記述された原始プログラムは、コンパイラによってオブジェクトファイル(機械語の命令とデータで構成されたファイル)に翻訳される。さらに、いくつかのオブジェクトファイルやライブラリファイルを、リンカを用いて連携することにより、実行可能な機械語プログラムであるロードモジュールが作成される。

オブジェクトファイルへの翻訳と、リンカによる連携を合わせて、コンパイル(広義)ということが多い。

③ **ジェネレータ**

RPGなどのパラメータで記述された原始プログラムを機械語に翻訳する言語プロセッサである。

(2) インタプリタ

BASICなどの高水準言語で記述された原始プログラムを、1命令文ごとに翻訳し、実行する言語プロセッサである。他の言語プロセッサと大きく異なるのは、オブジェクトファイルを作らない点である。スクリプト言語やマークアップ言語にはインタプリタのものが多い。

【プロセッサの種類と翻訳イメージ】

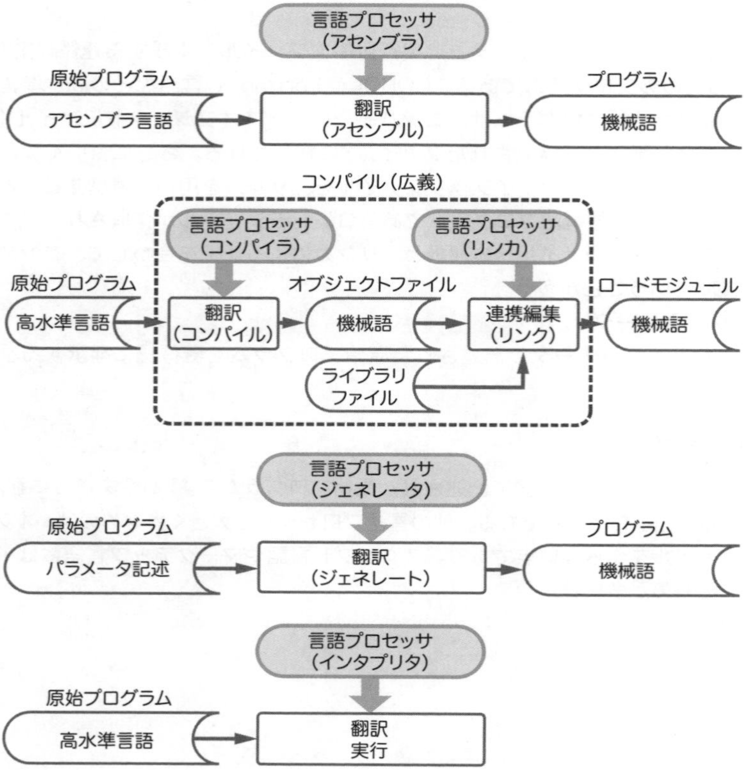

言語プロセッサ
(アセンブラ)
原始プログラム
アセンブラ言語
翻訳
(アセンブル)
プログラム
機械語
コンパイル(広義)
言語プロセッサ
(コンパイラ)
言語プロセッサ
(リンカ)
原始プログラム
高水準言語
翻訳
(コンパイル)
オブジェクトファイル
機械語
連携編集
(リンク)
ロードモジュール
機械語
ライブラリ
ファイル
言語プロセッサ
(ジェネレータ)
原始プログラム
パラメータ記述
翻訳
(ジェネレート)
プログラム
機械語
言語プロセッサ
(インタプリタ)
原始プログラム
高水準言語
翻訳
実行

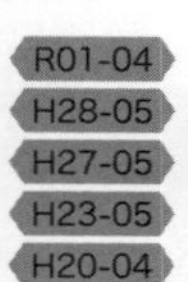

R01-04
H28-05
H27-05
H23-05
H20-04

6 表計算ソフトウェア Ⓑ

表計算ソフトウェアとは、行(ヨコ)と列(タテ)からなる二次元の表にデータや計算式などを入力して、計算や集計、データの検索や並べ替えなどを行う共通応用ソフトウェアである。表計算ソフトウェアはさまざまな業務においてデータの処理に活用されており、エンドユーザ・コンピューティング(EUC)のツールとしても重要な役割を果たしている。

(1) 表の構成要素

① ワークシート

表計算ソフトウェアで取り扱う二次元の表を、**ワークシート**という。通常、1つのファイルには複数のワークシートを含めることができる。

② セル

ワークシートは、**セル**というマス目の集合によって構成されている。セルには、数値や文字列、計算式などを入力することができる。

③ 列

垂直方向に、複数のセルをまとめたものを**列**という。通常、列には左からA、B、C…と列名が割り振られている。

④ 行

水平方向に、複数のセルをまとめたものを**行**という。通常、行には上から1、2、3…と行番号が割り振られている。

⑤ 番地

列名と行番号を組み合わせた**番地**で、セルを指定する。例えば、A列と1行目が重なる場所のセルは「A1」、B列と2行目が重なるセルは「B2」という。

また、複数のセルからなる範囲を指定する場合にも番地を用いる。例えばA1、A2、B1、B2の4つのセルからなる範囲は「A1：B2」と表すことができる。

【 ワークシート 】

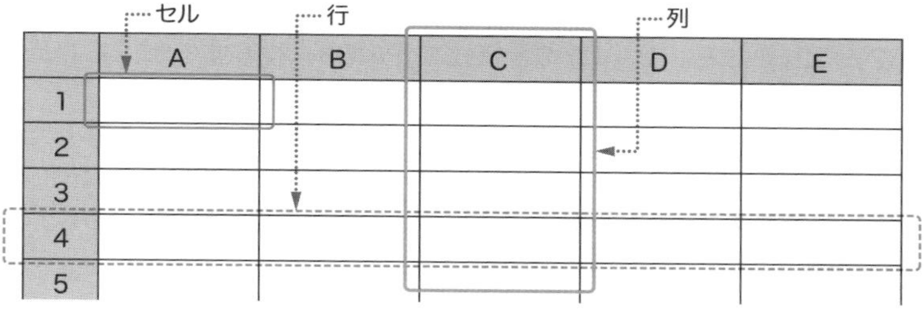

セル　行　列

	A	B	C	D	E
1					
2					
3					
4					
5					

⑵ 計算式の入力と計算

① 計算式の入力

セルには数値や文字列の他、**計算式**を入力することができる。計算式には加減乗除や関数を使うことができる他、他のセルの値を参照することもできる。

例えば、A1のセルに「10」、B1のセルに「15」の数値が入力されているときに、C1のセルに「＝A1＋B1」という計算式を入力すると、C1のセルには「25」と表示される。

② 自動再計算

表計算ソフトウェアには、あるセルの値が変更されると、そのセルの値を参照している他のセルの値も自動的に再計算される機能がある。これを**自動再計算**という。

例えば、上記①の例で、A1のセルは「10」のままで、B1のセルを「15」から「20」に変更すると、「＝A1＋B1」という計算式が入力されているC1のセルの表示は、「25」から「30」に自動再計算される。

⑶ 相対参照と絶対参照

① 計算式の複写と相対参照

セルの値は、他のセルに複写（コピー）することができる。セルに計算式が入力されている場合は、その計算式の結果ではなく、計算式そのものを他のセルに複写する。

【セルの複写前例】

	A	B	C	D	E
1	100	120	140		
2	110	130	150		
3	120	140	160		
4					

例えば、上表のようにデータが入力されたワークシートのセルD1に、左側3つのデータ（セルA1～セルC1）の合計を求めるために「＝A1＋B1＋C1」という計算式を入力したとする。セルD1の計算式をセルD2に複写すると、D2の計算式は「＝A2＋B2＋C2」になる。セルD1の計算式をセルD3に複写すると、D3の計算式は「＝A3＋B3＋C3」になる。

例えば、複写元の計算式を1行下のセルの複写先に複写すると、複写した計算式で参照するセルも1行下になるように、複写元と複写先との相対的位置関係に応じて、計算式で参照するセルを自動的に変化させる機能を**相対参照**という。

② 絶対参照

複写の際に、相対参照をしたくない場合は、**絶対参照**という機能を用いる。絶対参照を行うには、計算式で他のセルを参照するときに、参照するセルの列名もしくは行番号の前に「$」を付けるのが一般的である。

例えば、セルD1に計算式「＝$A$1＋$B$1＋$C$1」を入力していたとすると、D1の計算式をどのセルに複写した場合でも、複写先の計算式は「＝$A$1＋$B$1＋$C$1」となり、計算式で参照するセルが変化しない。

③ 相対参照と絶対参照の組み合わせ

相対参照と絶対参照を組み合わせることもできる。例えば、A1を分母とし、B列のものを分子とした計算結果をD列に表示したいとする。D1に「＝B1/$A$1」を入力し、その式をD2にコピーすると「＝B2/$A$1」となり、A1は絶対参照で固定され、B列は相対参照でB2を参照する。

⑷ 表計算ソフトウェアのその他の機能

表計算ソフトウェアのその他の機能として、関数とマクロがある。

① 関数

関数とは、呼び出して、データや処理条件を与えると、処理結果を戻す機能である。処理内容によって呼び出す関数は異なる。セルに入力する計算式には、通常の四則演算の他、さまざまな関数を使用することができる。代表的な関数を次に示す。

【 代表的な関数 】

関数名	関数の意味
SUM（セルの範囲）	指定範囲のセルの数値を合計する
AVG（セルの範囲）	指定範囲のセルの数値の平均を求める
MAX（セルの範囲）	指定範囲のセルの数値の最大値を求める
MIN（セルの範囲）	指定範囲のセルの数値の最小値を求める
COUNTIF（セルの範囲,検索条件）	指定範囲内で検索条件に合致するセル数を求める

② マクロ

表計算ソフトウェアには、操作の順序を記録し、その操作を自動的に繰り返してくれる機能がある。これを**マクロ**という。マクロはマクロ言語といわれる簡易プログラム言語によって記録されているため、利用者がマクロ（プログラム）の内容を参照したり、変更したりできる。

7 ソフトウェアに関するその他の用語 B

① ファームウェア

H28-04

コンピュータや周辺機器などのROMに記憶されているソフトウェアである。ハードウェアを制御する機能を持っており、電源を切っても消去されない。機器に固定的に搭載され、パラメータによる変更やファームウェア自身の更新程度しか変更は加えられない。パソコンにおいては、BIOSが**ファームウェア**にあたる。

② デバイスドライバ

H29-05
H28-04
H21-01
H19-03

コンピュータの周辺機器を制御するためのソフトウェアである。応用ソフトウェアから周辺機器を制御できるようにすることは、基本ソフトウェアの重要な役割のひとつである。しかし周辺機器には非常に多くの種類があるため、そのすべてに基本ソフトウェアが標準で対応することはできない。そこで、周辺機器を制御する部分を基本ソフトウェア本体から切り離し、必要に応じて組み込めるようにしたものが**デバイスドライバ**である。

【 デバイスドライバの利用を助ける仕組み 】

ホットプラグ	パソコンの電源を入れたまま、周辺機器の接続および切り離しができる仕組みを、ホットプラグという。一般的に、USBやIEEE1394インタフェースを介して接続する周辺機器で可能である。
プラグ・アンド・プレイ	周辺機器をパソコンに接続した際に、デバイスドライバの組み込みおよび設定を自動的に行い、周辺機器を使えるようにする仕組みである。

③ 文字コード

H30-03
H22-03

文字や記号をコンピュータで扱うために、文字や記号1つひとつに割り当てられた固有の英数字のことである。

【 主な文字コードと特徴 】

文字コードの種類	特徴
ASCII	アルファベット、数字、記号、空白文字、制御文字など128文字を収録している
JIS コード	JIS(日本工業規格)で標準化された
EUC	UNIXなどで使われ、日本語にも利用できる
シフト JIS	ASCIIを拡張して、日本語にも利用できる
Unicode	多国語対応を目的に策定され、UTF-8やUTF-16がある
UTF-8	ASCIIと同じ文字を1バイト、他の文字を2～6バイトで表現する可変長の文字コード

H25-21
④ 外字

外字とは、OSに標準で備わっていない漢字や記号を、利用者が個別に作成・登録し利用する文字である。作成した文字を登録し、コード表に割り当てOSに認識させる。OSはコードで認識するため、登録した外字を一般に外字コードという。

外字コードはコンピュータ固有のもののため、登録してあるコンピュータでしか利用できない。複数のコンピュータで外字を共有する場合、全てのコンピュータでコードを共有しなければならない。

⑤ API (Application Program Interface)

ソフトウェアを開発する際に利用できる関数や命令の集合のことである。ソフトウェア開発者の開発負荷軽減のために、OSやミドルウェアなどは、多くのソフトウェアが共通して利用する機能をあらかじめ提供している。個々の開発者は、規約に従って機能を呼び出すだけで、その機能を自らプログラミングしなくてもソフトウェア開発が行える。

H25-01
⑥ NFS (Network File System)

NFSとは、主にUNIXシステムで利用されるファイルシステム用ソフトウェアまたはファイルシステム用のプロトコルである。

H25-03
⑦ 上位互換

上位製品の性能や機能が、同系列の下位の製品とも互換性がある状態のことである。新しいコンピュータ(機能や性能で上位に位置する製品)で、既存のコンピュータのソフトウェアがそのまま利用できることをいう場合もある。

III アルゴリズムとデータ構造

1 アルゴリズム

(1) アルゴリズム

① アルゴリズムの定義

JIS規格によると、**アルゴリズム**とは「明確に定義された有限個の規則の集まりであって、有限回適用することにより、問題を解くもの。例えば、sin Xを決められた精度で求める算術的な手順をもれなく記述した文」と定義される。英単語のAlgorithmは、「算法または演算手順」と訳される。

② アルゴリズムの作成

【 アルゴリズム作成のポイント 】

- ●誰が見てもわかりやすい
- ●どのような使い方をしても正しく処理する
- ●同じような処理をするときに再利用できる
- ●処理にムダがない

アルゴリズムの表現の方法として、流れ図（フローチャート）がある。

③ プログラム設計におけるアルゴリズム

アルゴリズムと並んで、プログラムの性能や機能に大きな影響を与えるものに、データ構造がある。プログラムは、アルゴリズムとデータ構造の組み合わせである。**データ構造**はデータの記憶の方法であり、**アルゴリズム**は問題を解くための考え方である。よって、データ構造とアルゴリズムはプログラム言語に依存しない。

アルゴリズムとデータ構造の組み合わせの最適化がプログラムの課題である。

【 プログラム設計で重要なこと 】

- ●わかりやすいアルゴリズムにする
- ●誤動作を防ぐ
- ●修正をしやすくして、再利用できるようにする
- ●高速化（単純化）する

⑵ 流れ図（フローチャート）

流れ図の図中では、処理やデータの流れを表すために、次のような記号を用いる。

【 流れ図記号 】

記号	名称	説明
（端子の記号）	端子	プログラムの始めと終わりを表す記号である。
（処理の記号）	処理	さまざまな「処理」に使われる記号である。具体的には、計算式や初期値の設定などを行うときに使われる。
（判断の記号）	判断	条件を記入する記号である。条件によって、ひし形の横および下の頂点から「線」を引き、複数の処理に分岐させる。
（ループ始点の記号）	ループ始点	ループ（繰り返し）制御機能を表す記号である。 常にループ終点とともに使われ、ループを抜ける条件がループの最初にある（前判定）場合には、ここに条件を指定する。
（ループ終点の記号）	ループ終点	ループ（繰り返し）制御機能を表す記号である。 常にループ始点とともに使われ、ループを抜ける条件がループの最後にある（後判定）場合には、ここに条件を指定する。
（線の記号）	線	データや制御の流れを表す記号である。 流れ図を書くときは、データや制御の流れが上から下に行くようにする。流れの向きを矢印で示す場合もある。

① 流れ図の例

JIS規格によると、**流れ図**とは、「問題の定義、分析または解法の図的表現であって、演算、データ、流れ、装置などを表現するために記号を用いたもの」と定義される。流れ図は、前述した各種記号を用いて表現する。

流れ図は、アルゴリズムの流れが上から下へ順番に進むように描く。処理の流れによっては、下から上に戻っていくような場合があるが、このような場合には、矢印（→）などをつけて、どの方向に戻るかを明示する。次の図は、1から5までを加算する処理を流れ図にした例である。このアルゴリズムによる処理結果（合計値）は15となる。

【 流れ図の例 】

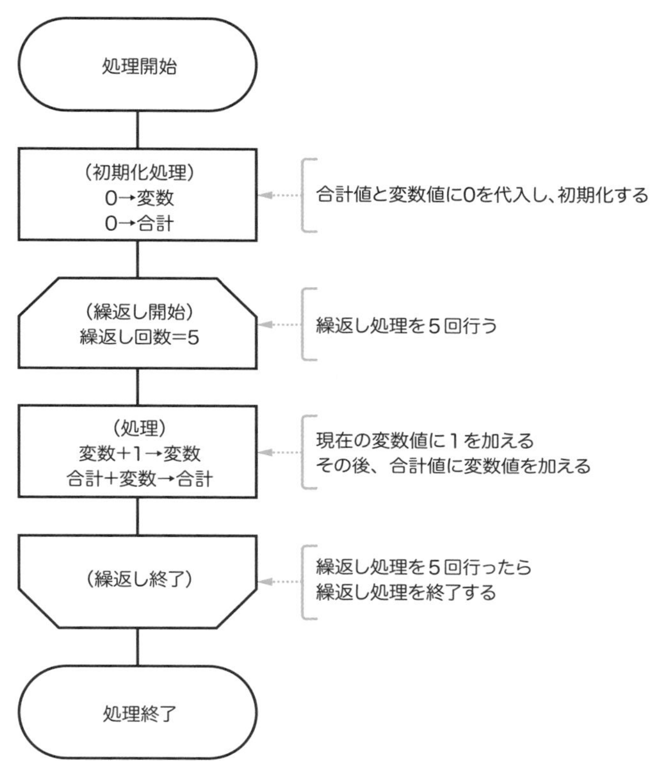
処理開始
(初期化処理)
0→変数
0→合計
合計値と変数値に0を代入し、初期化する
(繰返し開始)
繰返し回数=5
繰返し処理を5回行う
(処理)
変数+1→変数
合計+変数→合計
現在の変数値に1を加える
その後、合計値に変数値を加える
(繰返し終了)
繰返し処理を5回行ったら
繰返し処理を終了する
処理終了

⑶ 構造化プログラミング

以前は、プログラム中の特定の場所に処理を移動する命令（GOTO文）の多用によって、処理の流れがわからないプログラムが多かった。

しかし、E.W.ダイクストラが提唱した**構造化プログラミング**によって、わかりやすく、修正しやすいプログラムが作られるようになった。ダイクストラが提唱した構造化プログラミングのポイントは次の3つである。

- 処理の入口や出口は1つとし、プログラムをモジュール化する。
- 連続・選択・反復という3つの基本制御構造で作成する。
- GOTO文を使用しないプログラムにする。

構造化プログラミングの考え方でソフトウェアを記述できるFortranやCOBOL、C言語などの高水準言語が使われるようになり、現在では構造化プログラミングが定着している。

【 基本制御構造と流れ図 】

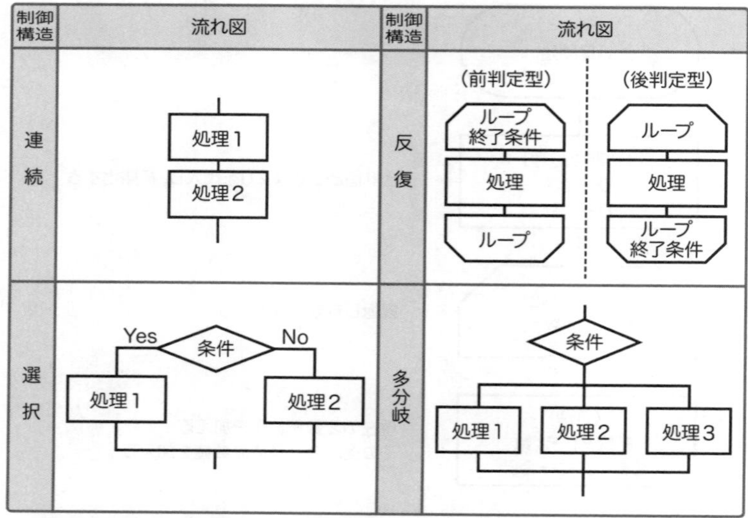

※多分岐は、選択を組み合わせることで実現できるため、選択の派生と考えることができる。

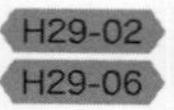

2 基本データ型・データ構造

(1) 基本データ型

「100」という値のデータがあったときに、数値の「100」ならば加減乗除の演算対象になるが、文字列の「100」ならば加減乗除の演算対象にならない。その値が数値か文字列かなどを示すのが基本データ型である。

基本データ型には、**整数型・実数型・文字型・論理型・ポインタ型**などがある。整数型と実数型は数値を扱うデータ型、文字型は文字列を扱うデータ型である。論理型はYesかNoのように2つの値しか持たない場合、ポインタ型はデータのある場所(アドレス)を表す場合に用いる。数値を格納する変数のデータ型によって、2進数での内部表現(データの表記方法)やコンピュータ内部の演算方法が異なる。データ型は、演算の精度や速度にも影響する。

【 基本データ型の体系図 】

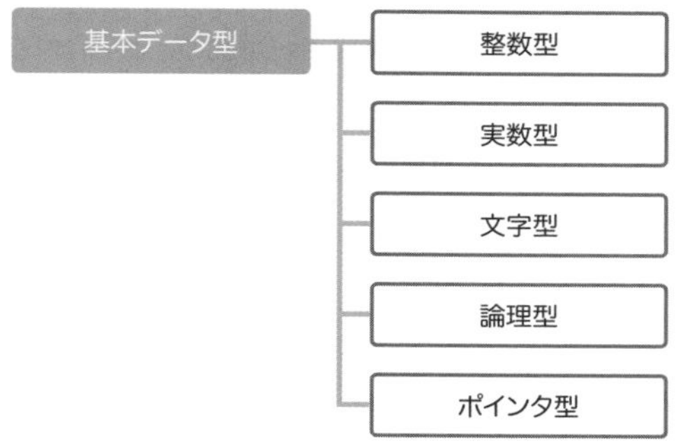

⑵ データ構造

H21-05

データ構造には、同じ基本データ型を要素に持つ**配列型**と、異なった基本データ型を要素に持つことのできる**レコード型**（**構造体**）がある。

【 データ構造の体系図 】

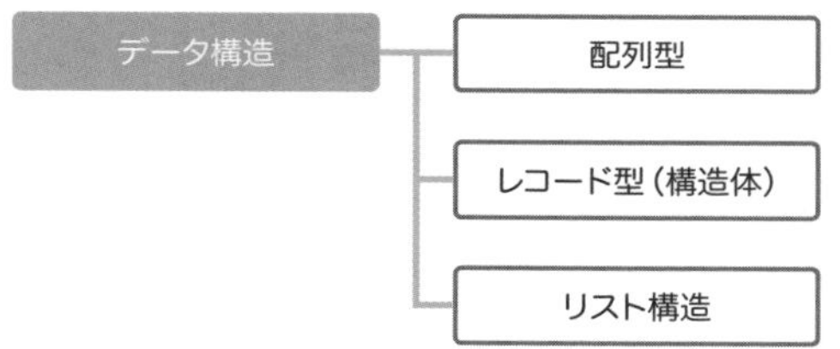

① 配列型

配列型は、同じ種類のデータをたくさんプログラム内に記憶して使う場合に用いられる。配列型には、一次元配列、二次元配列がある。一次元配列は「1行×n列」で構成される配列であり、二次元配列は、「m行×n列」で構成される配列である。

【 一次元配列（整数型）の例 】

10	20	30	40

【 二次元配列（文字型）の例 】

山　田	東　京	総務部	A
田　中	大　阪	総務部	B
佐　藤	名古屋	経理部	B
鈴　木	福　岡	営業部	A

② レコード型（構造体）

複数の異なった基本データ型のデータがある規則で並んだものをレコードといい、レコードの集まったデータ構造を**レコード型**、または**構造体**という。

③ リスト構造

リスト構造とは、レコード型（構造体）を用いてデータを並べたものである。

リストはデータ部とポインタ部から構成されており、ポインタ部には次のデータのアドレス（番地）が格納されている。

【 リスト構造 】

リスト構造は、ポインタ情報の持ち方によって単方向（片方向）リスト、双方向リスト、循環リストに分類される。リスト構造はデータの削除、追加をする際に最小限のアクセスでの処理が可能のため、高速処理を実現できる。

H24-06

3 計算誤差

コンピュータは、桁数の制限や丸めなどにより計算結果に誤差が生じる。これを計算誤差という。

(1) 計算誤差の種類

【 計算誤差の種類 】

打ち切り誤差	コンピュータで扱える数値の範囲には限界があるため、循環小数を含む無限小数はどこかで打ち切られる。この打ち切りによって発生する誤差を打ち切り誤差という。
丸め誤差	小数点以下の何桁目かで、四捨五入、切捨て、切り上げを行う際に生じる誤差を丸め誤差という。
情報落ち誤差	浮動小数点形式で、極端に大きな値に、極端に小さな値の加算または減算を行った場合、極端に小さな値の一部または全部が計算結果に反映されないために発生する誤差を情報落ち誤差という。
桁落ち誤差	浮動小数点形式で、値の近い2つの数の減算を行うと、有効桁数が減少することがあるか、これを桁落ち誤差という。

4 探索アルゴリズム 基

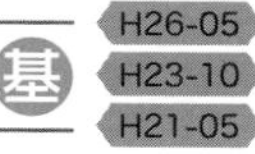

探索アルゴリズムとは、多量のデータの中から特定のデータを探し出す（サーチする）ためのアルゴリズムである。代表的な探索アルゴリズムには、次の3つがある。

【 探索アルゴリズム 】

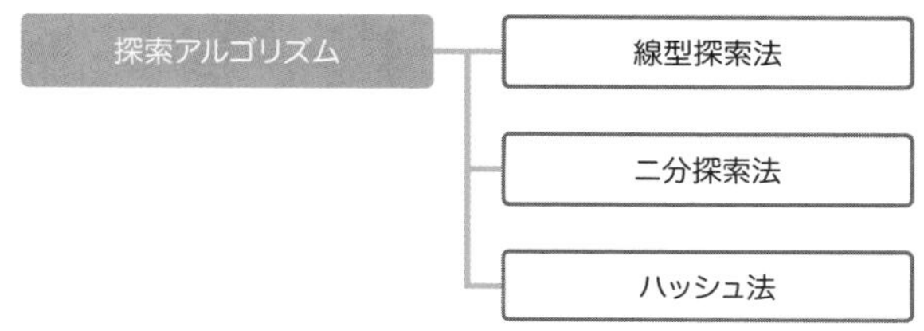

① 線形探索法

最も単純な探索方法として**線形探索法**がある。線形探索法の特徴は次のとおりである。

- データを先頭から順番に探していく。探したいデータと1件ずつ比較して、同じかどうかを判定する。
- 探したいデータが1番目にあれば、1回で見つかるが、探したいデータが最後にある場合はデータの個数回探さなければならない。
- 後に述べる二分探索法とは異なり、必ずしもデータが昇順（小さい順）や降順（大きい順）に並んでいる必要はない。
- 線形探索法の平均探索回数は $\frac{n+1}{2}$ 回（近似値の $\frac{n}{2}$ 回とすることもある）、最大探索回数はn回である。

【 線形探索の例 】

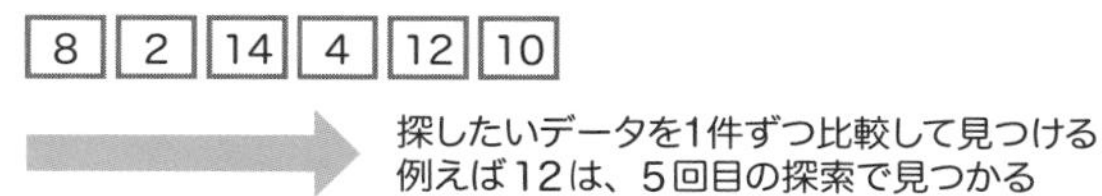

② 二分探索法

線形探索法よりも高速な探索法として、データを二つに分けて、そのどちらに検索対象が含まれているか判断する手順を繰り返す、**二分探索法**がある。二分探索法の特徴は、次のとおりである。

- 二分探索法では、予めデータを昇順（小さい順）または降順（大きい順）に並べておく必要がある。
- 二分探索法で n 件のデータを探索した場合、平均探索回数は $[\log_2 n]$ 回、最大探索回数は、$[\log_2 n]+1$ 回になる。なお、$[\log_2 n]$ は「$\log_2 n$ の値を超えない最大の整数」という意味である。

実際にデータは次のように探索する（ここでは、昇順に並んだデータが6件あると仮定する）。

① まず、配列に格納されたデータの3件目のデータと探索しているデータを比較する。
② データは昇順に並んでいるので、探索しているデータのほうが小さければ1件目から3件目のどこかに（大きければ4件目から6件目のどこかに）探索すべきデータがある。
③ 半分になった（二分した）データで、同じように真ん中のデータと比較する。これを繰り返していくと目的のデータが探索できる。

【 二分探索の例 】

8	2	14	4	12	10	この中から12を探してみる
2	4	8	10	12	14	並べ替える
2	4	8 |	10	12	14	二分割し、8に対して12を比較する 12は、10を含むグループにあるはずである
			10	12 |	14	さらに二分割し、12に対して12を比較する（12が見つかる） なお、10 | 12　14 に分け、10に対して12を比較してもよい その場合は、12 | 14 の分割をしたあとに12が見つかる

③ ハッシュ法

線形探索法や二分探索法は、データの格納場所に基づいて、探索するデータを探す方法である。これに対し**ハッシュ法**は、探索するデータ内容をもとに格納場所を判定する方法である。ハッシュ法の特徴は次のとおりである。

- 探索するデータが文字でも数字でもハッシュ関数といわれる計算式を使って、データの格納位置を決定する。
- 計算結果をもとにハッシュ表からデータを探索する。したがって、ハッシュ法では探索回数はほぼ1回である。
- 異なるデータでもハッシュ関数の計算結果が同じになってしまった場合には、そのままではハッシュ表にデータを格納できない。このようなデータを持つレコードをシノニムレコードといい、その場合は別の場所にデータを格納する。
- 一般的にデータが格納されない領域が発生するなどのムダが生じることが多い。

【 ハッシュ法の例 】

8	2	14	4	12	10

この中から12を探してみる

0	1	2	3	4	5

← 格納番地
← データ格納場所
ハッシュ表を用意する

0	1	2	3	4	5
14	8	2	10	4	12

格納したいデータをハッシュ関数に代入してハッシュ値を求め、
ハッシュ値を格納番地とする。
ここではハッシュ値を「データを7で割った余りの値」として
計算してみる。
8÷7=1余り1 → 格納番地1に8を格納する
2÷7=0余り2 → 格納番地2に2を格納する
14÷7=2余り0 → 格納番地0に14を格納する
4÷7=0余り4 → 格納番地4に4を格納する
12÷7=1余り5 → 格納番地5に12を格納する
10÷7=1余り3 → 格納番地3に10を格納する

12を探すときは12÷7を計算して、格納番地5のデータを
参照する

5 整列アルゴリズム

整列アルゴリズムとは、データをある順番に並べ替える(ソートする)ためのアルゴリズムである。代表的な整列アルゴリズムには次の5つがある。

【 整列アルゴリズム 】

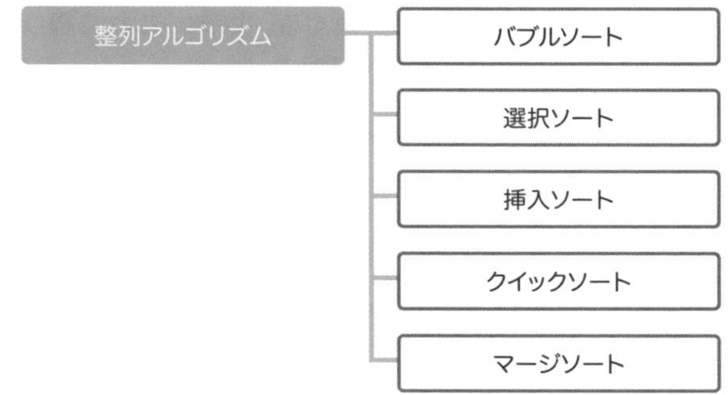

(1) バブルソート

隣同士のデータを順番に比較し、大小関係が逆の場合にデータを交換する方法である。大小関係が1回でも逆になった場合は、最初からデータを比較し直し、大小関係が逆にならなくなるまで繰り返し比較を続ける。

【 バブルソートの例 】

【昇順に並び換える場合】

4	1	8	3	4と1では4の方が大きいから交換する。
1	4	8	3	4と8では8の方が大きいからそのままにする。
1	4	8	3	8と3では8の方が大きいから交換する。
1	4	3	8	最大値8が右へ出てくる。
1	4	3	8	右端の8を除いた3枚を左端から比較する。
1	4	3	8	3と4では4の方が大きいから交換する。3枚のうちの最大値4が右に出る。
1	3	4	8	完成

⑵ 選択ソート

最大（最小）値のデータを探して、最後（最初）のデータと交換する方法である。10件のデータがある場合、1回目は最大値のデータを10件目に入れ、10件目のデータを最大値のデータがあった場所に入れる。2回目は1件目から9件目の中から最大値のデータを探し、9件目のデータと交換する。以後、これを繰り返す。最小値の場合は、最大値の手順と反対の手順を繰り返す。

【 選択ソートの例 】

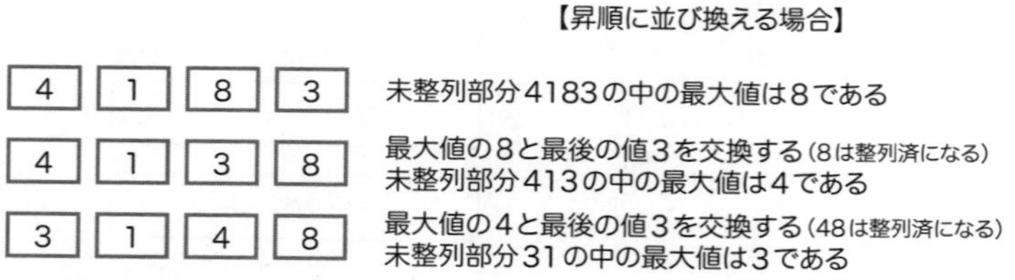

【昇順に並び換える場合】

4	1	8	3	未整列部分4183の中の最大値は8である
4	1	3	8	最大値の8と最後の値3を交換する（8は整列済になる） 未整列部分413の中の最大値は4である
3	1	4	8	最大値の4と最後の値3を交換する（48は整列済になる） 未整列部分31の中の最大値は3である
1	3	4	8	最大値の3と最後の値1を交換する（完成）

⑶ 挿入ソート

データが整列された状態になるように、データ列の中からデータを1つずつ取り出して、別の場所にデータを挿入していく方法である。整列済みのデータの列に新しいデータを追加する場合、その列を右から順に新しいデータと比較して、格納すべき場所まで列のデータを1つずつ右へずらす。挿入ソートを改造し、高速化を図ったものをシェルソートという。

【 挿入ソートの例 】

【昇順に並び換える場合】

4 1 8 3	すべて未整列なので、便宜的にどこかを整列済みにする
1 4 8 3	41の部分を14にしてみる（14が整列済になる） 未整列部分83の中から1つの値に注目する（8に注目してみる）
1 4 8 3	整列済の14に対して8を挿入するならば、 8は4の右隣になる（148が整列済みになる）
1 3 4 8	整列済の148に対して3を挿入するならば、 3は14の間になる（完成）

⑷ クイックソート

ファイルのデータから1つ基準を選び、大きい要素のグループと小さい要素のグループに分割し、その分割されたグループの中でまた同じことを繰り返していく方法である。もとのデータの並び順やデータ数によるが、一般的には高速なソートとされる。

【 クイックソートの例 】

【昇順に並び換える場合】

4 1 8 3	すべて未整列なので、基準を1つ選ぶ（4を基準にしてみる）
1 3 4 8	4を基準にして、その他の値は並び順を変えないまま、 4未満と4超に分ける（完成）

⑸ マージソート

整列済みの2つのデータをマージ（併合）することで、整列済みのデータ列を作成する方法である。大量のデータの整列を行う場合に効果がある。

【 マージソートの例 】

【昇順に並び換える場合】

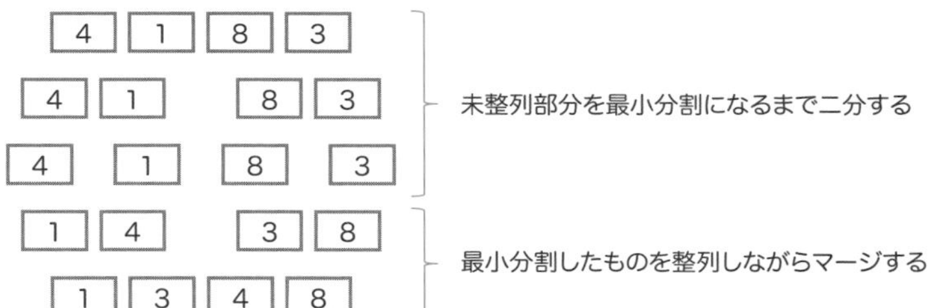

IV 情報処理システムの形態と関連技術

R01-06
H24-07

1 バッチ処理とリアルタイム処理

【 バッチ処理とリアルタイム処理の分類 】

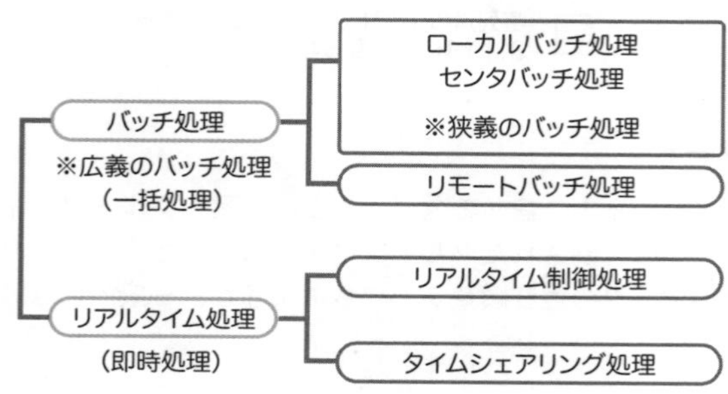

(1) バッチ処理

① 定義

バッチ処理は、一括処理ともいわれる。金融機関などが入出金・送金などの処理を、一定期間や一定量ごとにまとめて処理するなど、発生したデータに対する要求をその都度処理するのではなく、ある時間間隔でまとめて一度に処理する方式である。

② バッチ処理の特徴

処理手順が予め確定しているのでコンピュータ資源の利用効率を高めるには有効な手段となる。大量のデータを定型的に一括して処理する必要がある場合に適した処理方式で、計算、集計処理や帳票出力処理などに用いられる。定められたロジックに従ってデータの加工を行う処理がほとんどであり、人手を介する必要がないため、コンピュータが空いている時間帯にスケジュールして自動的に実行させる夜間バッチ処理が代表例である。処理を実行するサイクルに応じて、日次バッチ、月次バッチ、随時バッチなどに区分される。

なお、利用者が処理を依頼して処理結果を受け取るまでの時間をターンアラウンドタイムといい、バッチ処理の速さを評価する指標として用いられる。

(2) リアルタイム処理

① 定義

リアルタイム処理は、即時処理、実時間処理ともいわれる。処理の要求やデータ発生の都度、直ちに処理を行う方式である。

② リアルタイム処理の特徴

コンピュータ資源を有効利用することよりも、処理結果の応答時間を重視する場合に用いられる。このような場合、厳しい即時性と信頼性が要求されるため、システム構築のコストは一般的に高くなる。

リアルタイム処理では、そのシステムの処理要求に見合う十分な能力を持つインフラ（ネットワーク回線、ハードウェア、データベース）を準備して常に利用可能な状態に維持しておかなければならない。

⒜ リアルタイム制御処理

工場の機械などをセンサ（検知機）で常に監視し、状況に応じてリアルタイムにそのデータを処理し、適切な制御を行う方式である。

⒝ タイムシェアリング処理

１つの処理装置に対して、２つ以上の処理を短い時間ごとに割り当てる方式である。主に、大学や研究所の計算機センターにおける科学技術計算に利用されている。

【 主な処理形態 】

バッチ処理	一定期間又は一定量のデータを集め、一括して処理する 例 金融機関の入出金や送金などの処理
リアルタイム処理	処理の要求が発生したときに即座に処理し、処理結果をディスプレイなどに返す 例 ポイントカードのポイント残高を精算直後に確認できる処理
対話処理	利用者とコンピュータがディスプレイなどを介して、あたかも対話するように処理する 例 銀行ATMの振込操作
トランザクション処理	業務で発生する複数処理を連結した処理単位（トランザクション）にまとめて管理・処理する 例 同じ口座の入金処理と出金処理

⑶ 各々の処理の役割

コンピュータの性能が上がった現在、画面上から処理要求を行えば即座に結果が返ってくるリアルタイム処理が注目される。しかし、人知れず働き、大量のデータを処理するバッチ処理も必要である。

月に１度行えばよい処理、計算に必要となるデータがすべて揃わないと計算がスタートできない処理、大量データの数値の洗い替え処理、などはリアルタイム処理にはそぐわないからである。このように情報システムは処理要求の内容に応じてリアルタイム処理、バッチ処理を使い分ける必要がある。

【オンライン処理とバッチ処理のスケジュール例】

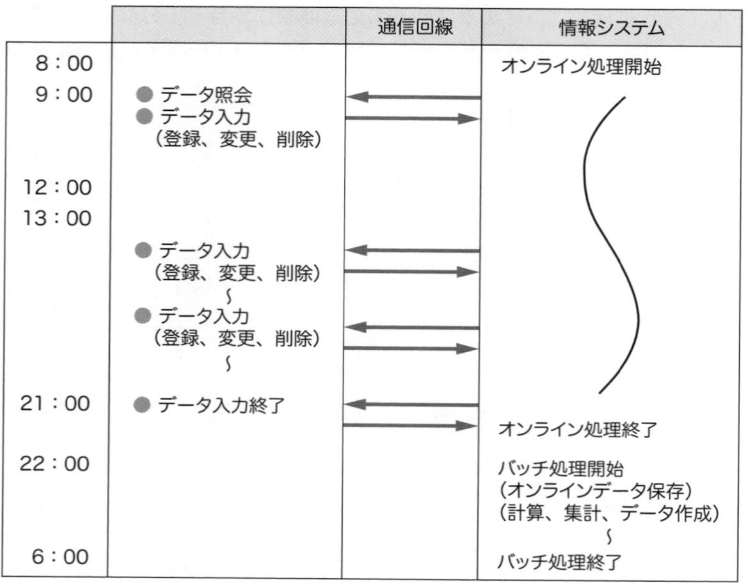

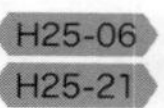

2 集中処理と分散処理 B

利用者側から見ると、コンピュータに行わせる処理を集中させても分散させても、基本的には同様の結果が得られる。したがって、各々のメリット、デメリットをきちんと理解し、システム構築に活かすことが重要となる。

また、従来の集中処理と分散処理に加え、ハードウェアを分散させるさまざまな手法（クラスタリングや仮想化など）も進展しており、不特定多数に対してサービスを提供するシステムには必須の技術となっている。

その観点から、クラスタリング、グリッドコンピューティング、ユーティリティコンピューティングについても見ておく。

(1) 集中処理

① 特徴

集中処理では、メインフレームやオフコン、また最近では複数のPCサーバなどを活用して1ヵ所でデータ処理を行い、その結果だけを利用者側に返す。オンライン処理を例にとると、入力者がキーボードから画面に入力した内容をそのままホストマシンに送信し、ホストマシン側でデータベースからデータを取得して必要な計算処理や加工処理を行った後、画面表示に必要なデータのみをネットワーク経由で入力者に返す。

② メリット

【 集中処理のメリット 】

- 入力者側には表示に必要なソフトウェアだけがあれば良く、ネットワークの負荷も小さくて済む。
- すべての処理要求が集中するために資源の利用効率が高い。
- ハードウェア資源が１ヵ所に集中しているため、運用管理も効率的である。

③ 留意点

【 集中処理の留意点 】

- ハードウェアやコンピュータセンターの設備、運用費などインフラ部分の価格が高く、拡張性や柔軟性に欠ける面もある。
- 障害が発生した場合には影響範囲が大きく、設備の二重化やリカバリー体制の確立など十分な運用体制が必要となる。

【 集中処理 】

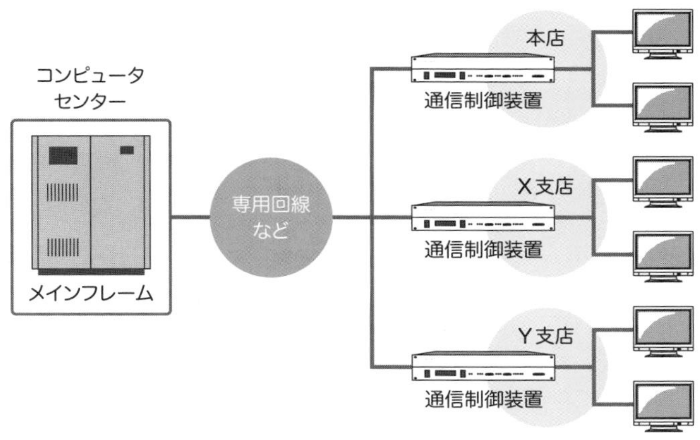

⑵ 分散処理

① 特徴

分散処理は、処理を行うコンピュータをそれぞれの役割に応じて異なる複数の場所に配置し、協調して１つの仕事を処理する形態である。

ヒトゲノム計画で有名な遺伝子情報の解読作業など、膨大な計算を行う処理はコンピュータを並列に結合して行われた。

【 分散処理の方式 】

垂直分散方式	部門の処理－支店の処理－全社の処理の階層別など、役割の違う複数のコンピュータを分散配置して協調する形態
水平分散方式	各拠点での経費精算など、上下関係を持たない役割の同じ複数のコンピュータを分散配置して協調する形態

② メリット

- 部門や支店といった各々の単位で行う処理に応じた性能のコンピュータを導入すれば良い
- 柔軟な設計が可能であり、変更や拡張性にも優れている。
- 障害発生時にも影響範囲を部分的に抑えることができる。
- 代替機の導入も比較的簡単に行うことができる。

③ 留意点

- 複数拠点の間で二重投資が発生する可能性がある。
- データの整合性の維持に高い技術が必要となるため、必ずしもコスト面で有利とはいえない。
- 複数のベンダーでシステムを構成するため、問題点の切り分けに時間がかかるなど運用管理が複雑になりがちで、障害が発生した際の影響範囲や対処方法についての判断が高度化する。

【 分散処理 】

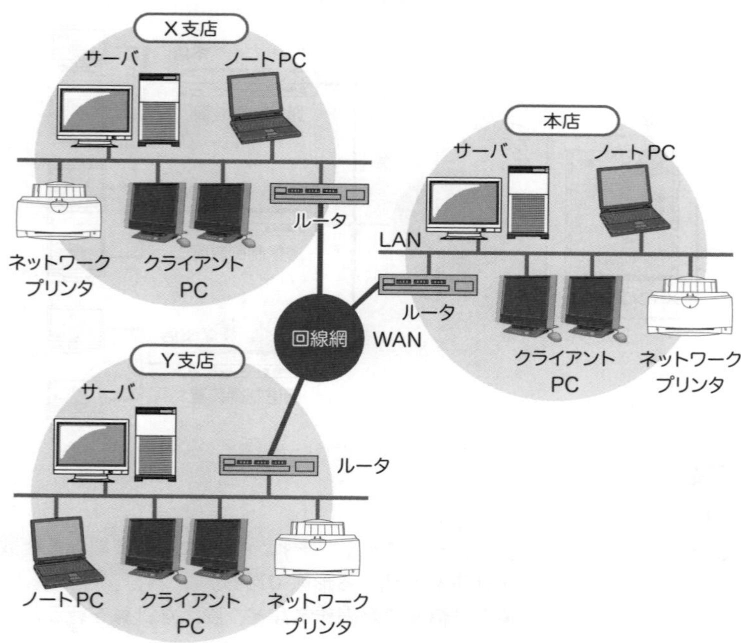

⑶ ピアツーピア (Peer to Peer)

クライアント・サーバシステムのように、サービスを提供する側と受ける側に分かれるのではなく、多数のコンピュータが対等の立場でデータなどをやり取りする仕組みを、**ピアツーピア**(P2P)という。通信を行うコンピュータは、サービスを提供する側にもなれるし、受ける側にもなれる。

従来小規模LANでのシステム構築によく使われたが、Winnyなどのアプリケーションソフトの普及で、インターネットを介した不特定多数の個人間でのデータ共有などができるようになった。

ピアツーピア技術は中央サーバの媒介を要するものと、個人のPCから別の個人のPCへとバケツリレー式にデータを運ぶものの2種類がある。後者の場合、違法なデータがやり取りされていても監視や規制を行うことが不可能に近いという問題があり、著作権保護や違法なデータの流通阻止などさまざまな課題が残っている。

(4) クラスタリング(クラスター型システム)

R01-07
H19-11

クラスタリングとは、複数のコンピュータを相互に接続し、ユーザや他のコンピュータに対して、全体で1台のコンピュータであるかのようにふるまわせる技術である。1台のコンピュータでは実現できない処理速度(スケーラビリティ)の獲得や、1台のコンピュータで実現できない可用性(アベイラビリティ)を獲得することを目的とする。

(5) グリッドコンピューティング

H21-15

各地に散在するコンピュータを統一的に利用できるようにし、さらに全体の処理スループットの増加を目指す仕組みである。

各地の計算センターに置かれたスーパーコンピュータやコンピュータ・クラスター等の計算資源は、それぞれに仕様が異なるため、従来それらの複数を利用する場合には個々の仕様に合わせた計算処理をそれぞれに用意していたが、**グリッドコンピューティング**は用意する手間を省き、統一的に利用するものである。

(6) ユーティリティコンピューティング

R03-03
H21-15

ユーティリティコンピューティングとは、コンピュータの処理能力や記憶容量といったコンピューティング資源を、必要なときに必要なだけ買い足して用いることを可能にする方式のことである。

利用者にとっては、システム構築の初期投資は少なくて済む。利用者は、大規模な計算能力が一時的に、もしくは急に必要になった場合に、コンピュータ群を新たに調達することなく、サービス提供者が用意しているコンピューティング資源を利用することができる。

ユーティリティコンピューティングを支える技術が仮想化である。仮想化とは、物理的に1つのコンピューティング資源を論理的に分割して、複数の利用者にそれぞれ割り当てる「多重化」と、利用者各人が、コンピューティング資源を占有しているかのように利用できる「抽象化」とを同時に提供することである。実行環境だけ分割するコンテナ技術を使うことで、ホストOS上のカーネルを共有してハードウェア資源を節約し、効率的に利用することができる。

(7) レガシーシステム

H22-13

レガシーシステムとは、古いコンピュータやプログラムで動作するコンピュータシステムのことである。汎用コンピュータやオフィスコンピュータを利用したシステムを指すことが多い。レガシーシステムは新しいコンピュータとの互換性がないなど柔軟性に欠けることが多く、新しいシステムへの移行が課題となる。

汎用コンピュータやオフィスコンピュータのプログラム資産をそのまま活かすため、変換ツールなどを使いWindowsやLinuxなどの環境へ移植することを、**レガシーマイグレーション**という。

R03-07

(8) エッジコンピューティング

デバイスの近くにコンピュータを配置するコンピューティングの形態である。回線への負荷を低減させ、リアルタイム性を向上させることができる。

R04-12

3 クライアント・サーバシステム B

クライアント・サーバモデルは、分散処理の代表的な形態である。

(1) クライアントとサーバ

クライアントはサービスを要求する側であり、**サーバ**は要求されたサービスを提供する側である。**サービス**とは、クライアントの要求に従ってネットワークやデータベースが使えるようにしたり、必要なデータを提供したりすることをいう。

(2) クライアント・サーバシステムのメリット/デメリット

クライアントであるパソコンをLANに接続し、情報システムの構成要素の1つとしたことで発生するメリットとデメリットを次に示す。

① メリット

(a) 価格

企業情報システムといえばメインフレームしかなかった時代に、ダウンサイジングの名の下に、一気にクライアント・サーバ方式が取り入れられたのは、ハードウェア価格の安さに他ならない。アーキテクチャーの標準化が進んだUNIXマシンやパソコンはメーカー間の競争が激しく、価格が著しく下落した。これらを用いて既存の情報システムを置き換えることが可能ならば、コストを大幅に下げることができる。

(b) 柔軟性

必要な部署に必要なだけの資源を投資すればよく、機器の追加やシステム構成の変更が柔軟にできる。さらに、クライアントにデータを持ってくることができるので、基幹システムのデータをダウンロードして自分のパソコンのファイルとして保存し、表計算ソフトに読み込ませ、自分の好きな形で並べ替え・集計・印刷することができる。そのため、エンドユーザ・コンピューティングへの取り組みが容易になる。

【 サーバ増強によるシステム全体処理能力向上 】

スケールアウト	サーバの台数を増やす。
スケールアップ	高性能なサーバに取り替える。

(c) 投資の適正化

対象となる企業の業務フローに従って、事務処理の配置、アプリケーションの配置、サーバの配置等を適切に設定することができれば、適正な投資額でシステム全体のパフォーマンスを向上させることができる。

② デメリット

(a) メンテナンス

クライアント側にプログラムを配置することで、使い勝手のよい情報システムを実現できる反面、個々のクライアントにプログラムを配付する手間が多くかかってしまう。

(b) レスポンス

クライアントにデータを持ってくるため大量のデータがネットワーク上を何度も往復して流れる可能性があり、システム全体のレスポンスを落とすおそれがある。

(3) サーバの種類

R02-04
H22-06
H22-08

① アプリケーションサーバ

クライアント側にプログラムを配置することで発生するデメリットを解消するために考え出された方式である。クライアントとデータベースサーバの間にアプリケーションサーバを配置する。データ処理の階層は3層構造になる。**アプリケーションサーバ**上でプログラムを動かし、クライアントには処理結果の表示機能だけを持たせることで、遠隔地のレスポンス向上とクライアントのメンテナンスにかかる費用低減を可能にした。

② データベースサーバ

実データを保存し一元的に管理するためのサーバである。DBMS (DataBase Management System) といわれるデータベース管理システムが常駐しており、プログラムからデータへのアクセス要求を受け付けて、必要なデータを取り出す役割を果たす。

【 クライアント・サーバ方式における機能の区分け 】

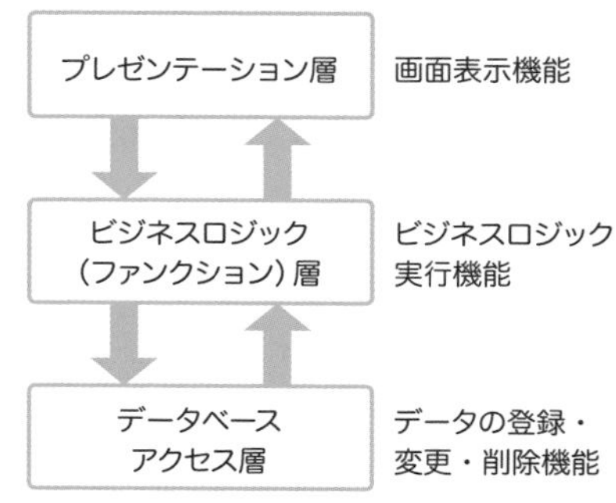

【 2階層構造と3階層構造 】

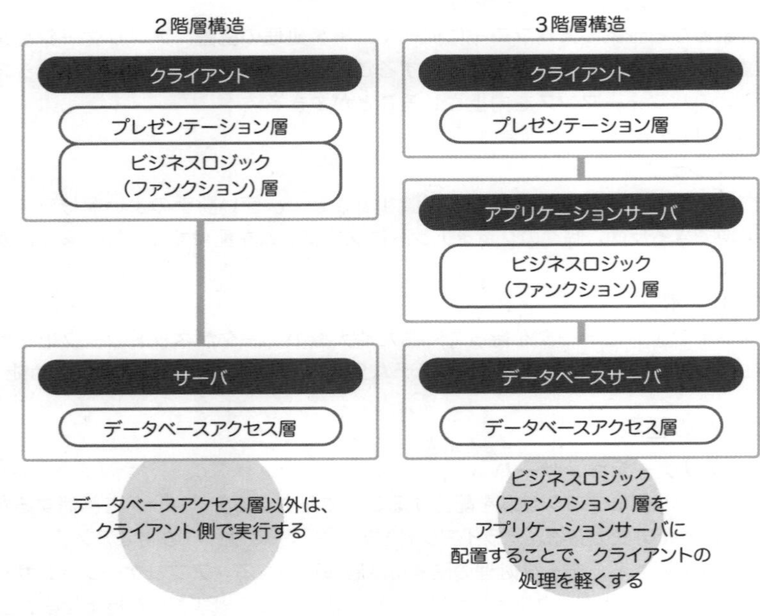

H26-12
H22-08
H22-17
H19-14

③ ネットワークサーバ

【 主なネットワークサーバ 】

DNS (Domain Name System) サーバ	LANやインターネット等のネットワーク上のコンピュータ間で通信するために用いられるサーバである。TCP/IPネットワークにおいて、コンピュータのホスト名(ドメイン名)とIPアドレスを結びつける役割を果たしている。ネットワーク上の住所録のような役割を果たす。
DHCP (Dynamic Host Configuration Protocol) サーバ	TCP/IPネットワークに一時的に接続するコンピュータに、IP アドレスなどの必要な情報を自動的に割り当てるサーバである。
プロキシ (Proxy) サーバ	企業などの内部ネットワークとインターネットの境にあって、直接インターネットに接続できない内部ネットワークのコンピュータに代わって、「代理(プロキシ)」としてインターネットとの接続を行うサーバである。
NTP (Network Time Protocol) サーバ	ネットワークに接続されたサーバやルータなどの機器の時刻を同期させるためのサーバである。
RAS (Remote Access Service) サーバ	電話回線などを使い、遠隔地からネットワークにリモートアクセスするために必要な、認証などの機能を提供するサーバである。

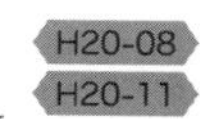

H20-08
H20-11

④ メールサーバ

電子メールをやり取りする際に、各クライアントから発信されたメールを一旦受け取り、インターネット等のTCP/IPネットワークへ送信したり、インターネットから到着したメールを蓄積したりする。

【メールサーバの種類】

SMTP (Simple Mail Transfer Protocol) サーバ	クライアントやメールサーバが電子メールを**転送**する際に用いられる。SMTP は現在最も普及しているプロトコルであり、標準的な方式となっている。
POP (Post Office Protocol) サーバ	クライアントが電子メールを**受信**する際に用いられる。利用者がタイトルや発信者を確認する前に、クライアントが全メールを受信してしまうため、受け取りたくないメールまで受信してしまうことになる。
IMAP (Internet Message Access Protocol) サーバ	クライアントが電子メールを**受信**する際に用いられる。POPと違って、メールはサーバ上のメールボックスで管理され、タイトルや発信者を見て受信するかどうかを決めることができる。モバイル環境で特に便利な方式である。

イントラネットで使用する場合は問題ないが、インターネット上に公開する場合には、Webサーバに対して不特定多数の者がアクセスすることになるため、セキュリティを確保するための対策が必要になる。

⑤ プリントサーバ

ネットワーク上にIPアドレスを持たせたプリンタを接続しておき、個々のクライアントが印刷要求を出すことで、ネットワークに参加している全員が1台のプリンタを共有できるようにするものである。

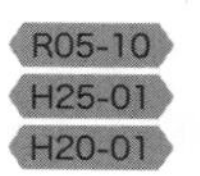

R05-10
H25-01
H20-01

⑥ ファイルサーバ

企業内で作成するドキュメント類は個人の所有物ではなく、共有資源であることが多い。ファイルは個々のクライアントPC内に置くのでなく、ファイルサーバ内に置いて一括管理し、ネットワーク上で共有することが望ましい。ファイルサーバには、大容量とバックアップ機能及びユーザの属性に応じたアクセス権限の管理機能が求められる。

(a) NAS (Network Attached Storage)

NASとは、LANに直接接続して利用する補助記憶装置で、ファイルを保存・共有することに特化したファイルサーバ専用機である。ハードディスクだけでなく、コンピュータを制御するためにOSを搭載している。

(b) SAN (Storage Area Network)

SANとは、ファイバチャネルやTCP/IPなどの転送方式を利用して構築されたストレージ専用のネットワークである。LANなどの汎用のコンピュータネットワークとは別のネットワークにすることで、LAN側の機器や回線に負荷をかけずに、大規模なストレージを構築することができる。

(c) シンプロビジョニング

シンプロビジョニングとは、ストレージを仮想化して割り当てておき、実データの増加に応じて物理的なストレージを増設する管理技術である。

【 企業内のクライアント・サーバシステム 】

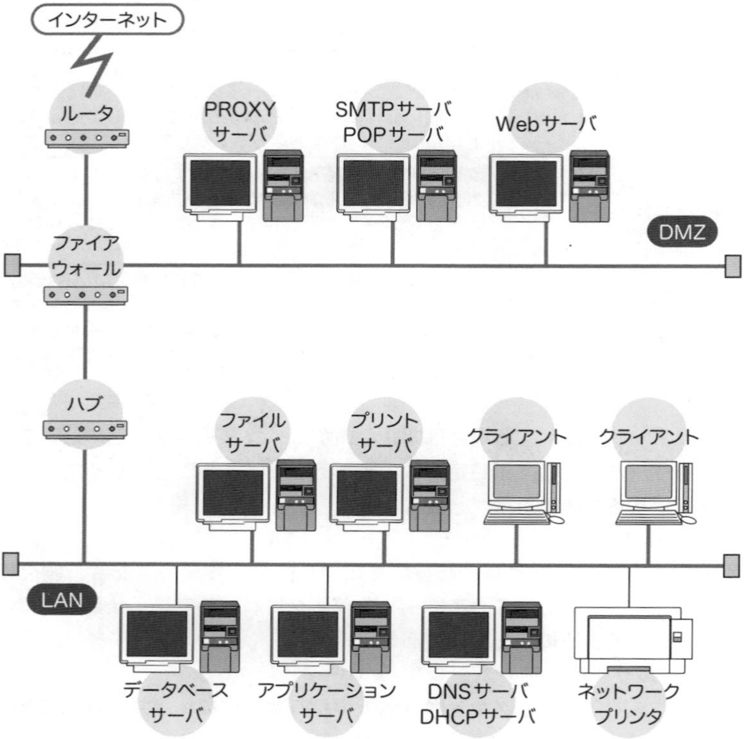

インターネット
ルータ
PROXY サーバ
SMTPサーバ POPサーバ
Webサーバ
DMZ
ファイアウォール
ハブ
ファイルサーバ
プリントサーバ
クライアント
クライアント
LAN
データベースサーバ
アプリケーションサーバ
DNSサーバ DHCPサーバ
ネットワークプリンタ

4 アウトソーシング

(1) 従来型アウトソーシング

従来の情報システムのアウトソーシングは、主として情報システムの開発・運用・保守を外部業者に委託することによる、コストの削減とシステム部門のスリム化を目的として行われた。自社でまかないきれない開発や運用、保守といった労働集約的な仕事を外部の専門事業者に委託することで、本来取り組むべき創造的業務や自社のコア・コンピタンスに集中することを目的として行われる場合も増えてきている。しかし、情報システムの所有権は、ユーザ企業にあった。

(2) ネットワークを活用したアウトソーシング

ネットワークの進展により、企業情報システムがカバーしなければならない範囲は、企業内から企業間、さらには消費者まで含んだサプライチェーン全体へと広がりを見せている。

一方で、ユーザ企業が急速に進展する情報技術に単独でキャッチアップし続けることが難しくなっていることから、最新の情報技術を安価に利用するためにネットワークを活用したアウトソーシングを利用する事例も増えている。

① ハウジング

ハウジングとは、データセンターを所有する事業者が、ユーザの所有するハードウェアを預かるサービスである。ユーザはインターネットやVPN等のネットワークを経由して専有ラックに設置されたハードウェアのシステムを利用する。サーバの稼動監視やバックアップテープの交換などシステム運用を受託する事業者もある。

(a) データセンター

データセンター(DC：Data Center)とは、コンピュータを設置するのに適した建物のことである。免震構造や無停電電源設備、入退館システムなどを備え、コンピュータの安定稼働とセキュリティを確保する。特にインターネットサービス提供用のデータセンターを**IDC**(Internet Data Center)という。

(b) コロケーション

コロケーションとは、データセンターを所有する事業者が、ユーザが所有するサーバやネットワーク機器などを設置する**専有スペース**を提供するサービスである。

② ホスティング

ホスティングとは、ハウジングのサービスに加えてハードウェアもアウトソーシング事業者が提供するサービスである。個々のユーザが保有するハードウェア資源を、アウトソーシング事業者が保有する大型のコンピュータに統合し使用効率を高めれば、ユーザはハードウェアにかかるコストを低減できる。また、システムの運用・保守作業も事業者側で行うため、ユーザ企業がそのための技術者を保有する必要がなくなる。

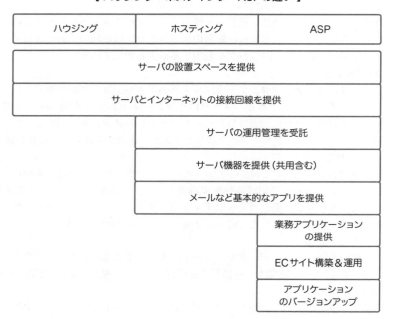

【 ハウジング・ホスティング・ASPの違い 】

<table>
<tr><th>ハウジング</th><th>ホスティング</th><th>ASP</th></tr>
<tr><td colspan="3">サーバの設置スペースを提供</td></tr>
<tr><td colspan="3">サーバとインターネットの接続回線を提供</td></tr>
<tr><td></td><td colspan="2">サーバの運用管理を受託</td></tr>
<tr><td></td><td colspan="2">サーバ機器を提供（共用含む）</td></tr>
<tr><td></td><td colspan="2">メールなど基本的なアプリを提供</td></tr>
<tr><td></td><td></td><td>業務アプリケーションの提供</td></tr>
<tr><td></td><td></td><td>ECサイト構築＆運用</td></tr>
<tr><td></td><td></td><td>アプリケーションのバージョンアップ</td></tr>
</table>

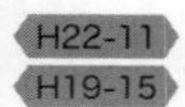

⑶ ASP (Application Service Provider)

ネットワークを活用したアウトソーシングの1つである**ASP（アプリケーションサービスプロバイダー）**とは、自らが保有するハードウェアに加えて、アプリケーションソフトも利用料を取る形でユーザにその機能を開放し、これらの運用までを代行するサービス事業者もしくは、この事業者が提供するサービス自体のことをいう。

従来のアウトソーシングでは、ユーザ企業ごとにアプリケーションの運用を代行してきたが、ASPは複数のユーザ企業が同一のアプリケーションを共同利用することで利用価格を低く設定できる。

① メリット

⒜ 初期投資費用の低減

ユーザはアプリケーションの月々の利用料金を支払うだけでよくなり、ハードウェアやソフトウェアの購入などの初期コストが不要となる。自社で準備するものは、インターネットへの接続回線とWebブラウザをインストールしたコンピュータだけでよい。

⒝ 運用管理費用の低減

情報システムの運用管理の負担は意外に大きなものである。ASPを利用すれば、データのバックアップやハードウェアの増設などをASPが代行してくれる。システム運用の労力が軽減されるだけでなく、システム管理者の人件費も削減できる。

⒞ システム導入期間の短縮

現代は、企業経営に対してこれまで以上にスピードが求められている。そのため、必要だと判断した時点からすぐに始められるといった点が大きな魅力の1つとなる。ユーザは、ASPが提供するサービスメニューの中から必要な機能を選択するだけでよく、システム設計や開発の時間は必要なくなる。

(d) システムの試験的導入が可能

例えば情報系のアプリケーションなどは費用対効果の予測が難しいため、なかなか導入に踏み切れないといったケースがある。ASPを利用すれば少ない投資でグループウェアなどのアプリケーションを試験的に導入でき、効果があれば拡張、効果がなければ利用停止するといった使い方ができる。

(e) システム安定性の向上

ASPが運用するサーバやアプリケーションは、通常データセンターといわれる専用の施設に設置され、運用の専門部隊によって運用されている。データセンターは、強固な物理的セキュリティで外部からの侵入を防ぎ、また、ネットワークや電源を二重化し、インターネット回線を広帯域で確保するなどの策を講じてシステムのダウンを防ぎ、安定して稼働するための設備と運用体制が敷かれている。多くのユーザが共同利用することで、一企業では手が届かない施設を安価で利用することができるようになる。

② 留意点

(a) アプリケーションの選択

ASPは、事業者が提供するソフトウェアをカスタマイズなしで複数のユーザが利用することで、価格を下げることができる。1つのソフトウェアをシェアして利用するため、提供されるソフトウェアに自社の欲しい機能が揃っているかどうかがポイントとなる。自社特有の機能を付加しないと使えないようでは、カスタマイズが発生するため、低価格は望めない。

(b) 自社で保有しないリスク

ハードウェアもソフトウェアも自社で保有せず、事業者のものを利用するということは、自社で保有しないリスクを背負っている。なぜなら、自社にはハードウェアやアプリケーションソフトどころかデータさえ存在しないからである。

ASP事業者が順調に経営を行っている間は問題ないが、ひとたび不調に陥った場合、値上げを要求されたり、サービスの停止を通告されたりするおそれがある。しかし、ASPでは事業者への依存度が高いため、他社への乗り換えが困難になる。

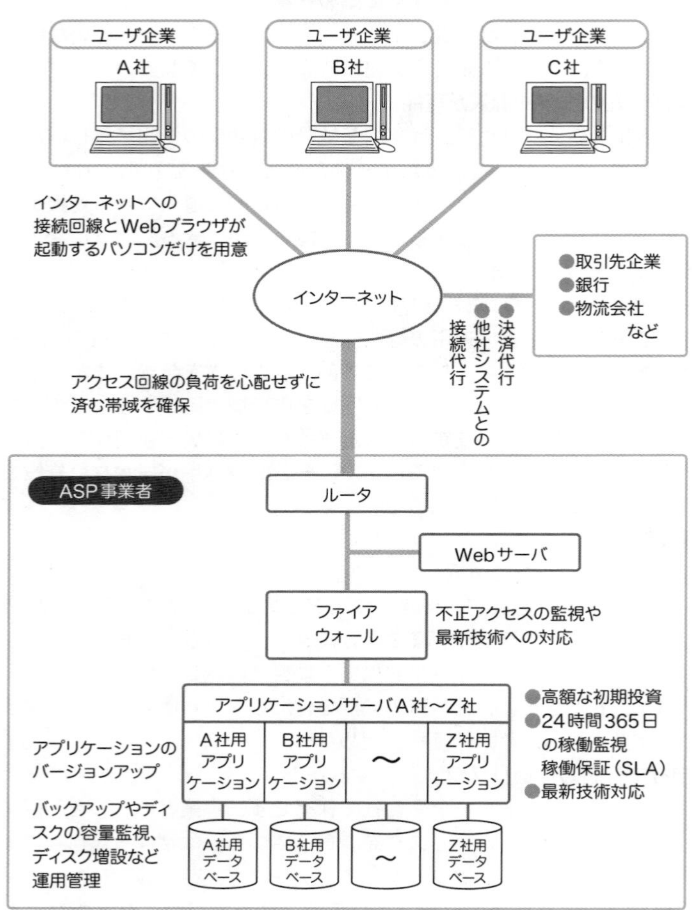

H22-21 (4) その他のアウトソーシング

近年は情報システム以外にも、様々な業務がアウトソーシング対象となっている。

① コンタクトセンタ

コンタクトセンタとは、企業の中で、顧客への電話対応を専門に行う部署のことである。特に消費財メーカーや通信販売事業者などが設けている、一般消費者からの問い合わせ受付窓口となる大規模な電話応対センタのことである。従来は単純な注文の受け付けや苦情の対応が主な業務であったが、ナンバーディスプレイの本格化やCTI 技術によるコンピュータと電話の連動、顧客データベースの整備などによって、CRMの要として戦略的な意義が高まっている。

② キッティング

キッティングとは、情報システムの新規導入やオフィスの開設・移転などに際し、コンピュータや周辺機器、ネットワーク機器などの組み立てや配置・配線、OSや必要なソフトウェアのインストール、各種設定などを行う導入作業のことである。従来キッティングサービスは、情報システム部門が自前で行うことが一般的だったが、近年は特に単純作業を中心にアウトソーシングをしたり、アルバイトを雇ったりする事例が増えている。

R05-19
R04-18
H29-20
H25-16
H24-19
H19-22

(5) アウトソーシングサービスの評価

① SLA (Service Level Agreement)

サービス事業者が、利用者にサービスの品質を保証する制度である。元々は通信サービスの事業者が、回線の最低通信速度、ネットワーク内の平均遅延時間、利用不能時間の上限など、サービス内容と品質の保証項目や、それらを実現できなかった場合のペナルティ等に関する規定などを、サービス事業者と利用者が合意のうえで契約に定めたものである。現在では、通常のシステム運用分野でも適用されている。

なお、サービス提供者が組織外部の供給者と取り交わす文書をUC (Underpinning Contract)、組織内部の供給者と取り交わす文書をOLA (Operational Level Agreement) という。

【SLAの構成要素（例）】

前提条件	サービスレベルに影響を及ぼす業務上／システム上の前提条件
委託範囲	合意された委託内容がカバーする範囲
役割と責任	利用者とサービス提供者の役割と責任を明確化した分担表
サービスレベル項目	管理対象となるサービス別に設定される評価項目および要求水準
結果対応	サービスレベルが達成されなかった場合の対応方法（補償）
運営ルール	利用者とサービス提供者間のコミュニケーション（報告・連絡）の前提条件

② SLM

SLAが機能するようにSLAの策定～サービスの実施～サービスの監視～サービスの評価・改善・補償請求といったPDCAサイクルを回すことを、**SLM** (Service Level Management) という。経済産業省は「SaaS向けSLAガイドライン」や「情報システムに係る政府調達へのSLA導入ガイドライン」を公開するなど、SLMの確立を後押ししている。

【SLMの流れ】

SLAの策定	サービス事業者との間で話し合いを持ち、個々のサービス内容についての品質レベルを規定するのが望ましい。
サービスの実施 サービスの監視	SLAが締結されると、規定どおりにサービスが提供されていることをサービス提供者、受領者で確認することが必要になる。
サービスの評価・改善・補償請求	サービスレベルに達していない場合は、SLAに基づき補償を求める。また、一度結んだらそれで終わりという性格のものではなく、定期的にレビューを行い、SLAの内容も常に改善させていくような運用が望ましい。

③ 認証制度

プライバシーマークやISMSなどの**認証制度**により、利用者が業者を選定する際に信頼がおける相手か否かを判断する指標として活用できる。

(a) プライバシーマーク制度

プライバシーマーク制度とは、事業者が個人情報を基準に沿って適切に取り扱っているかを評価し、適正と判断した事業者を認証する制度である。

プライバシーマーク制度では、JIS Q 15001をベースに、個人情報保護法、各省庁が作成した個人情報保護法に関するガイドライン、地方自治体による個人情報関連の条例なども認定の基準に取り込んでいる。

こうした各種法制度等の考え方が反映されているため、プライバシーマーク制度の求める基準は、個人情報保護法よりも厳しいといえる。

(b) ISMS認定制度

ISMS適合性評価制度とは、企業の情報セキュリティマネジメントシステム(ISMS：Information Security Management System)が、国際標準規格である「ISO/IEC 27001」(日本規格は「JIS Q 27001」)に適合していることを認定する、財団法人日本情報処理開発協会(JIPDEC)の評価制度である。

適合性の認証制度は、審査し登録する「認証機関」、審査員の資格を付与する「要員認証機関」、これらの各機関がその業務を行う能力を備えているかをみる「認定機関」からなる仕組みである。

適合性認証登録後の再認証審査は、3年ごとに行う。

なお、ISMSと整合性のあるJIPDECの評価制度として、組織のITサービスマネジメントシステム(ITSMS：IT Service Management System)がJIS Q 20000-1(ISO/IEC 20000-1)に適合しているかを評価する**ITSMS適合性評価制度**もある。

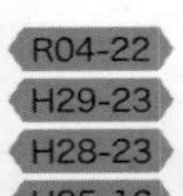

5 クラウドコンピューティング 

(1) クラウドコンピューティング(クラウドサービス)

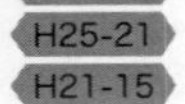

クラウドコンピューティングとは、仮想化技術などを活用し、インターネット経由でソフトウェアやインフラ環境を利用する仕組み、またはユーザに提供する情報処理サービスである。ユーザは、従来手元のコンピュータで管理・利用していたソ

フトウェアやデータを、インターネットなどのネットワークを介し、必要に応じて利用する。

IT業界ではシステム構成図でネットワークの向こう側を雲（cloud：クラウド）のマークで表す慣習があることから、このようにいわれている。

既存の情報システムをクラウドに移行する方法の1つで、既存のシステムをそのままクラウドに移し、漸進的にクラウド環境に最適化していく方法を、リフト＆シフトという。

① プライベートクラウド

企業などの組織が自社内で利用するため、自社ネットワーク上に構築するクラウドコンピューティングを、**プライベートクラウド**という。独自の通信回線やVPNを構築し利用する。

② パブリッククラウド

企業独自のネットワークでの利用に対し、インターネットから誰でも利用できるクラウドコンピューティングを**パブリッククラウド**という。インターネットに接続できるパソコンさえあれば手軽に利用できる。

クラウドコンピューティングとして提供するサービスに、SaaSやPaaS、IaaS、DaaSがある。

【 クラウドコンピューティングの体系 】

<クラウドコンピューティング>	<プライベートクラウド>
●仮想化技術などを活用 ●インターネット経由でサービス提供	●自社専用ネットワークに構築 ● VPNや専用回線など専用環境 ●契約企業だけが利用可能
	<パブリッククラウド> ●誰でも利用可能なインターネットに構築 ●インターネットの共有環境

仮想化技術により、1台のコンピュータ上に複数台のコンピュータがあるような使い方や、複数のコンピュータが1台のコンピュータのように見える使い方ができる。仮想化の方法には、ホスト型とハイパーバイザー型とがある。

【 仮想化の方法 】

ホスト型	サーバにLinux等のサーバOSをインストールした後、仮想化ソフトウェアをインストールする方式
ハイパーバイザー型	サーバにサーバOSをインストールせずに、仮想化ソフトウェアを直接インストールする方式

クラウドコントローラでは、仮想マシンの管理だけでなく、OSの選択やユーザ認証などを一元的に管理する。

⑵ SaaS

① SaaSの概要

SaaS（Software as a Service）とは、ソフトウェアを提供者（プロバイダー）側のコンピュータで稼働させ、ユーザはそのソフトウェア機能をインターネットなどのネットワーク経由でサービスとして使用し、サービス料を支払う形態である。

SaaSを提供するベンダーとしても、低料金でのサービスが可能なため、顧客の裾野が拡大すること、ユーザ企業の保有する多種多様なプラットフォームを想定して開発を行う必要がなく、開発コストの圧縮、ライフサイクルの短縮が可能になる。

利用できるソフトウェアは、財務会計、税務計算、給与計算、人事管理、顧客管理などの経営管理のためのアプリケーションなどがある。

【SaaSの特徴】

	SaaS形式	自社所有形式（パッケージ）
システムの所有・利用	利　用	所　有
システム設備の自社負担	常時接続のインターネットとクライアントPCを用意する。	左記に加え、サーバ、アプリケーションソフト、データセンター設備の用意が必要。
アプリケーションのカスタマイズ	可能だが、範囲の制限がある。	自社にあった仕様を実現できる。
初期導入時の従業員教育	利用者向け操作教育と情報モラル教育が必要。	左記に加え、システム開発専任要員の確保・育成が必要。
サーバメンテナンスのタイミング	SaaS提供者に依存する。	利用者の都合で期間・時間を設定できる。
管理者・ヘルプデスク	操作に関する管理者やヘルプ対応要員が必要。	左記に加えて、システム全般管理者、サーバ保守要員が必要。
費　用	サービスの提供内容に応じたコストを負担する。	将来の拡張性も考慮した、余裕をもった設備投資が必要。

② SaaSの技術背景

SaaS提供者は、1つのシステムで複数利用者の情報やアプリケーションを管理する**マルチテナント**といわれる技術を応用している。このマルチテナント技術の応用により、SaaS提供者はシステムの利用効率を向上させることができ、管理及び運用コストを抑えることが可能となった。その結果、SaaSの利用料金を下げることに成功した。

ただしマルチテナントは、1つのシステムを複数の利用者で共有する。システムの自社業務への適合性などをよく検討する必要がある点や、サービス提供時間など利用者個別のSLAを設定できない項目もある点に留意が必要である。

【 SaaSを用いたアプリケーション使用イメージ 】

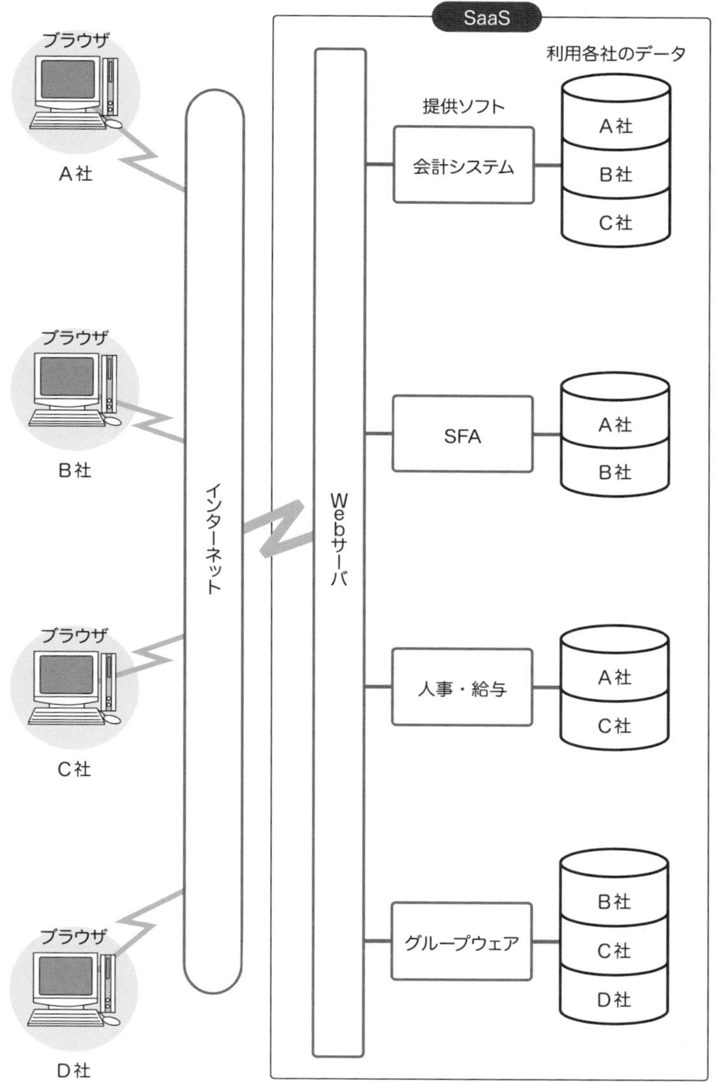

③ ASP・SaaSの安全・信頼性に係る情報開示認定制度

ASPやSaaSの活用によって、中小企業の情報システム利活用が進んだが、一方でASP・SaaS事業者による安全・信頼性に対する情報開示は不十分であり、中立的な立場から審査・認定を行う**ASP・SaaSの安全・信頼性に係る情報開示認定制度**が創設された。認定制度の基本的な考え方は、①ASP・SaaSのユーザの視点に立つ、②発展期にあるASP・SaaS市場の拡大を促進する、③事業者から適切に情報開示されていることを認定する、④ASP・SaaSのサービスを認定対象とする、の4つである。

H22-11 (3) PaaS

PaaS (Platform as a Service) とは、OS、ハードウェアなどソフトウェアの開発・実行環境などのプラットフォームを提供するサービスである。

(4) IaaS (HaaS)

IaaS (Infrastructure as a Service) または**HaaS** (Hardware as a Service) とは、ストレージや計算機能などのハードウェアやネットワークなどインフラを提供するサービスである。

(5) DaaS

DaaS (Desktop as a Service) とは、クライアントコンピュータの実行環境を提供するものである。

(6) MaaS

MaaS (Mobility as a Service) とは、ICTを活用して交通をクラウド化し、すべての交通手段によるモビリティ (移動) を1つのサービスとしてとらえ、シームレスにつなぐ新たな「移動」の概念である。利用者はスマートフォンのアプリを用いて、交通手段やルートを検索、利用し、運賃等の決済を行うなどの事例がある。

R04-22 (7) CaaS

CaaS (Cloud as a Service) とは、Infrastructure as a Service (IaaS)、Platform as a Service (PaaS)、Software as a Service (SaaS) などのクラウドコンピューティングサービスを組み合わせて提供するサービスである。

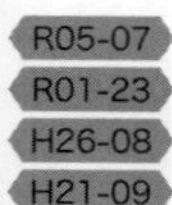

6 マルチメディア処理

(1) マルチメディア

マルチメディアという言葉に厳密な定義はないが、一般的には従来アナログデータとして存在していた文字、音声、静止画、動画などの情報をデジタルデータ化することで、コンピュータ上で統一的に扱うことを意味している。

(2) マルチメディアを実現する技術要素

① テキストファイル

(a) HTML (HyperText Markup Language)

インターネットのWebページを記述するための言語である。文書のサイズなどの見栄えを記述したり、文書の論理構造を記述したりすることができる。また、文書の中に画像や音声、動画、他の文書へのリンク付けなどを埋め込むこともできる。ただし、HTMLの記述は、あくまでテキストベースであり、意図した形で文書を閲覧するにはWebブラウザが必要となる。

(b) CSS (Cascading Style Sheets)

Webページの行間やフォント、レイアウトなどの構成を設定する規格、またはファイルである。これまでWebページの構成を行う場合、HTMLで個別に設定しなければならなかったが、CSSを利用することで個別設定から解放され、効率的にWebページを作成することができる。

② 画像

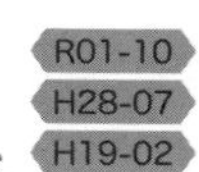

画像の形式は、「ベクタ形式」と「ラスタ形式」の2つに分けることができる。**ベクタ形式**は、点の座標位置や点同士を結ぶ線を数値化し演算によって画像を再現する形式である。**ラスタ形式**は、画像を色の付いた点(ドット)の集合体として処理する形式である。

【 画像ファイル形式 】

	概要	特徴	ファイルフォーマット
ベクタ形式	点の座標位置や点同士を結ぶ線を数値化し演算によって画像を再現する方式である。	画像サイズを変更しても画像が劣化しない。	SVGなど
ラスタ形式	画像を色の付いた点(ドット)の集合体として処理する形式である。	画像サイズを変更すると画像が劣化する。	JPEG、GIF、PNG、BMPなど

【 主な画像ファイルフォーマット 】

フォーマット	説明
JPEG (Joint Photographic Experts Group)	画像データの圧縮保存方式である。圧縮率は高い。圧縮の際に、若干の画質劣化を許容する(一部のデータを切り捨てて圧縮率を高める)非可逆圧縮方式である。画質劣化を許容する場合は、どの程度劣化させるかを指定することで圧縮率を変化させることができる。静止画像圧縮の標準的方式となっている。
GIF (Graphic Interchange Format)	JPEGと共にインターネット上で標準的に使われる画像形式である。256色までの画像を保存することができる。可逆圧縮方式でイラストなどの保存に向いており、アニメーションGIFでは動画も保存できる。
PDF (Portable Document Format)	Adobe社が開発した電子文書のための標準的なフォーマットであり、ワープロソフトなどで作成した文書を電子的に配布することができる。配布先のコンピュータでは、Acrobat ReaderなどのPDFリーダーアプリケーションをインストールすれば機種や環境を問わず、オリジナルのイメージを表示することができる。
BMP (Bit MaP)	Windowsが標準でサポートしている画像形式である。白黒(2色)からフルカラー(1,677万7,216色)をサポートしている。基本的には無圧縮で画像を保存するが、可逆圧縮方式を選択できる形式がある。
PNG (Portable Network Graphics)	可逆圧縮方式のひとつである。GIFに代わってWeb上で広く使われることを想定し、ライセンス料が不要な方式を利用して開発された。W3C(WWWに関する標準化団体)で推奨されている。フルカラーを劣化させず圧縮できる。
TIFF (Tagged Image File Format)	Aldus社とMicrosoft社によって開発された画像データのフォーマットである。画像データの先頭部分に記録形式についての属性情報が記録される。一枚の画像データを解像度や色数、符号化方式の異なるいろいろな形式で1つのファイルにまとめて格納できるため、比較的アプリケーションソフトに依存しない画像ファイルフォーマットである。

③ 動画

【 主な動画ファイルフォーマット 】

フォーマット		説明
MPEG (Moving Picture Experts Group)		カラー動画像の圧縮伸張方式の標準として用いられる。画像の中の動く部分だけを検出し保存するなどしてデータを圧縮している。
	MPEG-1	再生品質がVTR並みの規格である。
	MPEG-2	再生品質がハイビジョンテレビ並みの規格である。
	MPEG-4	さまざまな再生品質に対応しやすい規格である。モバイル機器用途で用いることが多い。
MP4		音・画像・動画などの複数データをまとめて格納することができる。
QuickTime		Apple社が開発した、パソコンで動画や音声を扱うための技術およびソフトウェアである。インターネット上の動画ファイルとして広く使われている。

④ 音声

【 主な音声ファイルフォーマット 】

MP3（MPEG-1 Audio Layer-3）	映像データ圧縮方式のMPEG-1で利用される音声圧縮方式のひとつである。CD並みの音質を保ったままデータ量を約 1/10 に圧縮することができる。ただし、MP3には著作権保護機能がないため、市販のCDから音楽をパソコンにコピーして、MP3で圧縮してインターネット上で配布する行為が問題となっている。
RealAudio	RealNetworks社が開発した音声圧縮方式と、その配布・再生のためのソフトウェア全般を指す。データの圧縮率が高く、ストリーミング方式にも対応しているため、インターネット上で音声コンテンツを配信することなどに使われる。インターネットを通じたコンサートの生中継や発売前のCDの視聴などに利用されている。
WAVE	Windowsで標準的に使われる音声データのファイル形式である。WAVEファイルは、画像や音声などのマルチメディアデータを1つのファイルに格納するための共通フォーマットである RIFFフォーマトのひとつで、拡張子は「.WAV」である。
WMA（Windows Media Audio）	Microsoftが開発した音声圧縮符号化方式（コーデック）の名称である。WMAによって圧縮変換された音楽ファイルには「.WMA」の拡張子が付く。Microsoft Windows Media 9シリーズからは、デジタル著作権管理（DRM：Digital Rights Management）技術が採用されたことにより、圧縮データに暗号化を施すことが可能となっている。このため、データのストリーミング再生や音楽配信システムの形式としても多く利用されるようになっている。
MIDI（Musical Instruments Digital Interface）	シンセサイザーなどの電子楽器とパソコンなどのコンピュータが相互にデータ通信を行うための通信プロトコルのことである。

(3) マルチメディアの活用

H22-10

① ストリーミング

ストリーミング（Streaming）では、データを受け取りながら再生をするため、ダウンロードが終わるまで待つ必要はない。また、ストリーミング再生では、原則としてダウンロードコピーを防ぐことが可能である。

【 ダウンロード方式とストリーミング方式 】

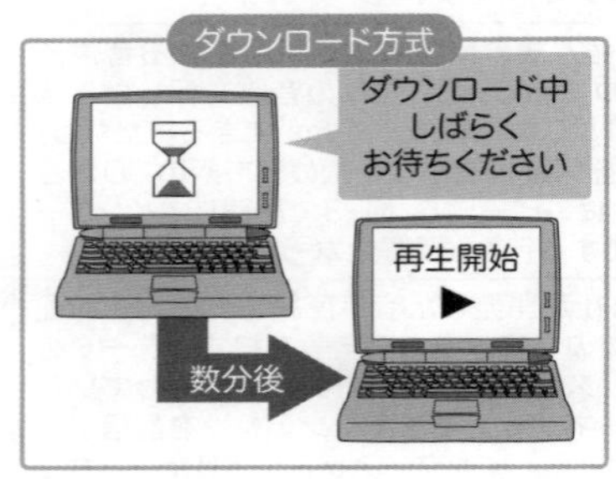

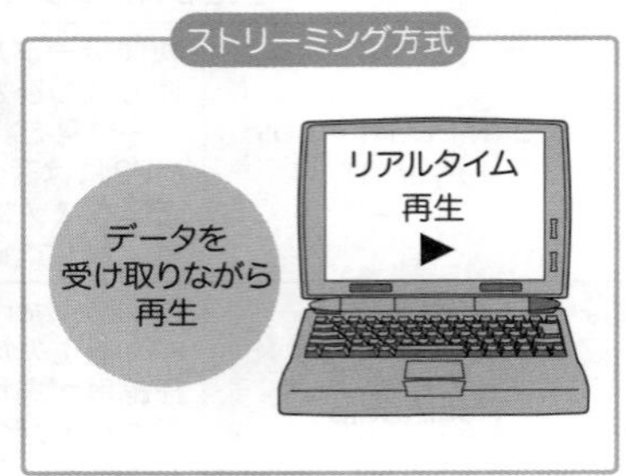

H19-12

② eラーニング

eラーニングとは、インターネットやイントラネットなどのネットワークを利用した教育形態のことである。学習プロセスや学習の進捗状況などを管理しやすい。企業の研修・各種能力開発の手段として利用が進んでいる。文字データ、画像、音声、動画などさまざまな教育コンテンツを、ネットワークを通じて配信する。

【 eラーニングのメリット 】

受講側のメリット	教育側のメリット
●場所を問わず、どこでも学べる ●自分のペースで学習できる ●自分の進捗管理、学習理解度を把握しやすい	●教育費用の低減ができる ●受講者の進捗管理、理解度が把握できる ●短期間に多数の均質な教育を行える ●受講成果、教材の評価がしやすい

③ ビデオオンデマンド

ビデオオンデマンド（VOD）とは、映像コンテンツをサーバ上に蓄積しておき、ユーザからの要求に応じてコンテンツを検索し、ネットワーク経由で配信、再生するサービスである。多数のユーザからの同時刻の要求に応えるためには、高性能のサーバと広帯域の通信回線が必要となる。

H25-07

④ マルチメディアツール

マルチメディアツールとは、コンピュータ上で、動画や音声などの多様なコンテンツを再生するツールである。

R05-14

(4) アナログデータのデジタル化

コンピュータで音・画像・動画を利用するには、アナログデータをデジタル化する必要がある。PCM（パルス符号変調）方式によるアナログ音声データの変換は、以下の式によりデータ量を計算できる。

1チャンネルにおける1秒間のデータ量（ビット/秒）
＝サンプリング周波数×量子化ビット数

なお、サンプリング周波数は1秒間に処理できるデータの個数、量子化ビット数はアナログ信号をデジタル信号に変換する際の精度を表す指標である。

例：サンプリング周波数：44,100Hz、量子化ビット数：16ビット、ステレオ（2チャンネル）、時間：5分間の場合のデータ量は（44,100×16×2）×（5×60）で求めることができる。なお、1バイトは8ビットであるため、バイトで示すには値を8で割る必要がある。

V ファイルとデータベース

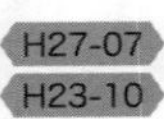
H27-07
H23-10

1 ファイルの概念 B

日常生活でもよく使われる「**ファイル**」という言葉は、コンピュータでも同じような意味で使われる。使用目的に応じて関連性のあるデータを集めた1つのかたまりであり、コンピュータの入出力の単位でもある。

⑴ ファイルの構成要素

① フィールド

論理的に意味のある最小の単位であり、具体的な1つひとつの項目に当たる。例えば「社員ファイル」の場合、「社員コード」「社員名」などがフィールドになる。

② レコード

目的に応じてフィールドを集めたものである。「社員ファイル」では、社員1人分のデータが1レコードとなる。

⑵ ファイルの種類

ファイルは分類方法により、次のように整理できる。

① 利用者による分類

【 利用者による分類 】

システムファイル	コンピュータの運用に使用するファイル
ユーザファイル	ユーザが特定の目的で作成し、使用するファイル

② 使用目的による分類

【 使用目的による分類 】

マスタファイル	業務システムの基本データを登録したファイルである。トランザクションファイルに比べ、一旦登録すれば内容が変わることは少ない。（例 社員マスタ、得意先マスタ）
トランザクションファイル	業務処理で逐次発生するデータを格納したファイルである。日々の処理で書き換えられる。（例 売上ファイル）
ワークファイル	作業用のファイルである。一連の処理の途中で作成され、処理か終了すると削除される。（例 給与計算中間ファイル）

③ 使用期間による分類

【 使用期間による分類 】

保存ファイル	当該システムが稼働している間はずっと使用されるファイルである。（例 マスタファイル）
テンポラリーファイル	一時的に作成され、役割を果たしたら消されるファイルである。（例 ワークファイル）

R05-02
H26-06
H25-16
H23-10

(3) ファイルの取り扱い

① 圧縮

圧縮とは、ファイルサイズを小さくすることである。メールでの添付ファイルなど容量制限にかかる場合、圧縮しファイルサイズを小さくする必要がある。

圧縮には通常圧縮ソフトを用いるが、OSの機能で行える場合もある。圧縮形式はZIPやLZHなどの形式があり、圧縮後の拡張子がそれぞれ.zipや.lzhとなる。テキストファイルは大きな圧縮率が望めるが、あらかじめ圧縮されているJPEGファイルなどは、圧縮するとファイルが大きくなる場合がある。

② アーカイブ

アーカイブとは複数のファイルを1つのファイルにまとめることである。データ圧縮を行う場合と行わない場合がある。

③ ワイルドカード

ワイルドカードとは、ファイル名やディレクトリ名を指定するときに使う「任意の文字」を意味する特殊文字のことである。任意の1文字を表す「?」、複数の文字を表す「*」などがある。

④ 正規表現

正規表現は、さまざまな文字列を汎用的な形式で表現する方法の1つであり、テキストエディタ、プログラミング言語、検索エンジンなどで利用可能になっている。文字列の検索や置換、抽出などを行う際の対象を指定するために用いられる。

2 ファイルの編成

H22-13

ファイルを記録する媒体にデータをどのように配置し、どのような順番で取り出すかに応じて、異なるファイルの編成方法を使用する。

(1) 順編成ファイル

順編成ファイルとは、入力した順番に連続してレコードを記録していく方式であり、アクセスの方法としては、順次アクセスだけになる。格納アドレスを指定しての直接アクセスはできない。

(2) 区分編成ファイル

区分編成ファイルとは、順編成ファイルを「メンバー」といわれる複数のサブファイルに分割した方式である。メンバー単位での直接アクセスとメンバー内の順次アクセスが可能である。格納アドレスを指定するアクセスはできない。

(3) テキストファイル

テキストファイルとは、文字コードと一部の制御コードだけで構成されたファイルである。どんな機種のコンピュータでも共通して利用できる数少ないファイル形式の1つである。

ワープロソフトなどで文書を作成した際には、テキストファイルに変換すれば、他の機種やソフトウェアでもそのデータを利用することができる。

ただし、次の制約があるため他の形式から変換する際には注意が必要である。

【テキストファイルの制約】

- テキストファイルは純粋に文字データのみで構成され、修飾情報や埋め込まれた画像など文字以外のデータは表現することができない。
- 改行やタブなど、文章の作成に必要なものを除いて、制御コードを含めることはできない。

① CSV (Comma Separated Values) ファイル

テキストファイルの種類の1つに、CSVファイルがある。**CSV**とは、データ間をカンマで区切り、レコード間を改行で区切るファイル形式である。

汎用性が高く、多くの電子手帳やワープロソフトなどでも利用できるため、異なる種類のアプリケーションソフト間のデータ交換に使われることが多い。

実体はテキストファイルであるため、テキストエディタやワープロなどで開いて直接編集することが可能である。

H19-08

(4) バイナリファイル

バイナリファイルとは、専用のアプリケーションソフトで扱うことを前提として、文字コードの範囲などを考慮せずに作成されたファイルである。画像や動画、音声を記録したファイルや、実行可能形式のプログラムを収めたファイルなど、文字のみで構成されるテキストファイル以外はすべて**バイナリファイル**に含まれる。

テキストファイルで使用できない制御コードなどを含むため、テキストエディタでは正常に読むことができない。ワープロソフトなどで作成された文書ファイルは、それぞれに固有の書式設定などを埋め込んでいるため、他社製のソフトウェアやテキストエディタでは、原則として読み書きできないバイナリファイルとなる。

3 ファイルへのアクセス

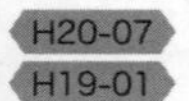

(1) アクセス方式

ファイルのアクセス形態には、シーケンシャルアクセスとランダムアクセスがある。

① シーケンシャルアクセス（順次アクセス）

シーケンシャルアクセスとは、データを先頭から順番に1件ずつ読み込み、あるいは書き込みを行う方法である。

② ランダムアクセス（直接アクセス）

ランダムアクセスとは、読み書きしたい1件のデータの格納位置をインデックスなどの位置情報をもとに割り出し、読み書きしたい1件のデータに直接アクセスする方法である。

【 アクセス方式の種類 】

	シーケンシャルアクセス（順次アクセス）	ランダムアクセス（直接アクセス）
読込み開始データ	先頭データ	読み書きしたいデータ
任意のデータ1件を検索した場合の平均所要時間	長い	短い
用途	バッチ処理など、一定のルールで全データの処理を一括で行う場合には、シーケンシャルアクセスが処理速度を向上させる	メモリやハードディスクなど、今日使われているほとんどの記憶装置はランダムアクセスに対応している。オンライントランザクション処理では、データの処理順序がランダムに発生するため、ランダムアクセスを想定したファイル編成を活用する。

⑵ ファイルパス

パス（path）とは、主に補助記憶装置内のファイルやフォルダ（ディレクトリ）までのフォルダの道筋を表す文字列である。コンピュータ内において、人間が管理するファイルやフォルダの、住所にあたる。

［ UNIX系OSにおけるファイルパス記述例 ］
/user/web/mydata/myhistory.html

［ Windowsにおけるファイルパス記述例 ］
C：¥web¥mydata¥myhistory.html

パスの体系はツリー構造（木構造）になっており、ツリー構造の頂点から目的のファイルやフォルダまでのすべての道筋を記述したものを**絶対パス**という。一方、カレントディレクトリ（実行しているソフトウェアなどが現在位置として認識しているディレクトリ）から目的のファイルやフォルダまでの道筋を記述したものを**相対パス**という。

【ファイルパスのツリー構造の例】

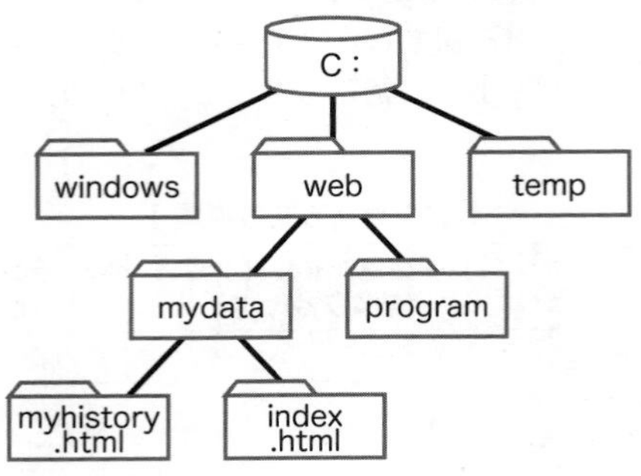

4 データベースの概念 

データベースは「複数のアプリケーションソフトまたはユーザによって共有されるデータの集合」と定義される。特定のユーザや特定のアプリケーションだけが使用するデータではなく、複数のユーザ、複数のアプリケーションに共通して利用される。統合的に管理されるデータの集合体であり、データの重複や冗長性は排除される。

データベースの活用により、プログラムごとに独自のファイルを使用した場合の問題点を解決することができる。

【データベースが解決する問題点】

	プログラムごとに独自のファイルを使用した場合の問題点		データベースを使用した場合の解決策
独立性	**低い** プログラムに依存してファイルができているため、あるプログラムで作成したデータは、基本的に他のプログラムで利用できない。	➡	**高い** 分散していたデータを統合しデータ管理を一元的に行うことで、プログラムからデータを独立させ、複数のプログラムから1つのデータへアクセスできるようにする。
重複・冗長性	**重複が多く冗長度が高い** プログラムごとに同じようなデータが重複して存在していたり、いろいろな場所で同じ項目が定義されていたりしてムダが多い。	➡	**重複・冗長性の排除** 分散していたデータを統合しデータ管理を一元的に行うことでデータの重複、冗長性を排除することができる。
整合性	**整合性を保つのが困難** データの重複や冗長性のため、変更が生じた場合、複数箇所を漏れなく更新しなければならないが、万が一更新漏れが生じるとデータの整合性を保つのが困難になる。	➡	**整合性の確保** 更新漏れなどがなくなりデータの整合性を確保できる。

安全性	**低い** ファイルでは機密保護機能、障害回復機能などが充実しておらず、企業の重要なデータを保存しておくには不安がある。	➡	**高い** 利用者にアクセス権限を設定することで機密保護機能を高め、ハードウェア、ソフトウェアに障害が発生した場合にもデータに影響を及ぼさず速やかに障害を回復させることができる。
柔軟性	**柔軟性に乏しい** プログラムとファイルの関係が密なため、項目の変更や追加を行おうとすると、ファイルと関連するプログラムすべてを修正しなければならず、柔軟性に乏しい。	➡	**柔軟性の確保** プログラムとデータは分離し、データの管理はデータベース管理システムに任せ、プログラムは共通のアクセス方式でデータベースにアクセスすることで、データベースに変更・追加が生じても影響範囲は最低限で済む。

5 データモデル 基

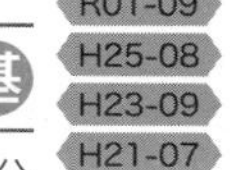

データモデル(データの表現形式)により、データベースはいくつかの種類に分類できる。

代表的なものには階層型、ネットワーク型、リレーショナル型などがある。現在、リレーショナル型のリレーショナルデータベースは広く普及している。データの集合を、手続きとデータを一体化したオブジェクトの集合として扱う**オブジェクトデータベース**もある。

(1) 階層型

木(ツリー)構造型ともいわれ、データの最上位に「親レコード」があり、その配下に複数の「子レコード」が存在し、さらに1つの「子レコード」の配下に複数の「孫レコード」が存在する。このように上位から1：nでレコード間の関係づけをしていく方式を**階層型データベース**という。

親子関係に沿ったアクセスは効率的だが、親子関係に依存しない読み出し方をするのには向いていない。

【 階層型データベースの構造 】

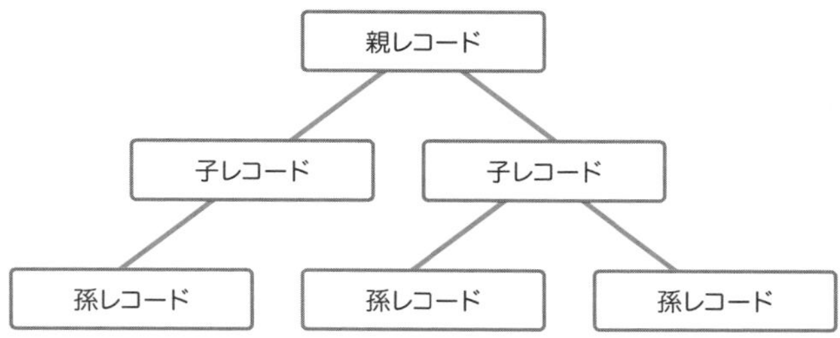

⑵ ネットワーク型

網構造型ともいわれ、各レコード間の関係づけが網目状になっている。階層型と異なり、「子レコード」が複数の「親レコード」を持つことができる。

【ネットワーク型データベースの構造】

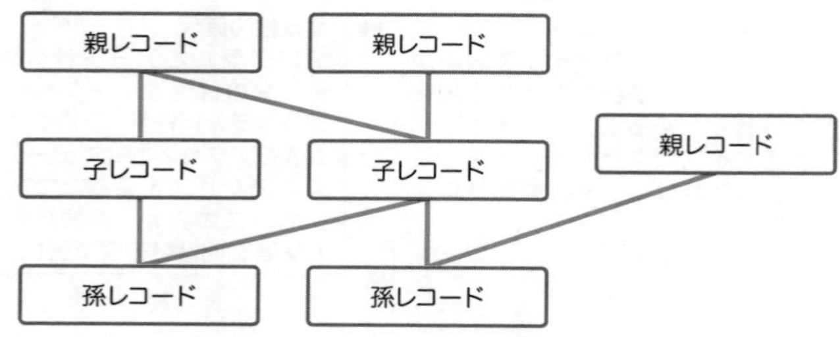

⑶ リレーショナル型

1970年にIBM社のEdgar F. Coddによって提唱されたリレーショナルデータモデルの理論に従って作られたデータベースである。複数の項目（フィールド）の集合で1件のレコードを表現し、レコードの集合を二次元の表で表す方式である。

【リレーショナル型データベースの構造】

⑷ NoSQL型

KVS（Key-Value Store）やXMLデータベースなど、データの問合せや操作にSQLを用いない新しい型である。大規模な並列分散処理や柔軟なスキーマの設定など、リレーショナルデータベースでは不可能または困難な機能を実現したものが多い。

⑸ データのモデル化

データベースを構築するには、現実世界に存在するデータをモデル化し、コンピュータシステム上でどのように表現するかを考える必要がある。データのモデル化には、外部スキーマ・概念スキーマ・内部スキーマの３階層からなるデータモデルが一般的である。スキーマとは、データベース全体の構造や仕様を定義したものである。

【 データのモデル化 】

外部スキーマ	データベースとアプリケーション、もしくはユーザとの間のインタフェースである。具体的には、アプリケーションやユーザが使用するデータ項目で構成されたスキーマである。
概念スキーマ	データベースによって表現される現実世界のモデルである。使用するハードウェアやソフトウェアがどのように変わろうと、現実世界が変わらない限り変更されない。具体的にはデータベースに保持するデータの要素やデータ同士のリレーションを定義するスキーマである。
内部スキーマ	データの物理的な格納形式を示すモデルである。具体的には、各テーブルやリレーションが、どのような形式でファイルに格納されているかを表す。 さらにディスク・メモリなどの記憶サブシステム上に、どのように記録されているかを記述した記憶スキーマという概念もある。

【 3階層データモデル 】

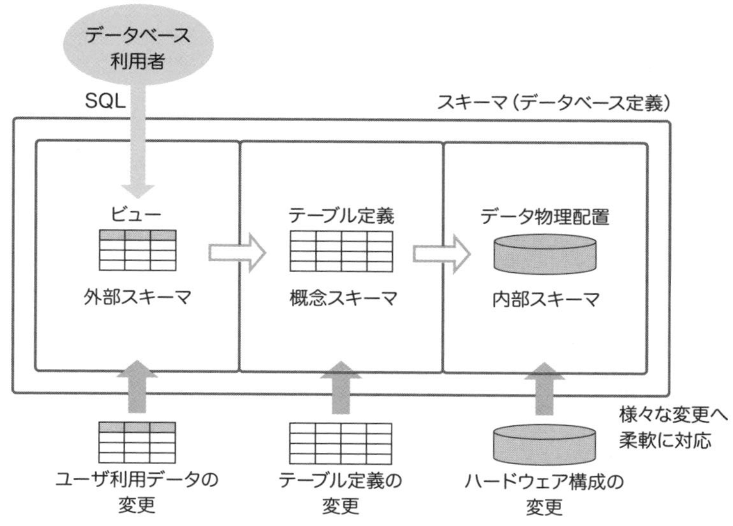

6 リレーショナルデータベース

A

リレーショナルデータベース（RDB：Relational Database）では、二次元の表（テーブル）にデータを格納する。複数のテーブル間は、各テーブルに共通のフィールドを定義することによって関連づけ（リレーション）を持たせることができる。定義

の仕方によりシステム全体の冗長性を排除し、重複データを持たずに済むため、保守性を向上させることができる。

【リレーショナルデータベースのイメージ】

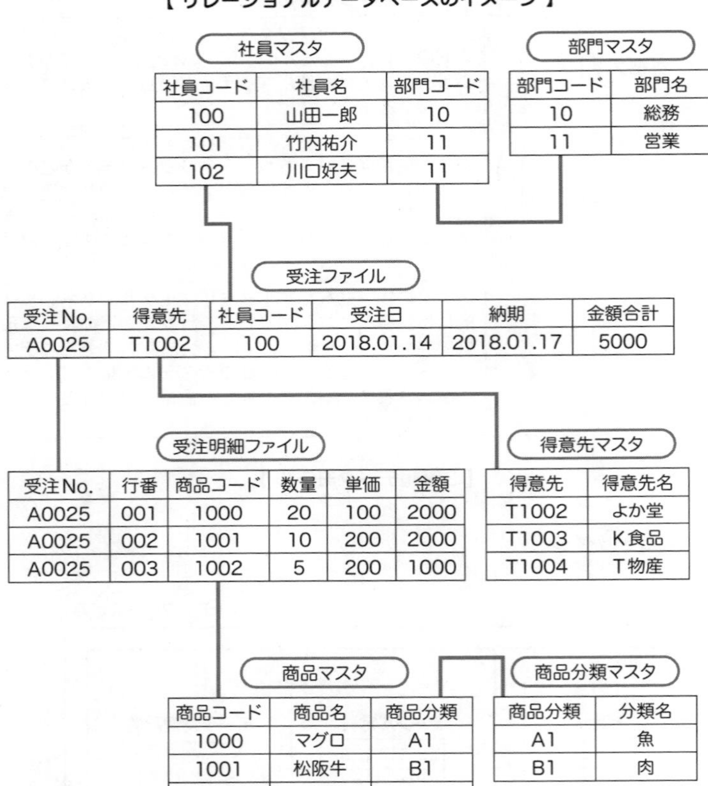

社員マスタ

社員コード	社員名	部門コード
100	山田一郎	10
101	竹内祐介	11
102	川口好夫	11

部門マスタ

部門コード	部門名
10	総務
11	営業

受注ファイル

受注No.	得意先	社員コード	受注日	納期	金額合計
A0025	T1002	100	2018.01.14	2018.01.17	5000

受注明細ファイル

受注No.	行番	商品コード	数量	単価	金額
A0025	001	1000	20	100	2000
A0025	002	1001	10	200	2000
A0025	003	1002	5	200	1000

得意先マスタ

得意先	得意先名
T1002	よか堂
T1003	K食品
T1004	T物産

商品マスタ

商品コード	商品名	商品分類
1000	マグロ	A1
1001	松阪牛	B1
1002	ハマチ	A1

商品分類マスタ

商品分類	分類名
A1	魚
B1	肉

H28-08
H21-07

(1) リレーショナルデータベースに関する用語

① 表、行、列

リレーショナルデータベースでは、データを行と列で構成される二次元の表で表現する。**表**は「関係」「リレーション」「テーブル」、**行**は「タプル」「レコード」、**列**は「属性」「アトリビュート」などともいわれる。

【 リレーショナルデータベースにおける表 】

列　行

職員コード	職員名	年齢	所属
101	北川	31	内科
102	西山	22	外科
103	南田	35	小児科
104	東	44	小児科

② 主キー、外部キー

表は、ある列の値が決まれば特定の行を決めることができる列を持つ。例えば学生表では、学生コードの値が「1101」と決まれば、学生名が「藤井」、学部コードが「T01」の行と決めることができる。この例では、学生コードが**主キー**である。(単に「キー」ということもある)。

また、ある表の主キーが他の表の列となるとき、他表の当該列を**外部キー**という。例えば、学部表で主キーの学部コードが、学生表で主キーになっていない場合、学生表の学部コードは外部キーである。

【 主キーと外部キー 】

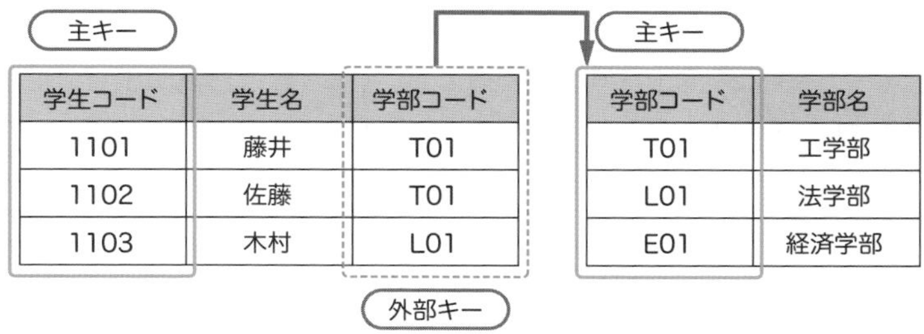

学生コード	学生名	学部コード
1101	藤井	T01
1102	佐藤	T01
1103	木村	L01

学部コード	学部名
T01	工学部
L01	法学部
E01	経済学部

③ 参照整合性

参照整合性とは、表同士のデータの整合性を保つための機能である。参照整合性を設定すると、データの入力、更新、削除において整合性を維持するよう制限がかかる。例えば、学部表で主キーの学部コードが、学生表で外部キーになっている場合、学部表に存在しない学部コードを、学生表の学部コードに入力したらエラーにすることなどである。

⑵ 関係代数

リレーショナルデータベースでは、集合に基づく考え方を応用した演算を行って、必要なデータを作り出す。この演算を関係代数といい、基本的な関係代数には次の3つがある。

① **選択**

指定した条件に一致した行を抽出する。

② **射影**

指定した条件に一致した列を抽出する。

③ **結合**

複数の表を結びつけて、新しい表を作成する。2つ以上の表の間で、相互に共通の項目を予め持たせておき、その項目同士を結合することで両方のテーブルに別々に存在するそれ以外の項目を同時に利用できるようにした機能である。

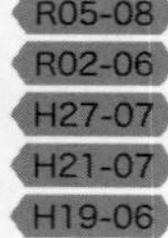

(3) リレーショナルデータベースの正規化

① **リレーショナルデータベースの正規化**

リレーショナルデータベース上の表（テーブル）は、冗長性や重複を排除し、「1つの事実が1ヵ所にだけ存在している」形で作成する。リレーショナルデータベース上の表から冗長性や重複を排除する操作を、データベースの**「正規化」**という。

リレーショナルデータベースでは、「正規化」を第1正規化から第3正規化までの3段階で行う。理論上はこれ以上の「正規化」を行うこともあるが、実務上は一般的に第3正規化までで十分である。第3正規形にすることで「1つの事実が1ヵ所にだけ存在している」ようになる。

② **正規化の手順**

正規化は次のような手順で行う。

① 繰り返しが発生している（値が複数ある）項目を排除する（第1正規化）→第1正規形

② 主キーの一部に従属する項目を別表に分離する（第2正規化）→第2正規形

③ 主キーに従属していない項目を別表に分離する（第3正規化）→第3正規形

①～③を行うと、第1正規形から第3正規形までに加工されたデータになる。

【 正規化の手順 】

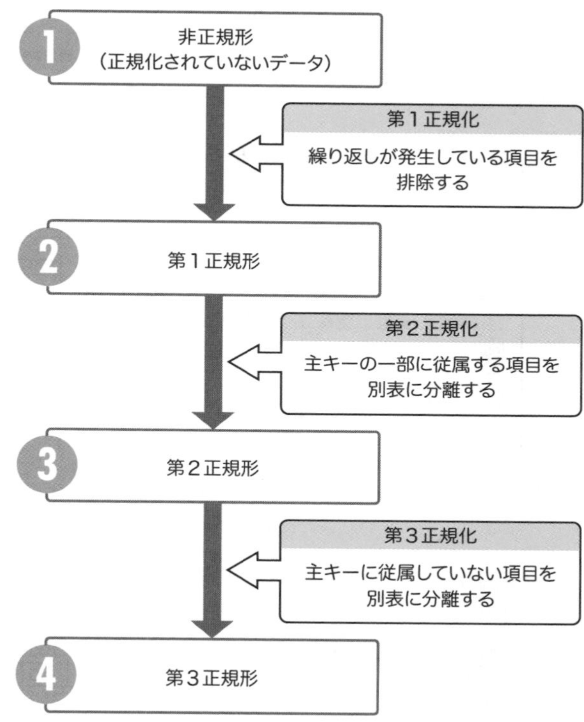

③ 第１正規化

次の具体例から正規化の流れを見ていこう。

例 TBC社では、注文を受けると受注伝票……①に記載する。これらの伝票を一覧表にすると、「受注」表（非正規形）……②のようになる。

正規化を行ううえで重要となるのが、主キーである。主キーによって、「1つの事実が1ヵ所だけに存在している」となるからである。「受注」表（非正規形）では、「受注番号」列が主キーである。

第1正規化では、繰り返しが発生している項目を排除する。

「受注」表（非正規形）では、1件の受注（1つの「受注番号」：主キー）につき複数の「商品番号」が存在している。このような状態を「繰り返し」といい、**第１正規化**では繰り返しが発生している項目を排除する。排除するには、繰り返しとなっている項目に不足する項目（受注番号、顧客コード、顧客名、顧客住所、電話）を付加して、新しいレコードとする。

その結果が「受注」表（第1正規形）……③である。「受注」表（第1正規形）では「受注番号」と「商品番号」の組み合わせが主キーとなる。

【第1正規化】

①受注伝票

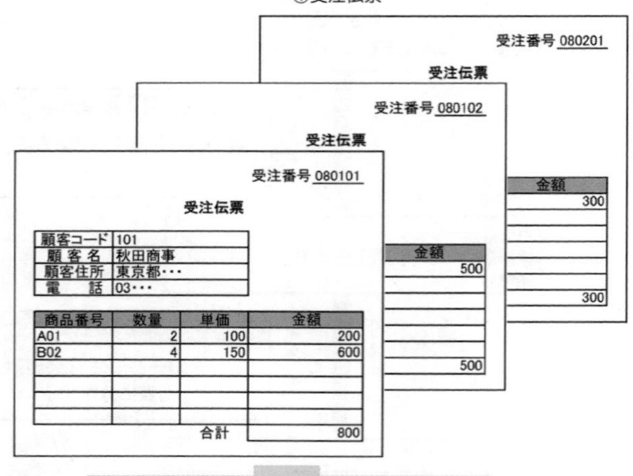

受注番号 080201

受注伝票

受注番号 080102

受注伝票

受注番号 080101

受注伝票

顧客コード	101
顧客名	秋田商事
顧客住所	東京都・・・
電話	03・・・

商品番号	数量	単価	金額
A01	2	100	200
B02	4	150	600
		合計	800

伝票を集計すると

②「受注」表（非正規形）

受注番号	顧客コード	顧客名	顧客住所	電話	商品番号	数量	単価	金額	
080101	101	秋田商事	東京都・・・	03・・・・	A01	2	100	200	繰り返し
					B02	4	150	600	
080102	101	秋田商事	東京都・・・	03・・・・	A01	5	100	500	
080201	103	横山工業	千葉県・・・	047・・・	A01	3	100	300	
080202	102	春山貿易	埼玉県・・・	048・・・	B02	2	150	300	繰り返し
					B03	3	200	600	
080301	103	横山工業	千葉県・・・	047・・・	B02	2	150	300	
080501	103	横山工業	千葉県・・・	047・・・	A01	3	100	300	

第1正規化

③「受注」表（第1正規形）

受注番号	顧客コード	顧客名	顧客住所	電話	商品番号	数量	単価	金額
080101	101	秋田商事	東京都・・・	03・・・・	A01	2	100	200
080101	101	秋田商事	東京都・・・	03・・・・	B02	4	150	600
080102	101	秋田商事	東京都・・・	03・・・・	A01	5	100	500
080201	103	横山工業	千葉県・・・	047・・・	A01	3	100	300
080202	102	春山貿易	埼玉県・・・	048・・・	B02	2	150	300
080202	102	春山貿易	埼玉県・・・	048・・・	B03	3	200	600
080301	103	横山工業	千葉県・・・	047・・・	B02	2	150	300
080501	103	横山工業	千葉県・・・	047・・・	A01	3	100	300

網掛け項目は主キー

④ 第2正規化

主キーとなっている複数の項目のうち、主キーの一部となる項目のみに従属していることを**部分関数従属**といい、主キーに従属することを**完全関数従属**という。

第2正規化では、主キーが複数の項目の組み合わせとなっている表に注目し、主キーに対し部分関数従属になっている項目を別表に分離する。

まず「受注」表（第１正規形）……③の「商品番号」と「単価」に注目する。同じ「商品番号」のものは、「受注番号」が違っていても「単価」は同じである。よって「単価」は「商品番号」にのみ従属していることがわかり、「商品」表……④を分離することができる。

次に「顧客コード」「顧客名」「顧客住所」「電話」（以下、「顧客コード以下」という）の４つの項目に注目する。同じ「受注番号」に対し「商品番号」が変わっても、「顧客コード以下」は変わらない。よって「顧客コード以下」は「受注番号」のみに従属していることがわかり、「受注」表……⑤を分離することができる。

【 第２正規化 】

③「受注」表（第1正規形）

受注番号	顧客コード	顧客名	顧客住所	電話	商品番号	数量	単価	金額
080101	101	秋田商事	東京都・・・	03・・・・	A01	2	100	200
080101	101	秋田商事	東京都・・・	03・・・・	B02	4	150	600
080102	101	秋田商事	東京都・・・	03・・・・	A01	5	100	500
080201	103	横山工業	千葉県・・・	047・・・	A01	3	100	300
080202	102	春山貿易	埼玉県・・・	048・・・	B02	2	150	300
080202	102	春山貿易	埼玉県・・・	048・・・	B03	3	200	600
080301	103	横山工業	千葉県・・・	047・・・	B02	2	150	300
080501	103	横山工業	千葉県・・・	047・・・	A01	3	100	300

第２正規化

④「商品」表（第2正規形）

商品番号	単価
A01	100
B02	150
B03	200

⑤「受注」表（第2正規形）

受注番号	顧客コード	顧客名	顧客住所	電話
080101	101	秋田商事	東京都・・・	03・・・・
080102	101	秋田商事	東京都・・・	03・・・・
080201	103	横山工業	千葉県・・・	047・・・
080202	102	春山貿易	埼玉県・・・	048・・・
080301	103	横山工業	千葉県・・・	047・・・
080501	103	横山工業	千葉県・・・	047・・・

⑥「受注明細」表（第2正規形）

受注番号	商品番号	数量	金額
080101	A01	2	200
080101	B02	4	600
080102	A01	5	500
080201	A01	3	300
080202	B02	2	300
080202	B03	3	600
080301	B02	2	300
080501	A01	3	300

⑤ 第３正規化

第３正規化では、それぞれの表で主キーではない項目に注目し、新たに主キーとなるべきものがないか探し、新たな主キーに従属する項目を別表に分離する。

「受注」表（第２正規形）……⑤に注目すると、「顧客名」「顧客住所」「電話」の３つの項目は「受注番号」とは関係なく、「顧客コード」によって決まることがわかる。よって「受注」表（第２正規形）からは、「顧客」表……⑦を分離することができる。

「商品」表、「受注明細」表の２つは、第２正規形がそのまま第３正規形になっているため、第３正規化は不要である。

(a) 第３正規化の留意点

本来、第３正規化には「計算で求めることができる項目は削除する」という要件もある。今回の例では「金額」が該当する。「金額」は、「単価」と「数量」があれば計算で求まるからである。しかし、実務的には利用頻度の高い項目は、あえて残すことがあるため、各種の資格試験でも、第３正規化で当該項目を残していることが多い。

以上により「受注」表（非正規形）は、正規化によって「商品」……④、「受注明細」……⑥、「顧客」……⑦、「受注」……⑧の４つの表に整理された。それぞれの表について「１つの事実が１か所だけに存在している」ことを確認してほしい。

【 第３正規化 】

⑤「受注」表（第2正規形）

受注番号	顧客コード	顧客名	顧客住所	電話
080101	101	秋田商事	東京都・・・	03・・・・・
080102	101	秋田商事	東京都・・・	03・・・・・
080201	103	横山工業	千葉県・・・	047・・・
080202	102	春山貿易	埼玉県・・・	048・・・
080301	103	横山工業	千葉県・・・	047・・・
080501	103	横山工業	千葉県・・・	047・・・

第3正規化

⑦「顧客」表（第3正規形）

顧客コード	顧客名	顧客住所	電話
101	秋田商事	東京都・・・	03・・・・・・・
102	春山貿易	埼玉県・・・	048・・・・・
103	横山工業	千葉県・・・	047・・・・・

⑧「受注」表（第3正規形）

受注番号	顧客コード
080101	101
080102	101
080201	103
080202	102
080301	103
080501	103

7 SQL

A

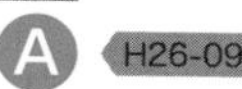

リレーショナルデータベースは、「関係代数」を組み合わせて、さまざまな要望に応じたデータを作りだすことができるようになっている。このため、どんな要望にも応えられるように、最初からさまざまなデータを用意するのではなく、要望に応じて、その都度リレーショナルデータベースにアクセスして、必要なデータを取り出すようにする。

(1) SQL

リレーショナルデータベースへアクセスするための言語として、**SQL**(Structured Query Language)がある。SQLは1970年代にIBMによって開発されたが、その後ANSI、ISO、JISによって標準化され、世界共通の標準言語として広く利用されている。

SQLは、大きく分けてデータ定義言語(DDL：Data Definition Language)、データ操作言語(DML：Data Manipulation Language)の2種類から構成される。

① データ定義言語(DDL：Data Definition Language)

データ定義言語とは、論理的な表の見方であるビューや表の定義、およびそれらに対するアクセス権限などを定義するための言語である。表を定義するためのCREATE TABLE文、定義を変更するためのALTER文、仮想表(ビュー)を作成するCREATE VIEW文、アクセス権限を定義するためのGRANT文などがある。なお、アクセス権限の定義はデータ制御言語(DCL：Data Control Language)として、独立して扱われることもある。

［表作成の記述例］

```
CREATE TABLE 社員
( 社員番号 CHAR(5) NOT NULL,
 社員名 CHAR (20) NOT NULL)
```

上記記述例の「CHAR(5)」は文字列型5桁、「NOT NULL」は、空白不可の記述である。

② データ操作言語(DML：Data Manipulation Language)

R05-09 R04-05 R03-10 H29-10 H27-08 H25-09 H22-12 H21-10 H20-10 H19-06

データ操作言語とは、データの参照・更新、行の挿入・削除などデータベース操作のための言語である。

(2) SQLによるデータベース操作

① データの参照

SQLによるデータの参照には、**SELECT文**を用いる。

【「職員」表】

職員コード	職員名	年 齢	所 属
101	北川	31	内 科
102	西山	22	外 科
103	南田	35	小児科
104	東	44	小児科

(a) データの参照

- SELECT 職員名 FROM 職員 WHERE 所属 = '外科'

「職員」表から、「所属」が「外科」の職員の「職員名」を参照する。

- SELECT 職員コード, 職員名 FROM 職員 WHERE 年齢 < 30

「職員」表から、「年齢」が30未満の職員の「職員コード」と「職員名」を参照する。

- SELECT 職員名 FROM 職員 WHERE 所属 = '小児科' AND 年齢 >= 40

「職員」表から、「所属」が「小児科」かつ「年齢」が40以上の職員の「職員名」を参照する。

- SELECT 職員名 FROM 職員 WHERE 所属 = '内科' OR '小児科'

「職員」表から、「所属」が「内科」か「小児科」の職員の「職員名」を参照する。

- SELECT * FROM 職員 WHERE 年齢 BETWEEN 35 AND 45

「職員」表から、「年齢」が35以上45以下の職員について、すべての項目(「職員コード」「職員名」「年齢」「所属」)を参照する。

- SELECT * FROM 職員 WHERE 所属 IN ('内科','外科')

「職員」表から、「所属」が「内科」もしくは「外科」の職員について、すべての項目を参照する。なお、ANDの方がORよりも優先される。

(b) データの並べ替え

- SELECT 職員名, 年齢 FROM 職員 ORDER BY 年齢 ASC

「職員」表を「年齢」の昇順(小さい値から大きい値へ)で並べ替え、「職員名」と「年齢」を参照する。ASCはascending(昇順)の略語であるが、省略できる。

- SELECT 職員名, 年齢 FROM 職員 ORDER BY 年齢 DESC

「職員」表を「年齢」の降順(大きい値から小さい値へ)で並べ替え、「職員名」と「年齢」を参照する。DESCは、descending(降順)の略語である。

(c) 関数を用いたデータの集計

- SELECT AVG(年齢) FROM 職員

「職員」表のすべての行の「年齢」の「平均値」を求める。

- SELECT COUNT(*) FROM 職員 WHERE 所属 = '外科'

「職員」表のうち、「所属」が「外科」の「行数」を求める。

他に、合計値を求めるSUM関数、最小値を求めるMIN関数、最大値を求めるMAX関数などがある。

(d) データの集約

- SELECT AVG(年齢) FROM 職員 GROUP BY 所属

「職員」表から、「所属」ごとの「年齢」の「平均値」を求める。

- SELECT　AVG(年齢)　FROM　職員　GROUP BY　所属
  HAVING COUNT(*) >= 2

「職員」表から、2行以上ある「所属」に限って(2人以上所属する部署に限って)、「所属」ごとの「年齢」の「平均値」を求める。

(e) 複数の表からのデータ参照

【「従業員」表】

従業員コード	氏名	所属部署コード
101	鈴木　英子	D101
102	佐藤　浩司	D102
103	高木　有一	D101
105	田中　真一	D103

【「部署」表】

部署コード	部署名
D101	個人営業部
D102	法人営業部
D103	経理部
D104	人事部

- SELECT　従業員コード, 氏名, 部署名　FROM　従業員, 部署
  WHERE　従業員.所属部署コード　=　部署.部署コード

「従業員」表と「部署」表を使用して、すべての従業員の「従業員コード」「氏名」「部署名」を参照する。

UNION句でつながれた複数のSELECT文の処理結果(項目数やデータ型などが同じ場合)は、1つの表にまとめて表示される。

(f) 文字列が部分的に一致した行の参照

- WHERE 電話番号 LIKE '03-3%'

「電話番号」列が「03-3」から始まる行を参照する。

あいまい検索には、LIKE演算子とワイルドカードを使う。LIKE演算子は「WHERE 列名 LIKE 文字列」と記述し、文字列部分にワイルドカード(「%」は0文字以上の文字列、「_」は任意の1文字)を使用すると、文字列が部分的に一致したデータを参照する。

② データの追加

表にデータ(行)を追加するには、**INSERT文**を用いる。

- INSERT　INTO　職員(職員コード, 職員名, 年齢, 所属)
  VALUES　('105','中本', 28,'内科')

「職員」表に、「職員コード」が「105」、「職員名」が「中本」、「年齢」が「28」、「所属」が「内科」の行を追加する。

③ データの更新

表のデータを更新(変更)するには、**UPDATE文**を用いる。

- UPDATE　職員　SET　所属 = '外科'　WHERE　職員コード = '101'

「職員」表のうち、「職員コード」が「101」の行の「所属」を「外科」に変更する。

④ データの削除

表からデータ(行)を削除するには、**DELETE文**を用いる。

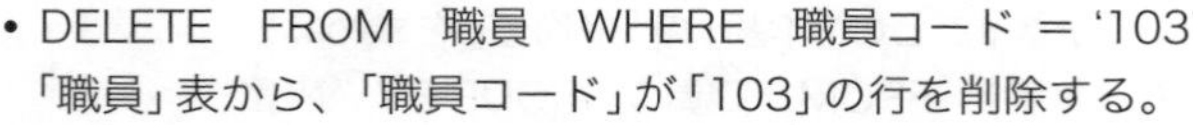

- DELETE　FROM　職員　WHERE　職員コード ＝ '103'
「職員」表から、「職員コード」が「103」の行を削除する。

R05-05
R04-14
R02-07
H29-09
H25-07
H24-09
H19-07

8 データベース管理システム B

データベースの構築、操作や保守・管理をするためのソフトウェアをデータベース管理システム（DBMS：Database Management System）という。

(1) トランザクションの特性

トランザクション処理で用いられるデータベースにおいて、取引が安全に矛盾なく記録・更新されるための条件を**ACID特性**という。

【 ACID特性 】

A：原子性 (Atomicity)	トランザクションを構成する全ての処理が正常終了したときだけ、処理結果をデータベースに反映する必要がある。（別名：不可分性）
C：一貫性 (Consistency)	トランザクションの実行結果は、整合性が保たれデータベースの内容を矛盾させない。（別名：整合性）
I：独立性 (Isolation)	トランザクションは、他のトランザクションから影響を受けない。（別名：隔離性）
D：持続性 (Durability)	正常終了したトランザクションの更新結果は、障害が発生してもデータベースからなくならない。（別名：耐久性、永続性）

(2) データベース管理システムの機能

① データベース操作機能

データベースの作成・変更や、利用者への権限の付与・取り消しなどの環境設定、およびデータベースに入っているデータの参照・追加・変更・削除の機能を持つ。

(a) ストアドプロシージャ

表やビューに対する一連の処理を1つのプログラムとしてまとめ、DBMSに格納したものをストアドプロシージャという。

② データベース制御機能

複数のユーザから同じタイミングで同一のデータにアクセスを受けてもデータの整合性を保てるように**排他制御**を行う機能や、利用者に与えられた権限をチェックし、不正なアクセスからデータを保護する**機密保護**機能などを持つ。

また、最適な入出力を実現するため1回に読み出すデータのサイズや検索スピード向上のための索引（インデックス）などを管理する。

(a) 排他制御（同時実行制御）

異なるトランザクションが同じデータベースを同時に利用する競合時に不整合を起こさないための仕組みを、排他制御もしくは同時実行制御という。排他制御には、ロック方式、時刻印方式などがある。ロック方式には占有ロック方式と共有ロック方式がある。また、ロックをかける範囲をロック粒度という。

【 排他制御（同時実行制御）】

ロック方式	あるトランザクションがデータを利用しているときは、そのデータに対してロックをかけ、他のトランザクションからそのデータを利用できないようにしてしまう方式。
占有ロック方式	ロックが解除されるまで他のトランザクションのアクセスを完全に排除するため、データの更新・削除だけでなく、データの参照や新たなロックもできない。
共有ロック方式	ロックが解除されるまでデータの更新、削除、占有ロックができなくなるが、データの参照は許可される。
時刻印方式	データに対するロック操作を行わず、データの読み書き時刻を記録して同時実行制御を行う方式。データへの書き込みが競合した場合は、最初に開始された処理を優先して実行する。

(b) デッドロック

２つのトランザクションが、互いに相手の処理（ロック解除）が終わるのを待ち合って、どちらの処理も中断した状態になることを**デッドロック**という。

③ 障害回復機能

障害が発生した場合に備えてバックアップを取る機能や、中途半端な状態で更新処理が終わらないようにするロールバック機能などの障害回復機能を持つ。

データベースの原子性や一貫性を守るために、トランザクション実行が成功した場合に限ってデータベースの更新内容を確定させる仕組みを**「コミットメント制御」**という。コミットメント制御では、更新内容を確定させることを**コミット**という。また、主に論理的障害が発生したときに更新内容を取り消して、更新開始時の状態に戻すことを**ロールバック**といい、主に物理的障害が発生したときに、バックアップとログを用いて障害が発生する直前の状態に復元することを**ロールフォワード**という。

④ ログ機能

ログとは、DBMSへのアクセス記録や更新記録である。**ログ機能**とは、セキュリティ確保や障害回復のために出力し保存する機能である。ログを出力すると出力が増すため、大容量の磁気ディスクが必要になる。また記憶領域が枯渇しないよう、定期的な容量監視やログの退避、削除などの運用も必要となる。

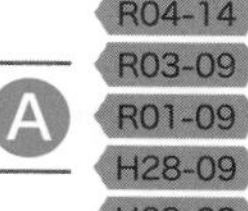

9 データベースの活用 Ⓐ

(1) XMLデータベース

XMLデータベースとは、ユーザが独自のタグを追加できるマークアップ言語であるXML（eXtensible Markup Language）をデータベースとして扱えるようにしたものである。XMLデータベースには、次の種類がある。

① XML文書をそのまま蓄積できる**ネイティブXMLデータベース**

② XML文書を解析して必要なデータをマッピングした**リレーショナルデータベース**

③ XML文書をツリー構造のまま格納できる**ハイブリッドデータベース**

⑵ KVS (Key-Value Store)

データを識別するためのキーとデータの値をペアにして多様なデータを格納・管理するデータベース。キー・バリュー型データベース（DB）ともいう。

⑶ オブジェクト指向データベース

オブジェクト指向データベースとは、データとそれを操作する手続きが一体化したオブジェクトを単位としてデータを管理するデータベースである。異なる形式の画像・音声・動画などのデータが混在することを許容し、マルチメディアの処理に適する。

⑷ カラムナー（列指向）データベース

列を単位としてデータ格納し、列方向のデータの高速な取得に向けて最適化されているため、大量の行に対する少数の列方向の集計を効率化できる。データベースの更新頻度が少なく、高度な分析処理を要する場合に適している。

⑸ インメモリデータベース

すべてのデータを原則メインメモリ上で利用し、データの読み込み、変更、追加、削除をメモリ上で処理することで、処理の高速化を実現する。

⑹ リポジトリ

リポジトリとは、設計書やソースコード、データ仕様など、システム開発・保守におけるすべての情報資源の共有化・一元管理を可能とするデータベースのことである。

⑺ データ検索

検索システムを用いると、目的とした文字列やデータをまとめて検索できる。

【 検索システムの使い方 】

検索方法	検索例	検索結果の例
前方一致検索	comput ?	computer, computing
後方一致検索	*ment	management, government
AND検索	information AND system	information technology system
完全一致検索	“information system”	information system テクノロジー

厳選!!

必須テーマ［○・×］チェック ―第2章―

過去23年間（平成13～令和5年度）本試験出題の必須テーマから厳選！

問題編

Check!!

問1 (R05-01) ［○・×］

フラッシュメモリは、揮発性メモリであるので、紫外線を照射することでデータを消去できる。

問2 (H29-02) ［○・×］

CPI（Cycles Per Instruction）の値が大きいほど高速にプログラムが実行できる。

問3 (H29-05) ［○・×］

コンパイラは、高水準言語で記述されたプログラムを機械語のオブジェクトプログラムに変換する言語プロセッサである。

問4 (R03-04) ［○・×］

OSに先立って起動し、ディスプレイやキーボードを利用可能にするソフトウェアをBIOSという。

問5 (H29-06) ［○・×］

数値を格納する変数のデータ型を定義すれば、2進数による内部表現が区別され、演算の精度や速度にも影響が出る。

問6 (H29-23) ［○・×］

SaaSを利用する場合、業者の提供するアプリケーションを活用することになるため、自社業務への適合性などをよく検討する必要がある。

問7 (R02-08) ［○・×］

CSVのデータ形式では、文字データや数値データのデータ間の区切りとして空白、コロンあるいはセミコロンを使用する。

問8 (R01-09) ［○・×］

データを識別するためのキーとデータの値をペアにして多様なデータを格納・管理するDBをキー・バリュー型DBという。

問9 (R04-12)　［○・×］

情報システムをクラウドに移行する手法の1つで、既存のシステムをそのままクラウドに移し、漸進的にクラウド環境に最適化していく方法を、コンバージョンという。

解答・解説編

問1　×：フラッシュメモリは不揮発性である。紫外線を照射することでデータを消去できるのはUV-EPROMである。

問2　×：値が小さいほど少ないクロックで命令が実行できるため、処理も高速になる。

問3　○：高水準言語とは、人間にとってわかりやすい文法で記述できる言語のことである。

問4　○：BIOSは、コンピュータや周辺機器などのROMに記憶されているファームウェアのひとつである。

問5　○：データ型が違うと、コンピュータ内部におけるデータ表現や演算方法も違ってくるため、演算精度や速度が違ってくる。

問6　○：SaaSは、業者の提供するアプリケーションを基本的にはそのまま利用する形態であるため、自社業務への適合性をよく検討する必要がある。

問7　×：データ間の区切りとしてカンマを、レコード間の区切りとして改行を使用する。

問8　○：キー・バリュー型DBは、インターネットの用語検索などの大規模な並列分散処理に使われることがある。

問9　×：「コンバージョン」でなく、「リフト＆シフト」である。

厳選!!

必須テーマ　重要例題①　―第2章―

平成30年度　第1問

問題編

パーソナルコンピュータ（PC）の利用においては、業務内容に応じてハードディスクドライブ（HDD）などのさまざまな種類の周辺機器をPC本体に接続することがある。周辺機器を接続するインタフェースに関する記述として、最も適切なものはどれか。

ア　e-SATAは、PC本体の電源を切らずに外付けHDDの接続が可能なシリアルインタフェースである。

イ　SCSIは、外付けHDD、モデムやマウスの接続が可能なシリアルインタフェースである。

ウ　USBは、PC本体の電源を切らずに外付けHDDの接続が可能なパラレルインタフェースである。

エ　シリアルATAは、外付けHDD、モデムやマウスの接続が可能なインタフェースである。

解答：ア

周辺機器の接続インタフェースに関する出題である。

ア：適切である。e-SATA（external-Serial ATA）は外付けの周辺機器との接続規格である。ATAは（AT Attachment）の略語である。
イ：不適切である。SCSIはモデムやマウスなどと接続するシリアルインタフェースでない。SCSI（Small Computer System Interface）とは、コンピュータ本体とHDD（Hard Disk Drive）などの高速な周辺機器との接続をするパラレルインタフェースである。
ウ：不適切である。USBはパラレルインタフェースでない。USB（Universal Serial Bus）とは、電源を切らずに、外付けHDDやキーボード、マウス、プリンタなど周辺機器と接続する汎用的なシリアルインタフェースである。
エ：不適切である。シリアルATAは外付けHDD、モデムやマウスなどコンピュータ外部との接続インタフェースではない。シリアルATAとは、コンピュータ本体とコンピュータ内部のHDDなど、コンピュータ内部の機器の接続インタフェースである。

厳選!!

必須テーマ　重要例題②　―第2章―

平成30年度　第5問

問題編

近年、ソースコードが無償で公開されているソフトウェアを用いることで、中小企業においてもWebサーバシステムの構築を安価に行えるようになっている。

以下の記述の空欄A～Dに入る用語の組み合わせとして、最も適切なものを下記の解答群から選べ。

- ソースコードが無償で公開されているソフトウェアのことを［A］という。このようなソフトウェアを用いることでコストの削減が期待できる。
- ドメイン名とIPアドレスの対応づけのためのシステムを［B］というが、これには［A］である［C］が用いられることが多い。
- Webサーバ用ソフトウェアである［D］は［A］である。

〔解答群〕

ア	A：OSS	B：DNS	C：BIND	D：Apache
イ	A：OSS	B：NAT	C：BIND	D：Postfix
ウ	A：PDS	B：DNS	C：Ubuntu	D：Apache
エ	A：PDS	B：NAT	C：Ubuntu	D：Postfix

解答：ア

OSS（Open Source Software）に関する出題である。

A：OSSはソースコードが一般に公開され、商用、非商用の目的を問わず無償で利用、修正、再配布することが可能なソフトウェアの総称である。OSSは、ソフトウェアを無償で利用できるだけなく、ソースコードを一部変更することが可能であることから、ソフトウェアを一から作成するよりも簡易に作成できる。OSSによりソフトウェア開発のコスト削減が期待できる。他に、PDS（Public Domain Software）とは、著作権を放棄した状態（パブリックドメイン）で配布されるソフトウェアをいう。

B：TCP/IPネットワークにおいてコンピュータのホスト名（ドメイン名）とIPアドレスを結び付ける役割を果たしているシステムをDNS（Domain Name System）という。他に、NAT（Network Address Translation）とはインターネットとイントラネット等2つのTCP/IPネットワークの境界にあるルータやゲートウェイが相互のIPアドレスを1対1で自動的に変換する機能をいう。

C：BIND（Berkeley Internet Name Domain）は、DNSサーバの事実上の標準として、最も広く普及しているDNSサーバソフトウェアのひとつである。他に、Ubuntuは英Canonical社が提供する、Debian GNU/Linuxと互換性のあるフリーのLinuxソフトである。

D：Apacheは最も広く普及している、Webサーバ（HTTPサーバ）ソフトウェアのひとつであり、Apache Software Foundationが開発したOSSである。他に、PostfixはIBMの開発した電子メールサーバソフトウェアでありフリーソフトウェアとして公開されている。

よって、選択肢アが最も適切である。

厳選!!

必須テーマ　重要例題③　―第2章―

令和元年度　第7問

問題編

中小企業においても、複数のコンピュータを用いてシステムを構築することが少なくない。

そのような場合のシステム構成に関する記述として、最も適切なものはどれか。

ア　クライアントサーバシステムのクライアントで、データの処理や保管などの多くの機能を担うように構成したシステムをシンクライアントシステムという。

イ　システムを2系統用意し、常に同じ処理を行わせ、その結果を相互に照合・比較することで高い信頼性を実現できるようにしたシステムをミラーリングシステムという。

ウ　ネットワーク上で対等な関係にあるコンピュータを相互に直接接続し、データを送受信するように構成したシステムをグリッドコンピューティングシステムという。

エ　複数のコンピュータを相互に接続し、あたかも1台の高性能なコンピュータのごとく利用できるように構成したシステムをクラスタリングシステムという。

解答：エ

複数のコンピュータを用いたシステム構成に関する出題である。

ア：不適切である。ファット（Fat。太った）クライアントシステムの説明である。ファットクライアントとは、クライアント側でデータの処理や保管等を行うクライアントである。シン（Thin。薄い）クライアントとは、補助記憶装置をもたないなど、クライアントの機能を必要最小限にとどめたクライアントである。シンクライアントシステムでは、データの処理や保管をサーバ側で集中処理する。
イ：不適切である。デュアルシステムの説明である。ミラーリングシステムとは、1つのデータを2つの補助記憶装置に同時に書き込み、信頼性を高めるデータベースシステムの方式である。
ウ：不適切である。ピアツーピア（Peer to Peer）方式の説明である。グリッドコンピューティングとは、各地に散在するコンピュータを統一的に利用できるようにし、全体の処理スループットの増加を目指す仕組みである。
エ：適切である。クラスタリングシステムは、1台のコンピュータでは実現できない処理速度や可用性の獲得を目的としている。

厳選!! 必須テーマ　重要例題④　―第２章―

平成29年度　第23問

問題編

中小企業Ａ社は、現在クライアント・サーバ方式で財務・会計システムを保有しているが、クラウド・コンピューティングへの移行を検討している。

クラウド・コンピューティングに関する記述として、最も適切なものはどれか。

ア　PaaSを利用する場合、ミドルウェア部分のサービスのみが提供されるため、現行のクライアント・サーバシステムを保有し続ける必要がある。

イ　SaaS利用ではアプリケーション、PaaS利用ではミドルウェアというように、それぞれサービスを提供する業者が異なるため、それらをうまく組み合わせてシステムを再構築する必要がある。

ウ　SaaSを利用する場合、課金体系は月額固定制であることが法的に義務付けられているため、システムの利用頻度が高いほど業務単位当たりの実質的コストが軽減できる。

エ　SaaSを利用する場合、業者の提供するアプリケーションを活用することになるため、自社業務への適合性などをよく検討する必要がある。

解答：エ

クラウド・コンピューティング（アウトソーシング）に関する出題である。

ア：不適切である。PaaSでは、ミドルウェア部分のサービスのみが提供されるのではない。一般的に、PaaSでは、ミドルウェア部分に加えて、サーバやネットワークなどのインフラ（ハードウェア）部分も提供される。

イ：不適切である。一般的に、SaaSもPaaSも、それぞれサービスを提供する業者は同じである。一般的に、SaaSではアプリケーション部分・ミドルウェア部分・インフラ部分を一括して同じ業者が提供する。PaaSではミドルウェア部分・インフラ部分を一括して同じ業者が提供する。IaaSではインフラ部分を提供する

ウ：不適切である。月額固定制の課金体系が法的に義務付けられているわけではない。

エ：適切である。SaaSでは、業者の提供するアプリケーションを複数社で共用するマルチテナント方式が一般的である。複数社で共用するため、アプリケーションのカスタマイズに制約があることが多く、カスタマイズが自由な場合に比べて、自社業務への適合性の検討が、さらに重要となる。

厳選!!

必須テーマ　重要例題⑤　―第2章―

平成30年度　第8問

問題編

ある中小企業では、売上記録のリレーショナルデータベース化を検討している。

次の表を第3正規形まで正規化を行った場合、いくつの表に分割されるか。最も適切なものを下記の解答群から選べ。

受注番号	月日	得意先コード	得意先名	商品コード	商品名	販売数量	単価
0001	0613	020382	A	0458023	おにぎりA	100	250
0002	0613	020382	A	0458039	おにぎりC	25	100
0003	0614	020383	B	0457033	おにぎりB	15	300
0004	0614	020384	C	0458023	おにぎりA	30	250
0005	0614	020384	C	0458021	惣菜B	50	100
0006	0614	020382	A	0457033	おにぎりB	20	300
0007	0614	020351	D	0458023	おにぎりA	100	250

〔解答群〕

ア　3

イ　4

ウ　5

エ　6

解答：ア

正規化に関する出題である。

正規化では、タテ（行）ヨコ（列）の２次元の表の列項目を、主キー項目と従属項目との関係が成立する単位を表として元の表から分割する。例えば、「得意先コード」の値に'020382'を指定すれば、「得意先名」の値が'A'と決まる場合、「得意先コード」を主キー項目として、「得意先名」を従属項目とする関係が成立する。

- 「受注番号」を主キー項目として、「月日」「販売数量」を従属項目とする関係が成立する。
- 「得意先コード」を主キー項目として、「得意先名」を従属項目とする関係が成立する。
- 「商品コード」を主キー項目として、「商品名」「単価」を従属項目とする関係が成立する。

以上から「受注番号」を主キー項目とする単位、「得意先コード」を主キー項目とする単位、「商品コード」を主キー項目とする単位の３つに分割される。正規化では、元の表と分割した表との関係を残すため、元の表に分割した表の主キー項目を残す。出題の表では、「受注番号」を主キー項目とする単位に、「得意先コード」「商品コード」を残す。第３正規形では次の３つの表に分割される。

- 受注表
  「受注番号」「月日」「得意先コード」「商品コード」「販売数量」
- 得意先表
  「得意先コード」「得意先名」
- 商品表
  「商品コード」「商品名」「単価」

よって、選択肢アが最も適切である。

テーマ別出題ランキング

過去18年分 平成18年(2006年)～令和5年(2023年)	
1位	ネットワークアーキテクチャ
2位	インターネット
3位	Webアプリケーション

直近10年分 平成26年(2014年)～令和5年(2023年)	
1位	ネットワークアーキテクチャ
2位	インターネット
3位	Webアプリケーション

過去18年間の出題傾向

18年間で、ネットワークアーキテクチャが20回、インターネットが16回、Webアプリケーションが13回以上出題されている。世界中の小さなネットワーク同士を接続した巨大ネットワークのインターネットでは、小さなネットワーク同士の接続において、多くのプロトコルや接続機器の対応層やアドレス表記法を覚えることが重要になる。

第 3 章

通信技術に関する基礎知識

I 通信ネットワーク

1 通信基礎技術

(1) 通信回線

① アナログ回線

伝送路上にアナログ信号が流れる回線。コンピュータとの接続にはモデムが必要である。

② デジタル回線

伝送路上にデジタル信号（0または1）が流れる回線。コンピュータとの接続には、DSU（Digital Service Unit）が必要である。

③ 専用回線と交換回線

通信相手が固定している場合を専用回線、電話などのように交換機で必要に応じて通信相手を変える場合を交換回線という。

- 専用回線は、特定の2拠点または複数拠点間を専用に敷設した回線を利用するため、交換回線に比べて通信の安定性や情報の安全性が高い。料金は固定制のため、データ量が多い場合や、特定の相手と常時接続する必要がある場合の通信に適している。
- 交換回線（公衆回線）は、公衆網を利用するため、混雑時は回線が途切れることや繋がらないことがあるなど、専用回線に比べ通信の安定性が低く、また通信内容傍受の危険性もある。接続時間もしくは通信量により課金されるため、通信頻度が少ないまたはデータ量の少ない場合の通信に適している。

H27-10 H25-12 H23-12 H22-17 H20-11

④ VPN（Virtual Private Network）

VPNとは、通信事業者の公衆網を使用しながら仮想的に閉域的なネットワーク（閉域網）を構築するものである。公衆網では、混信、漏洩、盗聴等のセキュリティ上のリスクが存在するが、閉域網にして認証や暗号化を行うことによりセキュリティ上のリスクを減らしている。

【 専用回線サービス、交換回線サービス、VPN接続サービス 】

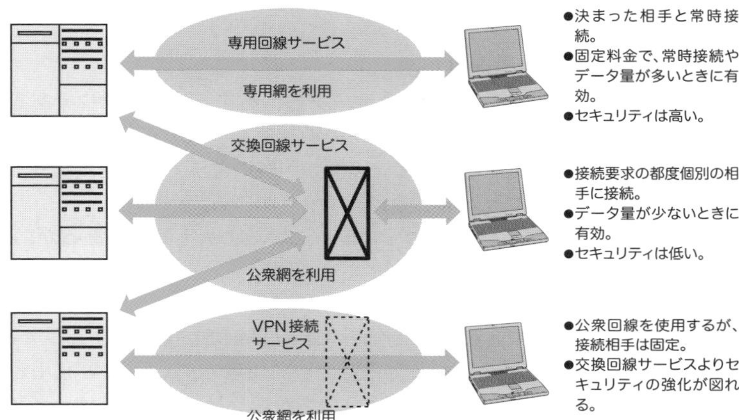

(2) データ転送速度

H19-10

単位時間に伝送できるデータ量のことを**データ転送速度**という（通信速度、伝送速度ともいう）。データ転送速度単位はbps（bit per second）で表す。bpsは、1秒間に転送できるビット数である。

(3) 通信方式

通信方式には次の3方式がある。

【 通信方式 】

単方向通信	いわば受信専用または送信専用など、1本の回線において常に1方向にのみ信号を流せる方式。
半二重通信	いわば押しボタン式のトランシーバーのように、1本の回線において時間をずらして両方向に信号を流せる方式。**同時に両方向に信号を流すことはできない。**
全二重通信	いわば電話のように、2本の回線を使用して**同時に送信と受信とをできる**方式。高度なデータリンクに使われる。1本の回線で全二重通信を行う場合は伝送路の多重化が必要となる。

2 高速通信サービス

(1) 通信サービスの種類

主に、インターネットの利用を目的とした、さまざまな高速通信サービスがある。

① FTTH (Fiber To The Home)

光ファイバを宅内まで引き込む、一般家庭向けのデータ通信サービスである。光ファイバケーブルを使用してレーザー光で通信する光回線では、光ファイバケーブルにONU（Optical Network Unit：光回線終端装置）などを接続し、LANやPCにつなげる。

② xDSL (Digital Subscriber Line)

電話線（アナログ回線）を使って高速なデータ通信をする技術の総称である。既存のメタル電話線を流用できることと、通常の電話線より転送速度が速いことを強みにしている。しかし、電話局と利用者との間の距離によって転送速度が異なることや、電磁波の影響を受けやすいなどのデメリットがある。

代表的なものにADSL（Asymmetric Digital Subscriber Line）があるが、2020年からサービスが順次終了している。

(a) ADSL

ADSL（Asymmetric Digital Subscriber Line）はxDSL技術のひとつである。Asymmetric（非対称）の名のとおり、電話局→利用者方向（下り）と利用者→電話局方向（上り）は転送速度が異なる（下りの方が速い）。高速通信サービスを安価に実現できる。

(b) VDSL

VDSL (Very high − bit − rate Digital Subscriber Line）もxDSL技術のひとつである。ADSLと同じく非対称速度型だが、**高周波数帯域**を用いることで、ADSLよりも高速な通信を実現する。しかし、高周波数帯域の通信はノイズの影響を受けやすいため、有効利用できる距離が数百メートルと短い。そのため、集合住宅など建物内の回線網に利用される。

③ 無線ブロードバンド

無線ブロードバンドとは、無線による高速インターネット接続サービスのことである。スマートフォンやデータ通信専用端末を使った通信が可能である。有線のブロードバンド回線と違い、ケーブル敷設の手間やコストが削減できる。

④ CATV（ケーブルTV）

CATVは、テレビの有線放送サービスであり、山間部や人口密度の低い地域など、地上波テレビ放送の電波が届きにくい地域でのテレビの視聴を可能にした。テレビ用のケーブルをインターネットの回線に利用するため、電話回線は必要ない。

⑤ 5G（第5世代移動通信システム）

移動通信のシステムは、音声主体のアナログ通信である1Gから始まり、パケット通信に対応した2G、世界共通の方式となった3Gを経て、現在ではLTE-Advanced等の4Gまでが実用化されている。これに続くのが5Gである。超高速通信、超低遅延通信、多数同時接続といった特徴を持つ次世代の通信システムとして期待されている。

3 ネットワークアーキテクチャ 

(1) プロトコル

ネットワークを介してコンピュータ同士が通信を行ううえで、相互に決められた約束事の集合である。通信手順、通信規約などといわれることもある。

人間同士が意思疎通を行う場合に、どの言語を使うか(日本語か英語か)、どんな媒体を使って伝達するか(電話か手紙か)、というように規約類をいくつかの階層に分けて考えることができる。コンピュータ通信においても同様に、プロトコルの役割を複数の階層に分けて考える。

プロトコルの階層化のモデルは国際標準化機構(ISO)によって**7階層**のOSI基本参照モデルとして標準化されている。

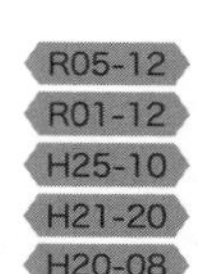

(2) OSI基本参照モデル

OSI(Open Systems Interconnection：開放型システム間相互接続)**基本参照モデル**とは、ISO(International Organization for Standardization：国際標準化機構)が制定した、異なるシステム間の相互接続に関するネットワークの標準モデルである。コンピュータが持つべき通信機能を**7階層**に分割し、それぞれの階層の規約を定めている。

① 物理層(第1層)

ネットワークの物理的な接続・伝送方式を定めたもの。具体的には電気的な信号を送受信するLANケーブルの材質やコネクタ形状、および電圧や電流に関する仕様などがこの層に属する。RS－232Cなどのインタフェース規格や、リピーターハブやケーブル類といった製品が物理層に相当する。

② データリンク層(第2層)

ネットワーク上で直結されている機器同士での通信方式を定めたもの。電気信号の誤り訂正や再送要求などが行われる。データ伝送制御のHDLC手順やLANアクセス制御のCSMA/CD方式はデータリンク層に属する。接続機器のスイッチングハブといった製品がデータリンク層に相当する。

③ ネットワーク層(第3層)

データリンク層以下のプロトコルを使用して接続されているネットワーク同士の通信を行うための方式を定めたもの。ネットワーク上の全コンピュータに一意なアドレスを割り当て、データの伝送経路選択、パケットサイズの変換などが行われる。インターネットで使われるIP(インターネットプロトコル)はネットワーク層に属する。異なるLAN 同士の中継役を担うルータといった製品がネットワーク層に相当する。

④ トランスポート層(第4層)

データ転送の信頼性を確保するための方式を定めたもの。具体的にはネットワーク層を通して送られてきたデータの整序や誤り訂正、および再送要求などを行う。TCP、UDPなどのプロトコルがトランスポート層に属する。

⑤ セッション層（第5層）

通信の開始時や終了時などに送受信するデータの形式などを定めたもの。この層で論理的な通信路が確立される。具体的には、プログラム間通信を実現するのに必要な、セッションといわれる仮想回線の開始、終了、および制御方法を定めている。半二重方式、全二重方式などの通信方式や同期の取り方などを規定する。

⑥ プレゼンテーション層（第6層）

圧縮方式や文字コードなど、データの表現形式を定めたもの。個別のファイルをネットワークで通信できる形式に変換したり、逆にネットワーク経由で受信したデータをアプリケーションソフトが認識できる形式に復元したりする部分にあたる。

⑦ アプリケーション層（応用層）（第7層）

ネットワークを利用するアプリケーションそのものの通信方式を定めたもの。例えばファイル転送を行うアプリケーションの場合、最初にファイル名を送信し、次にファイルサイズを送信、続いてファイルそのものを送った後、最後にファイルの最後を表すデータを送る、といった取り決めを行う。具体的には、FTPやTELNET、HTTP、電子メールのSMTPやPOPなどがアプリケーション層に属する。

【社内LANのPC-1から、PC-2とPC-9への通信イメージ】

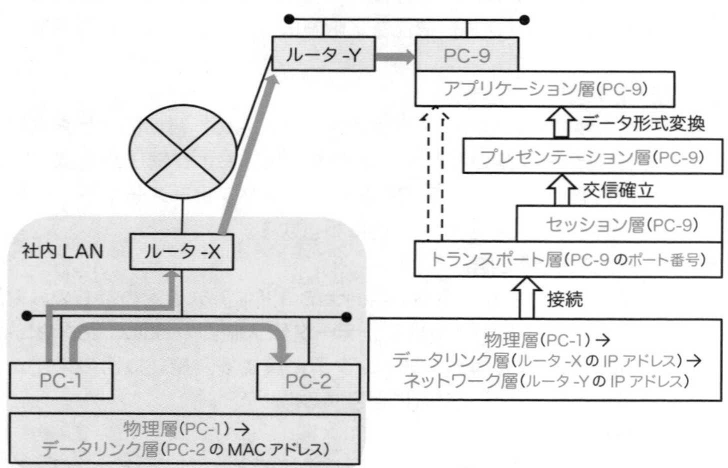

H19-09 (3) ネットワーク機器

① ハブ（Hub）

スター型LANで使われる集線装置である。各機器に接続されたケーブルはハブに接続され、ハブを介して相互に通信する。

(a) リピーターハブ

電気信号を増幅してLANの総延長距離を伸長するリピーター機能を有するハブである。OSI基本参照モデルでいう物理層（第1層）の中継機器であり、ある端末から発信されたデータを接続されたすべての端末に送信する。

(b) スイッチングハブ

リピーター機能に加え、スイッチング（接続された各端末のMACアドレスを記憶して、ある端末から発信されたデータを宛先の端末だけに送信する）機能を有するハブである。OSI基本参照モデルでいうデータリンク層（第2層）の中継機器であり、接続されたすべての端末にデータを送信するリピーターハブと違い、通信の衝突を回避できる。

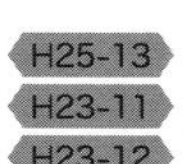

② ルータ

ネットワーク上を流れるデータを他のネットワークに中継する機器である。OSI基本参照モデルでいう**ネットワーク層**（第3層）やトランスポート層（第4層）の一部のプロトコルを解析して転送を行う。ネットワーク層のアドレス（論理アドレス）を見て、どの経路を通して転送すべきかを判断する経路選択機能を持つ。WANのように、通信回線を介したLAN間の接続や、複数のPCを1つの回線を利用してインターネットに接続する場合には必須の機器である。

(a) ブロードバンドルータ

ADSL、FTTHなどの高速回線によるインターネット接続サービスに接続するためのルータである。主に家庭や小規模企業で利用される。IPマスカレード機能を装備し、接続時にLAN側の複数PCのプライベートIPアドレスとインターネット側の1つのグローバルIPアドレスの変換を行うことができる。このため1本のインターネット回線をLAN上の複数PCで共有することができる。

【ブロードバンドルータの接続例】

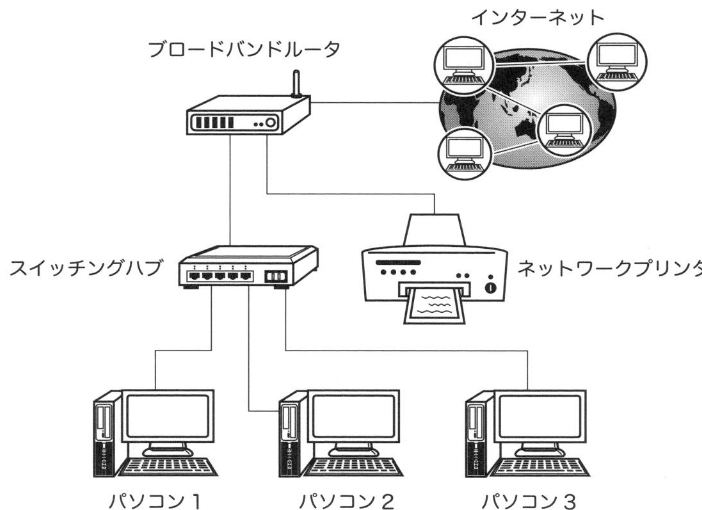

【ブロードバンドルータの接続例】で、パソコン1からインターネットに接続できなくなった場合でも、パソコン2からインターネット上のサーバとやり取りできれば、ブロードバンドルータとインターネットとの接続は機能していることになる。

H24-11 **③ ゲートウェイ**

ネットワーク上で、媒体やプロトコルが異なるデータを相互に変換して通信を可能にする機器である。またパソコンなどの設定の際に、ネットワークの出口を表す場合もある。OSI基本参照モデルのトランスポート層以上で使用されるプロトコルが異なるLAN同士を接続することができる。

H19-09 **④ NIC (Network Interface Card)**

NICとは、コンピュータをLANに接続するために、コンピュータの拡張スロットに取り付ける拡張カードである。LANカード、LANアダプタなどともいう。複数の拡張スロットを持つコンピュータなら、複数のNICを取り付けて使うことが可能である。

R01-11
H29-11
H24-11 **(4) 機器接続に用いる要素技術**
H23-12
H21-08 **① プライベートIPアドレス**

プライベートIPアドレスとは、インターネットと直接接続しない家庭内やLANなどのプライベートネットワークで利用できるIPアドレスのことである。インターネットと接続する際には、アドレス変換のみを行うNAT (Network Address Translation)、もしくは、NAPT (Network Address Port Translation) 技術を介して、プライベートIPアドレスとグローバルIPアドレスの変換を行う必要がある。

NAPTが1つのグローバルIPアドレスを複数のプライベートIPアドレスに変換できるのに対し、**NAT**は、グローバルIPアドレスとプライベートIPアドレスを1対1で変換する。

② グローバルIPアドレス

グローバルIPアドレスとは、インターネットに接続された機器が用いるIPアドレスで、インターネット上の各機器に一意に割り当てられている。インターネットを利用した通信では、必ずグローバルIPアドレスを用いる必要がある。プライベートIPアドレスと使い分けを行うことで次のようなメリットがある。

- LAN内の複数PCで、1個のグローバルIPアドレスを共有できる。
- LAN内に接続されたホストのIPアドレスを外部に公開しないこと、不正なパケットの侵入を防ぐことなどが可能となり、LAN内のセキュリティを高めることができる。

【 プライベートIPアドレスとグローバルIPアドレス 】

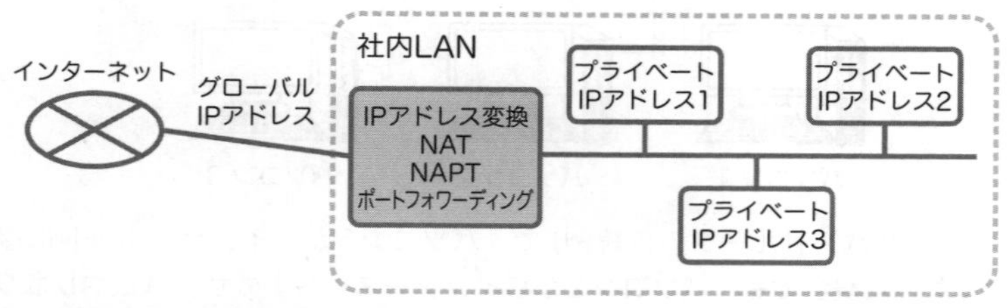

H23-08 **③ IPマスカレード機能**

IPマスカレード機能とは、ブロードバンドルータやファイアウォールなどに装備するアドレス変換機能である。LANに接続された各PCのプライベートIPアドレスとインターネット側のグローバルIPアドレスとの変換を行う際に、IPの上位プロトコルである、TCPあるいはUDPのポート番号（TCPやUDP通信において通信相手のアプリケーションなどを識別する番号）を使って変換元の固有識別を行うことで、LAN側の複数のPCは、同時にインターネットと接続できる。IPマスカレード機能を利用する場合、グローバルIPアドレスは1つでよい。

IPマスカレード機能は、**NAPT**（Network Address Port Translation）ともいう。 H26-11

④ MAC（Media Access Control）アドレス H25-11 H20-11 H19-06

MACアドレスは、NICやルータなどのネットワーク機器に書き込まれている、48ビットの識別番号である。全世界で一意のアドレスになっている。MACは媒体アクセス制御の略で、OSI基本参照モデルでいう**データリンク層**（第2層）の一部に位置する。データリンク層では、接続された機器同士でデータをやり取りする方法が取り決められているが、ネットワーク間でデータをやり取りする方法は取り決められていない。

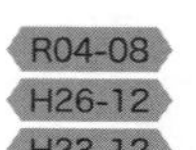

⑤ DHCP（Dynamic Host Configuration Protocol）

ネットワークに接続するコンピュータに対し、IPアドレスやサブネットマスクなどのTCP/IP関連の情報を自動的に割り当てるためのプロトコルである。ネットワークに接続するコンピュータには、一意にIPアドレスを設定する必要がある。

DHCP機能を用いることで**一時的**にネットワーク接続するコンピュータに対し、必要な期間だけ適切なIPアドレスやサブネットマスク（IPアドレスを細かいグループで管理するための識別子）を割り当て、不要になった際に回収する処理が自動的に行われ、ネットワーク管理の手間を省くことができる。

⑥ ARP（Address Resolution Protocol）

ARPとは、TCP/IPネットワークにおいて、IPアドレスからデータの宛先となる機器を特定するプロトコルである。IPアドレスに対応するコンピュータのMACアドレスを調べることで、データの宛先を特定する。この仕組みをアドレス解決という。

⑦ ICMP（Internet Control Message Protocol）

IPパケットの配送中に何らかの異常が発生したため、パケットを転送できない場合に、IPパケットの送信元へ異常を知らせるために使われるプロトコルである。ICMPの機能を利用したユーティリティとして、pingがある。

⑧ ポートフォワーディング

インターネットから特定のIPアドレス/ポートに対しパケットが送信された場合、ルータに定義された変換テーブルに基づき、LAN側の特定のIPアドレス/ポートに転送する機能である。

IPマスカレードがLAN→インターネットでのIPアドレス/ポート変換機能なのに対し、ポートフォワーディングはインターネット→LANでのIPアドレス/ポート変換機能となっている。

⑨ ルーティング H20-01

通信する相手先までの経路を設定することである。例えばA拠点からB拠点までの通信経路を確立する場合、A拠点とB拠点双方にルータを配置し、ネットワーク構成や通信回線に合わせた設定を行うことで通信が可能となる。ルータに設定されたIPアドレスの経路情報をルーティングテーブルという。

H27-09 **⑩ ping (Packet Internet Groper)**

ネットワーク環境における通信状態を調べる手段である。ネットワーク上で、対象とするコンピュータや機器が応答可能かを調べ、応答時間を表示する。

H22-17 **⑪ パケットフィルタリング**

ルータにおいて通信データに含まれる情報を判読し、フィルタリング設定にそぐわないパケットを通過させない方式である。

H28-06 **⑫ RADIUS (Remote Authentication Dial-In User Service)**

ネットワーク上で利用者の認証、権限の付与、利用状況の記録などを行うための通信プロトコルのひとつ。ルータやリモートアクセスサーバ等からの要求に応じて認証の可否や資源へのアクセスの可否などを応答する。無線LANでの認証サービスなどでよく利用されている。

H28-06 **⑬ LDAP (Lightweight Directory Access Protocol)**

TCP/IPネットワークでディレクトリサービスにアクセスするための通信プロトコル。ネットワークの利用者に関する情報やネットワークに接続された機器、資源
R04-08 に関する情報を統一的に管理するための機能である。

H26-11
H25-10
H25-11
H24-15
H20-08

(5) TCP/IP

① TCP/IP (Transmission Control Protocol/Internet Protocol)

インターネットやイントラネットで標準的に使われる通信プロトコルである。UNIXに標準で実装された。

(a) TCP (Transmission Control Protocol)

パケットの転送順序制御や伝送誤り制御などを行うプロトコルである。TCPは、信頼性は高いが転送速度は遅い。これに対してUDP (User Datagram Protocol) は、転送速度は早いが信頼性が低い。

TCP、UDPには、サービスプロトコル単位にポート番号が割り当てられている。(例　http：80、smtp：25)

(b) IP (Internet Protocol)

ネットワークに参加している機器の住所付け (IPアドレス) などをするIPパケット作成や、ネットワーク内での通信経路の選定 (ルーティング) などを行うプロトコルである。データが確実に届くことを保証するためには、上位層のTCPを併用する必要がある。

【 OSI基本参照モデルとTCP/IPの関係 】

	OSI基本参照モデル	TCP/IP	
(社外) インターネット	アプリケーション層	アプリケーション層 (HTTP、FTP、SMTP、 POPなど)	ドメイン名
	プレゼンテーション層		
	セッション層		
	トランスポート層	トランスポート層 (TCP、UDP)	ポート番号
(社内) LAN	ネットワーク層	インターネット層(IP)	IPアドレス
	データリンク層	ネットワークアクセス層	MACアドレス
	物理層		ケーブル種類

② IPv6

アドレス資源の枯渇が心配される現行のインターネットプロトコルIPv4をベースに、管理できるアドレスの増大、セキュリティ機能の追加、優先度に応じたデータの送信などの改良を施した次世代インターネットプロトコルである。

IPv6での最大の変更点は、IPアドレスの長さが32ビットから**128ビット**になり、16ビットごとにコロンで区切った8つのフィールドをそれぞれ、16進数4桁表記(一部省略表記可)することである。これで管理できるコンピュータの数は2の128乗(約3.4×10の38乗)になる。

IPv4とIPv6の間には互換性がないため、ネットワーク機器にIPv4アドレスとIPv6アドレスの両方を割り当てる「デュアルスタック」、IPv4アドレスとIPv6アドレスを変換する「トランスレータ」などの方法で、IPv4アドレスを割り当てられた機器とIPv6アドレスと割り当てられた機器は通信している。

(6) ネットワークシステムの性能

R05-13

単位時間当たりに伝送可能なデータの最大容量を帯域幅といい、実際のデータ伝送量をスループットという。通信回線が非常に混雑する輻輳(ふくそう)などが原因でスループットは低下する。また、伝送の速さはスループットだけでは決まらず、転送要求を出してから実際にデータが送られてくるまでに生じる通信の遅延時間であるレイテンシが影響する。また、パケットロスやジッタは音声や映像の乱れを生じさせる。

4 LAN

B

(1) LAN (Local Area Network:構内通信網)

H20-01

部門内や建物内などの比較的狭い範囲でプリンタやハードディスク、データ共有などを行う通信網である。例えば、一部門で管理するパソコンはすべて1台のプリンタから印刷することでプリンタの数を削減するなど、部門内生産性向上に主眼をおいたネットワークである。

(2) LANのトポロジ

LANには、次の3つのトポロジ（接続形態）がある。

【 LANのトポロジ 】

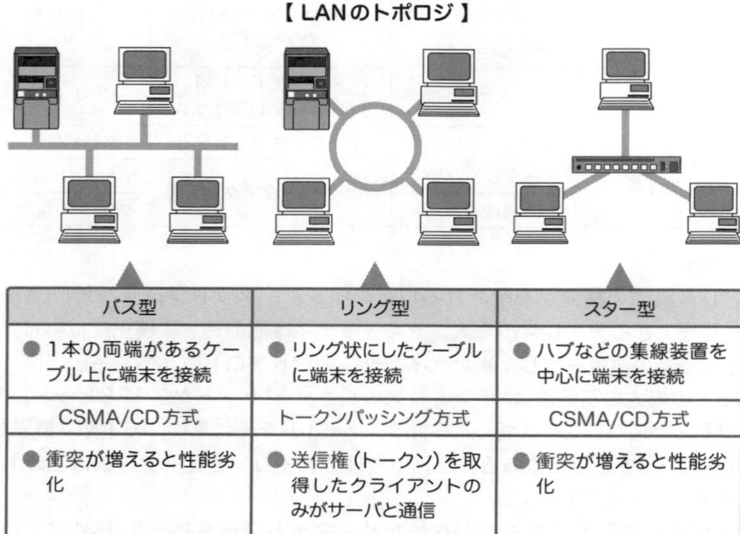

バス型	リング型	スター型
● 1本の両端があるケーブル上に端末を接続	● リング状にしたケーブルに端末を接続	● ハブなどの集線装置を中心に端末を接続
CSMA/CD方式	トークンパッシング方式	CSMA/CD方式
● 衝突が増えると性能劣化	● 送信権（トークン）を取得したクライアントのみがサーバと通信	● 衝突が増えると性能劣化

H26-11 (3) LANのアクセス制御方式

LANは、複数のコンピュータをケーブルで結ぶため、共有ケーブル上にデータを流す権利のコントロールが必要になる。この権利のコントロールをアクセス制御方式という。

① CSMA/CD方式 (Carrier Sense Multiple Access with Collision Detection)

データを送信したい機器はケーブルの通信状況を監視し（Carrier Sense）、ケーブルが空くと送信を開始する。このとき、もし複数のノードが同時に送信を開始するとケーブル内でデータが衝突して壊れるので（Collision Detection）、両者は送信を中止し、ランダムな時間待機してから送信を再開する。バス型、スター型のトポロジで使用される。

② トークンパッシング方式

主にリング型のトポロジで使用されている方式である。リング型のケーブル上にトークンといわれる送信権（共有ケーブル上にデータを流す権利）を制御する信号を常時巡回させ、トークンを取得したコンピュータのみがデータ送信を行う方式である。

(4) Ethernet

H25-10

Ethernetとは、Xerox社などが考案したLANの規格である。Ethernetは、IEEE（米国電気電子学会）でLAN技術の標準を策定している802委員会によって標準化されている。Ethernetでは、アクセス制御にCSMA/CD方式を採用し、トポロジは、バス型とスター型の2種類がある。Ethernetに使われるケーブルは、最大伝送距離や通信速度などによっていくつかの種類に分かれる。

① 100BASE－TX

Ethernetの規格のひとつ。Fast Ethernetともいわれる。ツイストペアケーブルを利用し、集線装置（ハブ）を介して各機器を接続するスター型LANで、通信速度は100Mbpsである。

② Gigabit Ethernet

通信速度を1Gbpsに高めた高速なEthernet規格である。光ファイバを利用した1000BASE－SXや1000BASE－LX、1000BASE－Tなどの規格が標準化されている。通信速度を10GBbpsに高めた10GBASE－Tが実用化されている。

(5) ブロードキャストストーム

H25-14

ブロードキャストストームとは、誤ってLANをループ状に構成することにより、LANのブロードキャスト・フレーム（LAN上のすべての機器をあて先とするデータ）が増殖し続ける現象のことである。ループがない正常な構成ならば、ブロードキャスト・フレームはLAN上のすべてのマシンに届いて終わる。しかしループ構成の部分があると、ブロードキャスト・フレームはループ部分をいつまでも回り続け、最終的にLAN全体がダウンする。ブロードキャストストームを止めるには、ループ状になっているLANケーブルをハブから引き抜いてループ構成を解消すればよい。

(6) WAN（Wide Area Network：広域通信網）

異なる建物間などの遠隔地間でデータ送受信や情報共有を行う通信網である。例えば、店舗と本部間などの広い範囲で、販売データや販売分析結果情報の送受信を行うなど、企業全体または企業間の生産性向上に主眼をおいたネットワークである。

【LANとWANの比較】

	LAN	WAN
通信範囲	オフィス内など狭い範囲	全国、海外など広い範囲
伝送速度	大容量データを高速に伝送 数Mbps～数10Gbps以上	数Kbps～数Gbps
伝送品質	高品質	LANより低品質
回線使用料	不要	必要

R05-12
R04-01
R02-09
H28-11
H23-11
H25-12
H22-07
H22-17
H21-08

5 無線LAN B

(1) 無線LAN

① 概要

無線通信装置を使ってデータの送受信をするLANである。IEEE 802.11で規格が定められている。各端末には無線LANカードが必要で、**無線中継機器（アクセスポイント）**を経由して通信を行う。レイアウト変更が多いオフィスでは、無線LANにすることで有線LANケーブルの再配置の手間を省くことができる。無線の到達距離を伸ばしたい場合には、無線LANアクセスポイントを**ブリッジモード**により使用し中継する。

Wi-Fi（Wireless Fidelity）とは、無線LAN機器がIEEE802.11に準拠していることを示すブランド名であり、無線LAN自体のことを指す場合もある。

無線LAN規格 IEEE802.11nに対応する機器は、2.4GHz帯と5GHz帯の2つの周波数帯を利用できるため、5GHz帯を利用し、IEEE802.11acに対応する機器と通信できる。

【 無線LAN規格と周波数帯 】

無線LAN規格	利用できる周波数帯
(Wi-Fi 6) IEEE802.11ax	2.4GHz帯／5GHz帯
(Wi-Fi 5) IEEE802.11ac	5GHz帯
(Wi-Fi 4) IEEE802.11n	2.4GHz帯／5GHz帯
IEEE802.11a	5GHz帯
IEEE802.11g	2.4GHz帯
IEEE802.11b	2.4GHz帯

無線LANは無線を利用するという性質上、通信内容の傍受（盗聴）や不正利用などの脅威がある。利用する場合は、危険性を十分認識し、無線LANのセキュリティ設定を施した上で利用することが望ましい。

【有線LANと無線LAN接続（光回線でインターネットに接続した場合）】

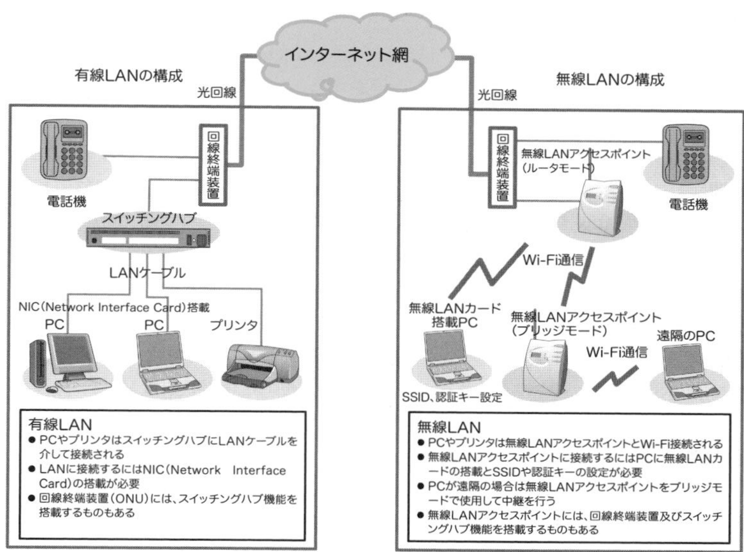

② 無線LANのアクセス制御方式

無線LANの通信規格IEEE802.1x では、**CSMA/CA方式**（Carrier Sense Multiple Access/Collision Avoidance）が採用されている。CSMA/CD方式と同様、通信開始前に現在通信しているホストがいないかどうかを確認し、他のホストが通信していない場合は通信を開始する。確認した結果、通信を開始できる状態と判明してもCSMA/CA方式の場合、さらにランダムな時間だけ待機してからデータを送信する。無線LANではフレーム衝突を検出できないため、この手法により衝突を回避（Collision Avoidance）している。

③ 通信モード

(a) インフラストラクチャモード

無線LANクライアントが、アクセスポイントを介して通信を行う方式である。

(b) アドホックモード

無線LANクライアント同士がアクセスポイントを介さずに直接通信を行う方式である。

(2) 無線LANの脅威と対策

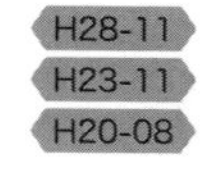

① 無線LANの脅威

(a) 通信内容の傍受（盗聴）

無線LANでやりとりされるデータは、電波を利用して送受信される。そのため無線LANのセキュリティ技術を適切に利用しないと正規の利用者の知らない所で、データが傍受される可能性がある。通信内容が傍受されると、ID、パスワードなどの個人情報、メールの内容などが見られてしまう危険性がある。

(b) 無線LANの不正利用

セキュリティ設定を行っていないアクセスポイントは、利用可能範囲にあるパソコンなどからアクセスできてしまう。他人が無線LANにアクセスし、内部の情報を盗み取られたり、システムが破壊されたりするなどの危険性がある。

(c) アクセスポイントのなりすまし

無線LAN端末だけでは、接続先のアクセスポイントが正しいものかどうか確認が難しい。近隣に同一の設定で不正なアクセスポイントを設置され、気がつかないうちに重要な情報を詐取される危険性がある。

② 暗号化および認証方式による脅威への対策

(a) WEP (Wired Equivalent Privacy)

無線LANの転送データをRC4アルゴリズムに基づいた秘密鍵で暗号化する暗号方式である。無線LAN標準の暗号化システムとして採用されているが、脆弱性が発見・報告されておりセキュリティ強度は低い。固定的なWEPキーとSSID（アクセスポイントの識別名）とで暗号化、認証を行う。

(b) WPA (Wi-Fi Protected Access)

無線LANの業界団体Wi-Fi Allianceが2002年10月に発表した無線LANの暗号化方式の規格である。従来採用されてきたWEPの弱点を補強し、セキュリティ強度を向上させたものである。WEPの機能に加え、TKIP（Temporal Key Integrity Protocol）という暗号鍵を一定時間毎に自動的に更新する暗号化プロトコルを採用したことや、ユーザ認証機能を持ったことでセキュリティを向上させた。

(c) WPA2 (Wi-Fi Protected Access 2)

無線LANの業界団体Wi-Fi Alliance が2004年9月に発表した無線LAN の暗号化方式の規格である。2002年に発表されたWPAの新バージョン。AES（Advanced Encryption Standard）という米標準技術局（NIST）が定めた暗号に対応しており、128〜256ビットの可変長鍵を利用した強力な暗号化が可能となっている。WPA2-AESとも表す。

- WPA、WPA2の認証方式（PSK）

  PSK（Pre Shared Key）では、認証サーバを必要とせずアクセスポイントと端末双方に認証用の暗号キーを設定することで認証する。家庭など小規模なネットワークで使われることが多く、パーソナルモードともいわれる。

- WPA、WPA2の認証方式（EAP）

  EAP（Extensible Authentication Protocol）では、認証サーバを用いて、IEEE802.1xプロトコルを使用してユーザ認証する。エンタープライズモードともいわれる。

(d) WPA3 (Wi-Fi Protected Access 3)

無線LANの普及団体Wi-Fi Allianceが2018年6月に発表した無線LANの暗号化方式の規格である。WPA2よりセキュリティが強固になっている。WPA3-PersonalとWPA3-Enterpriseがある。WPA2の深刻な脆弱性であるKRACK（Key Reinstallation Attacks）を無効にする技術として、SAEハンドシェイクの技術が使われている。暗号方式は、192ビット暗号化システムのCNSA(Commercial National Security Algorithm)が実装されている。

【 暗号化及び認証方式の関係 】

規格名		暗号方式	認証方式	
WEP	Wired Equivalent Privacy	RC4アルゴリズムに基づいた暗号方式	なし	
WPA	Wi-Fi Protected Access	TKIPによる暗号鍵の自動更新	WPA-PSK	PSKによる暗号キーの事前共有
			WPA-EAP	IEEE802.1X対応認証サーバ
WPA2	Wi-Fi Protected Access 2	AESによる可変長暗号鍵	WPA2-PSK	PSKによる暗号キーの事前共有
			WPA2-EAP	IEEE802.1X対応認証サーバ
WPA3	Wi-Fi Protected Access 3	AESによる可変長の暗号鍵 192ビット暗号に対応	WPA3-SAE	PSKによる128文字までの暗号キー事前共有
			WPA3-EAP	IEEE802.1X対応認証サーバ

③ その他の脅威への対策

(a) MACアドレスフィルタリング

端末固有の識別子であるMACアドレスを用いてアクセスポイントの利用を制限する。

(b) SSID認証

SSIDとは、無線LAN(Wi-Fi)におけるアクセスポイントの識別名である。混信を避けるために付けられる名前で、最大32文字までの英数字を任意に設定でき、同一SSID間でのみ通信ができる。

【 SSIDのイメージ 】

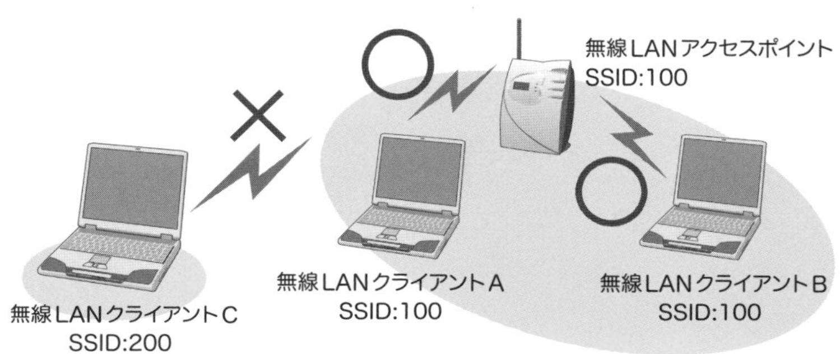

【 無線LANのセキュリティ項目 】

セキュリティ設定	方式	特徴
暗号	暗号化	アクセスポイントと無線LANカードで共通の暗号鍵を使用して暗号通信を行う。
認証	認証	LANにアクセスするユーザの認証を行い、不正利用を防止する。
MACアドレスフィルタリング	接続制限	無線LANカードに出荷時に設定されているMACアドレスをアクセスポイントに登録し、登録されたカードとだけ通信を行う。
SSID (Service Set ID)	接続制限	無線アクセスポイントにSSIDを設定し、同じSSIDのみを通信可能とする。1つのアクセスポイントに複数SSIDを設定できるマルチSSIDがある。

II インターネット

1 インターネット

 H23-12

(1) インターネット

① インターネット

TCP/IPといわれる通信プロトコル群を用いて全世界に存在する個別のネットワークを相互に接続した巨大なコンピュータネットワークである。その起源は米国国防総省の分散型コンピュータネットワークの研究プロジェクトであるARPANETだといわれている。

1986年に、ARPANETで培った技術をもとに学術機関を結ぶネットワークNFSnetが構築された。1990年代中頃から次第に商用利用されるようになり、現在のインターネットになった。

初期の頃は主に電子メールやネットニュースなどが利用されていたが、マルチメディアドキュメントシステムWWW(World Wide Web)が1994年に登場すると、ビジネスでの利用や家庭からの利用が爆発的に増大し、世界規模の情報通信インフラストラクチャとしての地位を得るにいたった。

② インターネットの特徴

全体を統括するコンピュータの存在しない分散型のネットワークである。全世界に無数に散らばったコンピュータが相互に接続され、サービスを提供することで成り立っている。

TCP/IPという機種に依存しない標準化されたプロトコル群を利用しており、インターネット上では機種の違いを超えてさまざまなコンピュータが通信を行うことができる。

(2) インターネットの主な機能

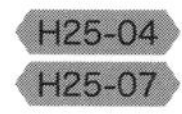

① WWW (World Wide Web)

インターネットやイントラネットで標準的に用いられるドキュメントシステムである。HTMLという言語でドキュメントの論理構造や見栄えを記述し、ドキュメントの中に画像や音声など文字以外のデータや、他のドキュメントの位置(ハイパーリンク)を埋め込むことができる。

インターネット標準のドキュメントシステムとして1995年頃から爆発的に普及し、現在では世界規模での巨大なWWW網が築かれている。

② 電子メール (E－Mail)

インターネットを通じてメッセージを交換するコミュニケーションシステムである。現実世界の郵便に似たシステムであることからこの名前がついた。文字メッセージ以外にも、画像データやプログラムなどを送受信できるものがある。

③ FTP (File Transfer Protocol)

インターネットやイントラネットなどのTCP/IPネットワークでファイルを転送するときに使われる標準方式である。

④ TELNET

ネットワークにつながれたコンピュータを遠隔操作するための標準方式である。

【個別のネットワーク】

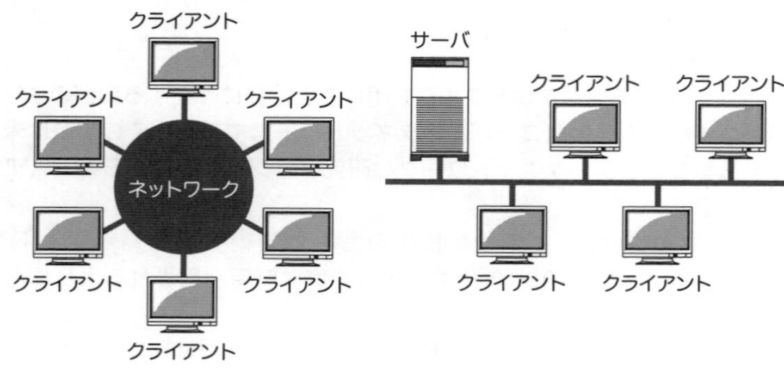

【インターネット】

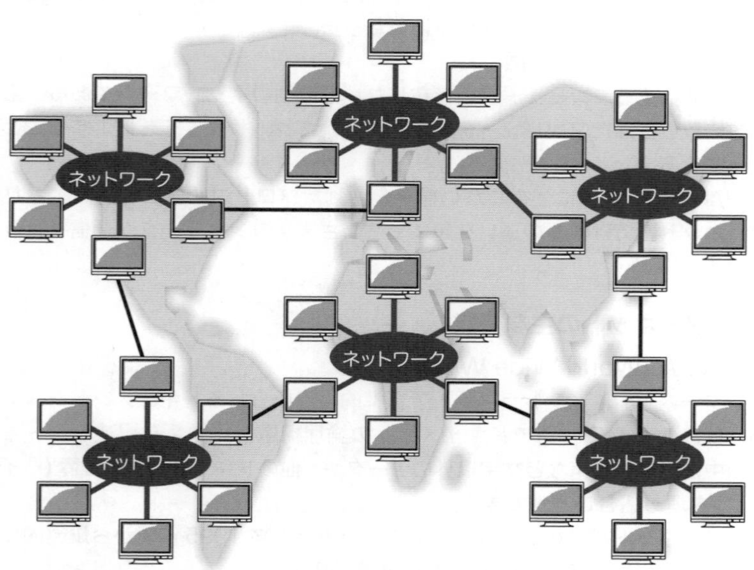

R05-11
H25-11
H21-06

(3) インターネットの仕組み

H28-10
H26-11
H20-11

① IPアドレス

インターネットでは、TCP/IPネットワークに接続されたコンピュータがそれぞれアドレスを持ち、1対1のコミュニケーションを行う。それぞれのコンピュータのアドレスとなるのが**IPアドレス**である。

IPアドレスにはIPv4とIPv6があり、IPv4のIPアドレスは、10進数0～255の数字を4つ組み合わせる形式で表記する。**IPv6**では、(プレフィックス+インターフェースID)を2進数128桁(16桁×8)、16桁ごとに「:(コロン)」で区切り、16進数で表記する。IPv6のIPアドレスの前半部であるプレフィックスはいわばIPv4のネットワーク部に該当し、後半部のインターフェースIDはいわばIPv4のホスト部に該当する。

例 IPアドレス(IPv4)　133.141.123.250

【IPアドレスの基本構成】

基本構成：(ネットワーク部+ホスト部)を2進数32桁(8桁×4)で表わす
133.141.123.250の場合

10進数	133	141	123	250
2進数	10000101	10001101	01111011	11111010

最左の10進数　ネットワーク部　ホスト部

0～127
128～191
192～223

(a) CIDR (Classless Inter-Domain Routing)

CIDRとは、インターネット上のIPアドレスの割り当てと経路選択の自由度を上げ、柔軟に運用する仕組みである。

従来、32ビットのIPアドレスのうち、上位8ビットをネットワーク部とし、残りの24ビットをホスト部とするクラスA、同様に16ビットをネッワーク部とするクラスB、上位24ビットをネットワーク部とするクラスCに分類していた。

しかし、クラス間のアドレス数に大きな差があり、柔軟性に乏しかった為、これを1ビット単位に指定するCIDR方式とすることで割り当てるブロックのサイズを柔軟に変更できるようにした。

ネットワーク部のビットを「1」、ホスト部のビットを「0」とするサブネットマスク表記と、IPアドレスの後ろに「/」とサブネットマスク表記の「1」のビット数を記述するCIDR表記とがある。

例 IPアドレス　133.141.123.250/16　(左から16ビットがネットワーク部)

【 CIDRによるIPアドレス拡張 】

拡張前：8ビットごとに管理（ネットワーク部とホスト部の分岐桁は8桁ごとに設定）
拡張後：1ビットごとに管理（ネットワーク部とホスト部の分岐桁を1桁ごとに設定）

133.141.123.250の場合

	133	141	123	250	（10進数）
拡張前	10000101	10001101	01111011	11111010	（2進数）
拡張後	1 0 0 0 0 1 0 1	1 0 0 0 1 1 0 1	0 1 1 1 1 0 1 1	1 1 1 1 1 0 1 0	（2進数）

20桁までネットワーク部とする場合

ネットワーク部 ←‐‐‐‐→ ｜ ←――→ ホスト部

CIDR表記　133.141.123.250/20

サブネットマスク表記　255.255.240.0

255	255	240	0
1 1 1 1 1 1 1 1	1 1 1 1 1 1 1 1	1 1 1 1 0 0 0 0	0 0 0 0 0 0 0 0

(b) ホストに割り当てられないIPアドレス

ホスト部分のビットがすべて0となる先頭のIPアドレスはネットワーク自体を表すネットワークアドレスであり、ホスト部のビットがすべて1となる末尾のIPアドレスはネットワーク内のすべてのホストを表すブロードキャストアドレスである。ネットワークアドレスとブロードキャストアドレスは、ホストとして使用できない。そのため、ネットワークにおいてホストとして使用できるIPアドレスの個数は、ホスト部のビット数から2個減算する必要がある。

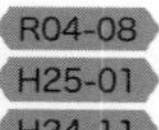

② ドメイン名

インターネット上に存在するコンピュータやネットワークにつけられる識別子である。数字の羅列であるIPアドレスは人間にとって扱いにくいため、アルファベットと数字（と一部の記号）を使うことができるドメイン名を別名として運用する。

（IPアドレス）133.141.123.250＝（ドメイン名）www.abcd.co.jp

(a) DNS (Domain Name System)

インターネット上のドメイン名とIPアドレスを対応させるシステムである。全世界のDNSサーバが協調して動作する。ドメイン名からIPアドレスを求めたり（正引き）、IPアドレスからドメイン名を求めたり（逆引き）することができる。

(b) トップレベルドメイン

インターネット上で使用されるドメイン名のうち、最上位階層の識別子である。

【 トップレベルドメインの区分 】

分野別トップレベルドメイン(gTLD)	「.com」「.net」など用途や組織別のドメイン
国別トップレベルドメイン(ccTLD)	「.jp」「.us」など国や地域別のドメイン

③ ホスト名

ネットワークに接続されたPC、プリンタ、ファイルサーバなどに付与された名前のことである。人間が識別しやすいホスト名をつけることで、IPアドレスだけでは難しいコンピュータやプリンタなどの識別が利用者にとってやりやすくなる。1つのホストはいくつかのホスト名を持つことができ、ホスト名とIPアドレスの対応付けはDNSなどのネームサーバにより行われる。なおホスト名をマシン名ということもある。

一般的に、ホスト名とはドメインの中でのローカル名を指すが、インターネット上においては、ホスト名とドメイン名は同等の意味で用いられることもある。

例えば、下記のようなドメイン名を持つサーバがあるとする。

（IPアドレス）133.141.123.251 ＝（ドメイン名）host1.abcd.co.jp

前記の場合のホスト名は、一般にhost1を指すが、親ドメイン名（abcd.co.jp）とホスト名との組み合わせであるドメイン名（host1.abcd.co.jp）を指すこともある。

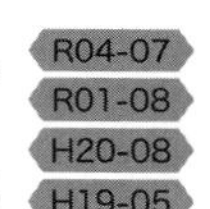

④ プロトコル

プロトコルとは、通信回線で接続された端末相互間で正確な情報交換を実現するための取り決めである。インターネットでは、利用する機能によってプロトコルが異なる。

(a) HTTP (HyperText Transfer Protocol)

Webサーバと Webブラウザがデータを送受信するのに使われるプロトコルである。

WWWによるホームページ閲覧をするときに使う。

(b) HTTPS (HyperText Transfer Protocol Security)

HTTPに、SSL（Secure Socket Layer）によるデータの暗号化機能を付加したプロトコルである。サーバとブラウザの間の通信を暗号化し、安全にやり取りすることができる。

(c) FTP (File Transfer Protocol)

TCP/IPネットワークでファイルを転送するときに使うプロトコルである。

(d) SMTP (Simple Mail Transfer Protocol)

インターネットで、クライアントからサーバにメールを送信したり、サーバ間でメールを転送したりするために用いられるプロトコルである。

(e) POP (Post Office Protocol)

インターネットで、電子メールを保管しているサーバからメールを受信するときに使うプロトコルである。

(f) VoIP (Voice over Internet Protocol)

インターネットやイントラネットなどを使って音声データを送受信するためのプロトコルである。インターネット電話や社内LANを用いた内線電話などのIP電話に応用されている。

IP電話は、VoIPを利用した電話サービスである。音声をデジタルデータに変換し、パケットに分割したうえでインターネットなどのIPネットワークを通して相手まで音声を送信する。

H24-15 H21-05 H20-08

⑤ URL (Uniform Resource Locator)

インターネット上に存在する情報資源（文書や画像などのリソース）の場所を示す記述方式である。インターネットにおける情報の「住所」にあたる。ブラウザからURLを指定することで、世界中のWebサーバから情報を取り出すことができる。

記述形式→　プロトコル名：//ドメイン名/フォルダ名/ファイル名
URLの記述例→　http：//www.abcd.co.jp/folder001/index.html

URLでインターネットのリソースを指定する場合、ホスト名の代わりにIPアドレスを用いることも可能である。

⑥ パケット通信

インターネット上のデータのやり取りにおいては、データを小さなまとまり（パケット＝小包）に分割して一つ一つ送受信する通信方式（**パケット通信**）が用いられている。パケットには、データの他に送信先のアドレスや、自分がデータ全体のどの部分なのかを示す位置情報、誤り訂正符号などの制御情報が付加されている。受信側では、パケット通信で届いたデータを組み立て、データを復元する。パケット通信では次のようなメリットがある。

- 回線が特定の通信に占有されることがなくなる。
- 経路選択が行えるため、一部に障害が出ても他の回線で代替できる。

H21-06

(4) WWWの仕組み

H23-23 H22-08 H21-04 H20-12

① Webサーバ (WWWサーバ)

TCP/IPネットワークにおいて、HTTPによる情報送信機能を持ったソフトウェアを搭載したコンピュータである。HTML文書や画像などの情報を蓄積しておき、Webブラウザなど要求に応じて、インターネットなどのネットワークを通じて、これらの情報を送信する役割を果たす。

初期のWebサーバは、予め用意しておいたファイルを送出する機能しか持たなかったが、最近では機能が増え、要求に応じてプログラムを実行し、結果をクライアントに送信する動的ページ生成の機能などを持つものも登場している。

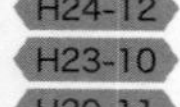

H24-12 H23-10 H20-11

② Webブラウザ (WWWブラウザ)

Webサーバがインターネット／イントラネット上に公開したWebページを表示（ブラウズ）するためのソフトウェアである。

- Webサーバからのデータ受信には、HTTP (Hyper Text Transfer Protocol) という通信プロトコルを利用する。
- Webページは、HTML (Hyper Text Markup Language) という言語仕様に従って記述される。

【 Webサーバと Webブラウザ 】

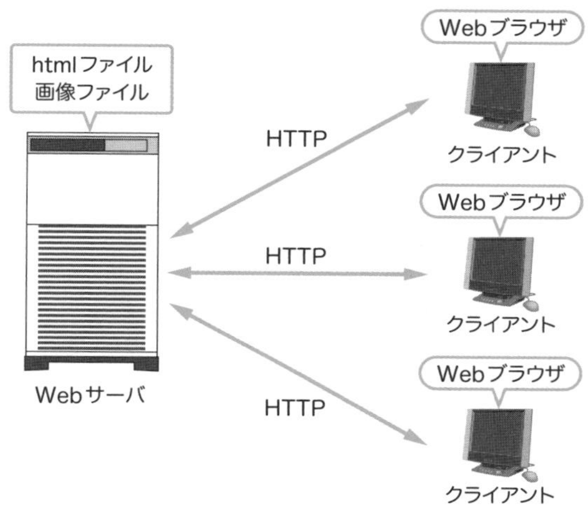

③ HTML (HyperText Markup Language)

H27-02 H26-08 H23-03

Webページを記述するための言語である。文書の内容だけでなく、文書の見栄えを < > で囲んだ"タグ"を用いて記述する。閲覧するにはWebブラウザが必要である。タグを用いて文書の中に画像や音声、動画、他の文書の位置などを埋め込むこと（ハイパーリンク）もできる。

HTMLは、SGML（Standard Generalized Markup Language）の部分集合として策定されたが、独自の進化を遂げ、現在ではW3C（World Wide Web Consortium）が標準化を行っている。

【 HTMLの例 】

```
<HTML>
 <HEAD>
  <TITLE>HTML example page</TITLE>
 </HEAD>
 <BODY>
  <H1>HTMLの例</H1>
  <A HREF="http://www.abcd.co.jp/">
  <IMG SRC="logo.gif">このボタン</A>
  を押すと<B>TBC</B>のHomePageに行きます.
  </BODY>
</HTML>
```

H29-07

(5) 検索サイト

インターネット上の情報を検索する仕組みを**検索エンジン**といい、検索エンジンの機能を持つWebサイトを**検索サイト**という。検索サイトを効率的あるいは効果的に利用することには高い価値があるため、利活用に関するさまざまな技術や工夫がある。

① クローラ (スパイダー)

検索サイトがインターネット上の情報を収集するための仕組みである。

② SERP (Search Engine Result Page)

検索結果が表示されるページのことである。

③ SEO (Search Engine Optimization) 対策

Webサイトのコンテンツの内容が、検索サイトの検索結果の上位に表示されるようにするための施策である。

(a)ブラックハット対策

検索サイトの裏をかくなどの「**不当な方法**」で順位を上げようとする手法である。

(b)ホワイトハット対策

「**正当な方法**」で順位を上げようとする手法である。

④ SEM (Search Engine Marketing)

検索サイトからの流入を増やすためのマーケティング施策全体のことであり、SEOよりも広い概念である。

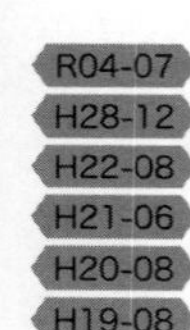

(6) 電子メールの仕組み

① 電子メールの仕組み

電子メールの送受信には、SMTPやPOP、IMAPという専用のプロトコルを用いる。送信元のメールサーバは、契約しているユーザから送信されたメールを受け取り、受信者のメールサーバを探し、そこに転送する。

受信側のメールサーバでは、個々のメールアドレスごとに「郵便箱」にあたるメールボックスが用意されており、メールを受信するとメールボックスに蓄積する。ユーザがメールを受信するときは、電子メールソフトを使ってメールサーバに接続し、自分のメールボックスから自分宛てのメールを取り出す。取り出すには、メールをクライアントに直接ダウンロードするPOPと、メールサーバに保存しておき必要に応じてクライアントからメッセージを読み出すIMAPの方式がある。またメールの送受信にメールソフトを使用しないで、Webブラウザを利用して送受信を行う方法もある。この場合はWebメール対応の仕組みを稼働させるようWeb用のインタフェースがメールサーバには必要になる。

【 電子メールの仕組み 】

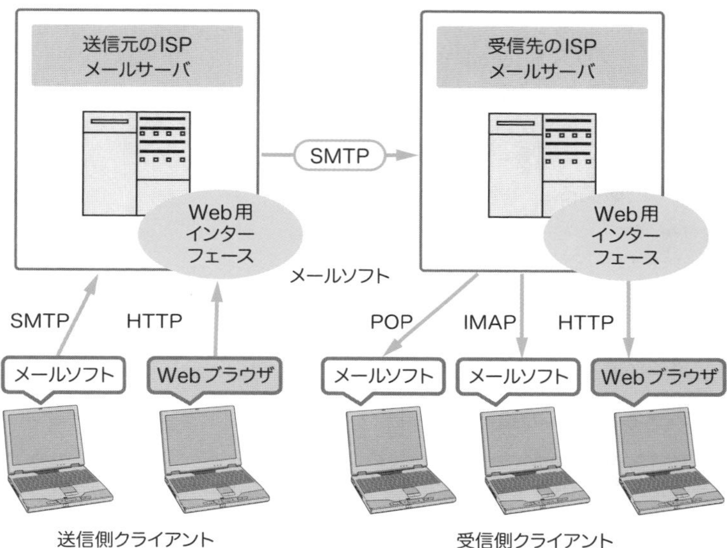

② 電子メールの要素技術

(a) SMTP (Simple Mail Transfer Protocol)

インターネットで電子メールを送信・転送するためのプロトコルである。

(b) POP (POP3) (Post Office Protocol)

インターネットで、電子メールを保管しているサーバからメールを受信するためのプロトコルである。POP3とは、POPのバージョン3のことである。

(c) IMAP (Internet Message Access Protocol)

インターネットで、メールサーバとメールクライアント間でのメールの受信を実現するためのプロトコルである。IMAPでは、メールメッセージをすべてメールサーバ側で保存しておき、必要に応じてクライアントからメッセージを読み出す方式をとる。

(d) MIME (Multipurpose Internet Mail Extension)

電子メールで日本語の取り扱いや、画像・音声・動画などのバイナリ・ファイルの添付などを可能にするための仕組みである。

(e) S/MIME (Secure Multipurpose Internet Mail Extension)

電子メールの暗号化方式である。RSA公開鍵暗号方式を用いてメッセージを暗号化して送受信する。この方式で暗号化メールをやり取りするには、送受信者双方にS/MIMEに対応した電子メールソフトが必要である。

③ メールアドレス H19-05

(a) メールアドレス

インターネットを使って電子メールを送るために使われる「住所」である。

電子メールアドレスの例　→　takashi@abcd.co.jp

- @記号より前が個人を識別するユーザ名（アカウント名）
- @記号より後ろがメールサーバを識別するためのドメイン名

(b) メーリングリスト (Mailing List)

同じグループのユーザ全員に同時に電子メールを配信（同報）する仕組みである。グループ内の1ユーザがメーリングリストに電子メールを送信した場合、宛先のグループとしてメールサーバに登録された複数のユーザ全員に、当該送信した電子メールを同報する。

H20-11

④ メールサーバ

(a) Sendmail

Sendmailとは、メールサーバソフトウェアのひとつである。ユーザが送信したメールを、他のサーバと連携し目的のサーバまで配送したり、届いたメールをユーザが受け取るまで保管したりする。

(7) インターネットへの接続

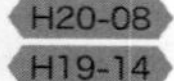

① ISP (Internet Services Provider)

インターネットを利用するには、インターネットに接続するための通信回線を提供する「インターネット・サービス・プロバイダー（**ISP**）」との契約が必要である。ISPには1次プロバイダー、2次プロバイダーが存在する。

1次プロバイダーとは、海外のインターネットやNSPIXP（Network Service Provider Internet eXchange Project）といわれるプロバイダー同士の接続ポイントに直接接続している主幹プロバイダーである。2次プロバイダーとは、1次プロバイダーに専用線等で接続しているプロバイダーである。

H29-11

② インターネット（ISP）への接続方法

(a) 接続方法

インターネットへ接続するためには次の方法がある。

【 インターネットの接続方法 】

専用線接続	専用線を利用して常時インターネットに接続する形態である。
ダイヤルアップIP接続	公衆回線やISDNなどの電話回線を利用して、インターネット利用時のみ接続する形態である。通信速度は一般的に遅い。
ADSL（Asymmetric Digital Subscriber Line）接続	一対の電話線を使って常時インターネットに接続する形態である。上り下りの伝送速度が異なるという特徴がある。
CATV（ケーブルテレビ）接続	CATV回線経由で常時インターネットに接続する形態である。
光回線接続	光ファイバ経由で常時インターネットに接続する形態である。
無線ブロードバンド接続	無線ブロードバンドルータやデータ通信カードなどでアクセスポイントに接続し、常時インターネットに接続する形態である。

(b) 接続プロトコル

電話回線を通じてコンピュータをネットワークに接続する方式では、PPP (Point to Point Protocol) というプロトコルが使われる。

OSI基本参照モデルのデータリンク層にあたり、TCPやIPなどのプロトコルと併用する。PPPプロトコルをEthernet上で利用するプロトコルがPPPoE (PPP over Ethernet)、ATM上で利用するプロトコルをPPPoA (PPP over ATM) という。

(8) インターネットの利用

① イントラネット

H22-08

TCP/IPやWWWなどのインターネット標準の技術を用いて構築された企業内ネットワークである。ファイアウォールなどを用いて、外部からはアクセスできなくする。社内情報の共有、掲示板、受発注システムなど、広い用途に使われている。

② エクストラネット

TCP/IPやWWWなどのインターネット標準の技術を用いて、異なる企業間のイントラネットを接続したネットワークである。イントラネットを利用している企業同士が、提携や取引のため、社内の情報をお互いに共有したい場合に用いられる。この場合でも、情報の漏洩などを防ぐために、専用線やインターネット上での通信データの暗号化などの対策がとられる。

【イントラネット、エクストラネット、インターネットの利用範囲】

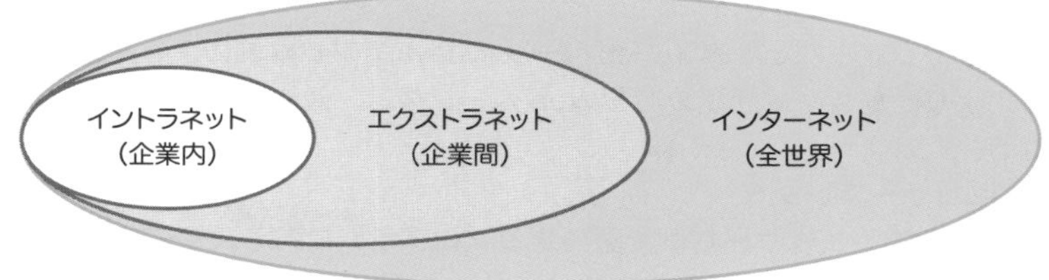

③ モバイルインターネット (Mobile Internet)

移動可能な通信端末でインターネットに接続することである。スマートフォンやノートソコンなどの携帯情報端末を、携帯電話や公衆電話あるいは公衆無線LANなどの回線を通じて、インターネットに接続する。

モバイルインターネット回線の規格は技術の進化とともに移り変わっている。携帯電話端末では主に3G (3rd Generation) が用いられてきた。近年のスマートフォンでは主に、LTE (Long Term Evolution) や4G (4th Generation) が用いられており、より高速で低コストな通信を実現する5G (5th Generation) の開発、整備が進んでいる。

④ eビジネス (e-Business)

企業がインターネット技術を活用して、従来のビジネスプロセスを刷新し、経営革新を実現する手法を指す。インターネットを使って、優れたビジネスプロセスを形成し、企業競争力を増すという考え方がベースにある。

主なものに、インターネット上で商品の紹介、販売や代金の決済を行うオンラインショッピング、ネット上に仮想の取引所を構築し、販売者と購買者を結びつけるマーケットプレイス（電子市場）、アプリケーションソフトウェアをインターネットなどの回線を通じてレンタルもしくはリース形式で再販売するASP（アプリケーションサービスプロバイダー）等がある。

H23-07

2 Webアプリケーション 

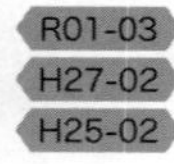

(1) Webアプリケーション

① Java

Javaは、Sun Microsystems社（現Oracle社）が開発したオブジェクト指向型言語である。インターネットやイントラネット環境などにおいて、**特定のハードウェアシステムやOSに依存しない**アプリケーションを作成できる。Javaは、C言語に対して、上位互換性を持たない。

(a) Javaアプレット

Javaアプレットは、**Webブラウザ上**で動作するJavaプログラムである。インターネットなどのネットワークからダウンロードして、Javaプログラムの実行環境であるJava VM（Java仮想マシン）を備えたコンピュータのWebブラウザ上で実行することができる。

HTMLで記述された静的なWebページにJavaアプレットによる記述を加えることにより、動きや対話性のあるWebページなど、機能性を高めた表現が可能となる。

(b) Javaサーブレット

Javaで記述され、**サーバ側**で動作するプログラムである。サーブレットを用いることにより、サーバの機能を拡張できることに加え、次のようなメリットがある。

- Java言語で記述されているため、特定のOSやハードウェアに依存しない。あらゆるサーバで稼働させることができる。
- CGIと異なり、一度呼び出されるとそのままメモリに常駐するため、高速な処理が可能である。
- データを永続的に扱うことができるため、複数のユーザ間で情報を共有することもできる。

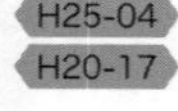

② XML (eXtensible Markup Language)

XMLは、HTMLと同じく、タグを用いて文書の構造を表すマークアップ言語の1つである。XMLはユーザが独自のタグを指定することで、独自の意味や構造を定義できる。このため、ソフトウェア間で情報交換を行う際のデータ形式や、さまざまな種類のデータや文書を保存する際のファイルのフォーマットの定義などに利用される。

例えばWebサービスは、XMLとHTTPプロトコルをベースとしたSOAPプロトコルを利用し、インターネット上のWebサーバ間でお互いの機能を呼び出したり、さまざまなデータ交換を行ったりしている。

第5版となるHTML5では、周辺技術と合わせることで、利用者のブラウザ内でのデータ格納、クライアントとサーバ間での双方向通信、位置情報の取得、動画や音声の埋め込みなど、従来の HTML4 よりも柔軟かつ利便性の高い Web サイトの構築が可能となる。

③ Ajax (Asynchronous JavaScript + XML) R01-03 H25-07 H24-12

Ajaxとは、Webページの再読み込みを伴わずにサーバとXML形式のデータのやり取りを行い処理を進めていく対話型Webアプリケーションを実装する技術である。Webブラウザに実装されているJavaScriptのHTTP通信機能のひとつであるXMLHttpRequestにおける非同期通信機能を利用する。指定されたURLからXMLドキュメントを読み込み、ユーザの操作と並行してサーバとの**非同期通信**を行うことにより、Webページの一部分のみのデータ内容を動的に更新できる。例えば、販売サイトにおいて、顧客のPC画面上で商品画像の上にマウスカーソルを移動させるとその商品説明が表示されるなどの動的な表示を行うことができる。

④ DHTML (Dynamic HTML) H26-04 H25-04

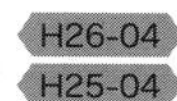

DHTMLとは、HTMLを拡張した仕様である。JavaScriptやVBScriptなどを埋め込むことで、対話性があり、より表現力を増すことが可能である。例えば、マウスをあるボタンに重ねると(マウス・ボタンを押さなくても)ボタンのグラフィックスが変化するといった演出ができる。Webブラウザごとに機能が拡張されているため互換性の問題が指摘されることがある。

⑤ Document Object Model H23-07

Document Object Modelとは**DOM(ドム)**といわれ、Webページ上で、マウス・カーソルの位置などに反応したオブジェクト(画像やテキストなど)の動作などを記述するためのAPIである。W3Cによって標準化が進められている。DOMは記述言語に依存しないためHTML上でもXML上でも同様に動作させることができる。

⑥ XBRL H25-04

XBRLはXMLをベースとし、財務報告用の情報作成・流通を行いやすいよう標準化した規約である。XBRLを使用することで、アプリケーションソフトウェアやプラットフォームに依存せずに財務情報を利用することが可能となる。

⑦ UI/UX R02-19

【 UI/UX 】

UI (User Interface)	その製品やサービスなどとその利用者の間で情報をやり取りする仕組み
UX (User eXperience)	ある製品やサービスを利用した時や消費した時に得られる体験の総体

製品やサービスの満足度を高めるためには、UXの観点から利用者の快適さ、楽し

さなど、どんな体験をしたかが重要になる。利用者の快適さ、楽しさなどのためには、UIの観点から入力装置や画面上の操作性を向上させる開発の強化が必要である。

UIの使いやすさを示すユーザビリティとは、例えばすぐに応答できない場合にシステムの状態をユーザに知らせたり、ボタンを押し間違えたときに後戻りできたりすることである。

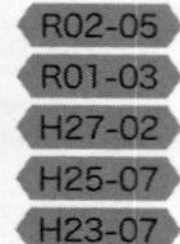

(2) Webアプリケーション関連技術

① クッキー (Cookie)

クッキーは、Web上でユーザを識別する代表的な技術である。クッキーはWebサーバ上で生成され、Webブラウザを介してクライアント側のコンピュータに一時的に保存されるテキストファイルのことである。クッキーには、ユーザに関する情報やパスワード、閲覧履歴、最後にサイトを訪れた日時などが記録できる。クッキーは、ユーザの識別、セッションの状態管理などに利用される。また、クッキーが保持するユーザごとに管理された情報に基づいて、提供サービスをカスタマイズする仕組みなどが実現できるが、他データと組み合わせて個人を特定できる可能性がある。

② RSS

RSSとは、XMLベースのフォーマットのひとつである。見出しや本文の要約、更新時刻などのメタデータが、XMLをベースとして記述され、ウェブサイトやブログの更新情報の配信などに使われる。

③ CMS (Contents Management System)

CMSは、Webページを構成するテキスト、画像、レイアウト情報などを一元的に管理し、公開、配信するためのシステムであり、複数のWebページへの情報の追加やリンクの変更・削除も自動化または半自動化できる。

④ オーサリングツール

オーサリングツールは、テキストや画像、動画、音声などを組み合わせることで、ひとつのソフトウェアやコンテンツを作り上げるソフトウェアである。特に、プログラミング言語やマークアップ言語などのコードの記述を極力減らし、マウス操作など、使いやすいインターフェースで作業を進めることができる。

⑤ SSI (Server Side Include)

Webページの中に実行可能なコマンドを埋め込み、それをサーバ側で実行させ、実行結果をWebページの端末側で表示させる仕組みである。

⑥ SVG (Scalable Vector Graphics)

コンピュータグラフィックスに関する図形、画像データを扱うベクターイメージデータをXMLの規格に従って記述するものである。

⑦ ASP (Active Server Pages)

閲覧者の要求に応じてWebページを動的に生成・送信することができる仕組みである。

⑶ 実行環境

① CGI (Common Gateway Interface)

Webブラウザからの要求に応じて、**Webサーバ**がプログラムを起動するための仕組みである。CGIを使うとプログラムの処理結果に基づいて動的に文書を生成し、送出することができる。

② アプリケーションサーバ (APサーバ)

ユーザからの要求を受け付けて、データベースなどの業務システムの処理に橋渡しする機能を持ったソフトウェアを搭載したコンピュータである。

Javaなどのプログラムの実行環境やデータベースへの接続機能、複数の処理を連結するトランザクション管理機能などを持ち、業務の処理の流れを制御するビジネスロジックを実装しているのがアプリケーションサーバであり、Webサーバと DBサーバの中間において機能する。このようにWebサーバ、APサーバ、DBサーバによって構成されるシステムを**3階層システム**という。Webサーバと DBサーバで構成する2階層システムに比べ、システムの変更や増強などが容易で、セキュリティ性も高い。

【2階層システム (Webサーバ+DBサーバ) の構成】

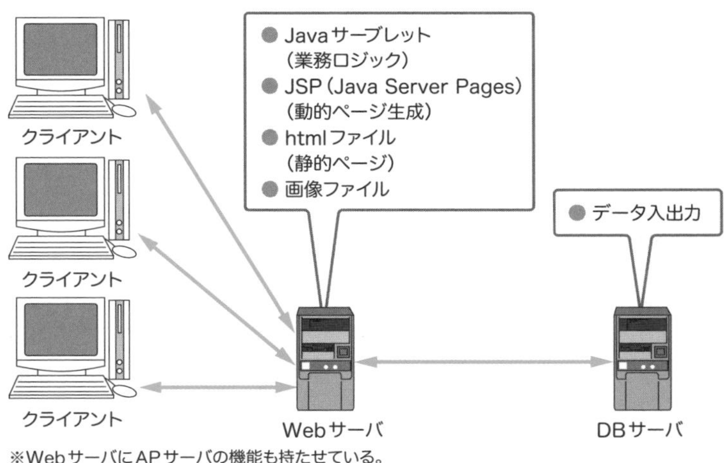

【 3階層システム（Webサーバ+APサーバ+DBサーバ）の構成 】

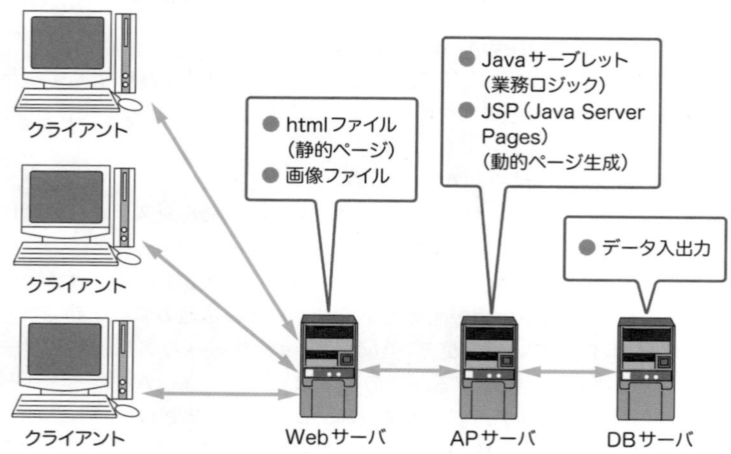

3 インターネットを用いたサービス 

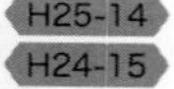

(1) ソーシャルメディア

ソーシャルメディアとは、インターネットを用い企業や個人の情報発信が作り出すメディアのことである。

① ブログ（blog）

記事を自動的に時系列に並べ、コメントを付記できるようにしたサイトのことである。コンテンツ管理機能として、時系列にページの自動生成を行う機能、他のサイトの記事との連携を行うトラックバック機能なども提供される。

② SNS（Social Network Service）

SNSとは、人と人とのつながりを促進・サポートする会員制のコミュニティ型Webサイトである。代表的なものとしてFacebook、X（旧Twitter）、LINEなどがある。

互いにメールアドレスを知られることなく別の会員にメッセージを送る機能、友人に別の友人を紹介する機能、趣味や地域などテーマを決めて掲示板などで交流できるコミュニティ機能を有するものがある。

自分がSNSを使わなくても、顧客や友人の投稿などによって、炎上に巻き込まれる可能性がある。

⑵ インターネットを用いた情報発信

① 主な情報発信

R03-12 H22-10 H19-05

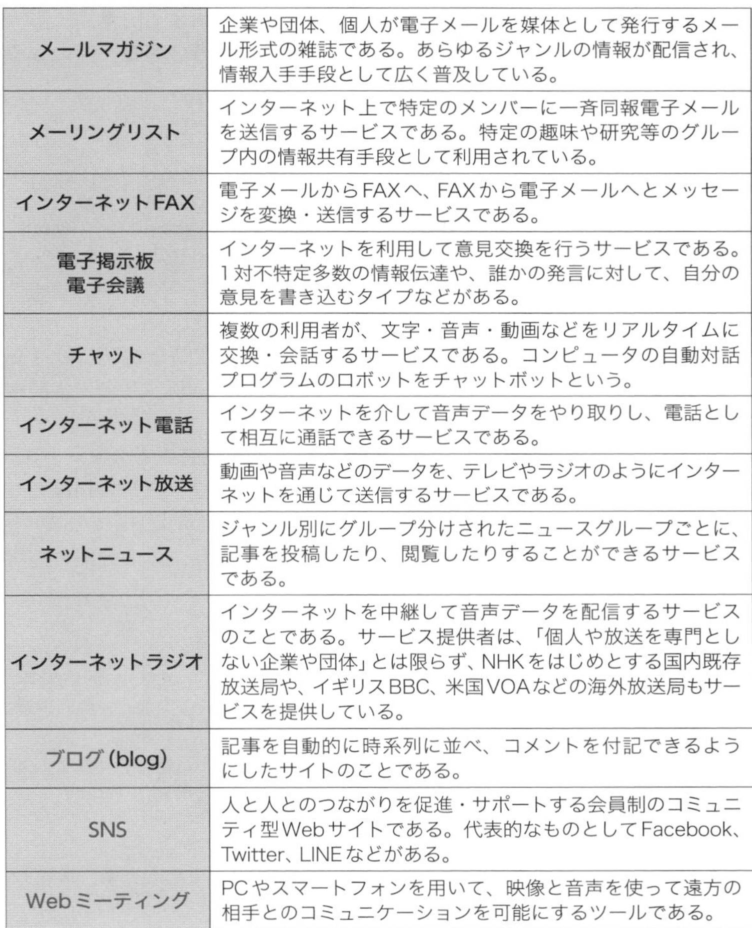

メールマガジン	企業や団体、個人が電子メールを媒体として発行するメール形式の雑誌である。あらゆるジャンルの情報が配信され、情報入手手段として広く普及している。
メーリングリスト	インターネット上で特定のメンバーに一斉同報電子メールを送信するサービスである。特定の趣味や研究等のグループ内の情報共有手段として利用されている。
インターネットFAX	電子メールからFAXへ、FAXから電子メールへとメッセージを変換・送信するサービスである。
電子掲示板 電子会議	インターネットを利用して意見交換を行うサービスである。1対不特定多数の情報伝達や、誰かの発言に対して、自分の意見を書き込むタイプなどがある。
チャット	複数の利用者が、文字・音声・動画などをリアルタイムに交換・会話するサービスである。コンピュータの自動対話プログラムのロボットをチャットボットという。
インターネット電話	インターネットを介して音声データをやり取りし、電話として相互に通話できるサービスである。
インターネット放送	動画や音声などのデータを、テレビやラジオのようにインターネットを通じて送信するサービスである。
ネットニュース	ジャンル別にグループ分けされたニュースグループごとに、記事を投稿したり、閲覧したりすることができるサービスである。
インターネットラジオ	インターネットを中継して音声データを配信するサービスのことである。サービス提供者は、「個人や放送を専門としない企業や団体」とは限らず、NHKをはじめとする国内既存放送局や、イギリスBBC、米国VOAなどの海外放送局もサービスを提供している。
ブログ（blog）	記事を自動的に時系列に並べ、コメントを付記できるようにしたサイトのことである。
SNS	人と人とのつながりを促進・サポートする会員制のコミュニティ型Webサイトである。代表的なものとしてFacebook、Twitter、LINEなどがある。
Webミーティング	PCやスマートフォンを用いて、映像と音声を使って遠方の相手とのコミュニケーションを可能にするツールである。

② Web2.0

H23-07 H19-13

Web2.0とは、2004年頃から登場し始めた新しい発想に基づくWeb関連の技術、サービスなどの総称である。Web1.0は製作者が作った状態で完結しており、利用者は単にそれを利用するだけの関係であった。Web2.0ではWebサイトの持つ情報や機能を外部のサイトやソフトウェアなどから参照したり、呼び出したりすることができ、利用者や他の事業者がソフトウェアやWebサービスを組み合わせて新たなコンテンツやツールを作成できるようになる。

③ Web3.0

R05-15

電子メールやホームページによる情報の受発信を可能にしたWeb1.0から、ビッグデータのような集合知が価値を生み出すWeb2.0へと進化をすると、プラットフォーマーによる情報管理独占の懸念が大きくなった。情報管理独占に対抗するものとして、パブリック型のブロックチェーンなど、情報管理を自律分散的に処理するWeb3.0へと進化した。Web3.0の発展は、AI技術などによる日常的に膨大な量のデータ処理と人間へのフィードバックを行うSociety5.0の基礎技術になる可能性がある。

【 Web3.0までの経緯 】

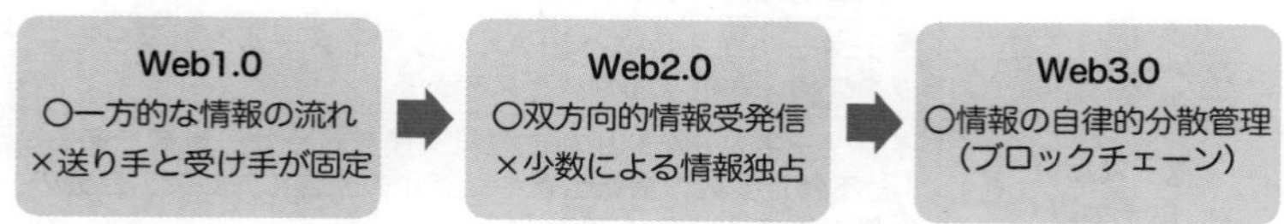

Society5.0は、サイバー空間（仮想空間）とフィジカル空間（現実空間）を高度に融合させたシステムにより、経済発展と社会的課題の解決を両立する、人間中心の社会である。

他にも人間、機械、その他の企業資源が互いに情報を共有するスマート工場で、製造プロセス円滑化や既存バリューチェーン変革、新ビジネスモデル構築をもたらすエコシステムを構築する「インダストリー4.0」や、農業革命（第一の波）→産業革命（第二の波）に続く情報革命（第三の波）として在宅勤務主体の分業と情報化を予言した「第三の波」などの情報化将来像がある。

【 情報化社会の主な将来像 】

Society5.0	サイバー空間（仮想空間）とフィジカル空間（現実空間）を高度に融合させたシステムにより、経済発展と社会的課題の解決を両立する、人間中心の社会。
インダストリー4.0	人間、機械、その他の企業資源が互いに情報を共有するスマート工場で、製造プロセス円滑化や既存バリューチェーン変革、新ビジネスモデル構築をもたらすエコシステムを構築する（ドイツ政府発表）。
第三の波	農業革命（第一の波）→産業革命（第二の波）に続く情報革命（第三の波）として在宅勤務主体の分業と情報化を予言していた。

R04-10

④ オープンデータ

誰もが自由に利用できるように公開されたデータの総称である。機械判読に適したデータ形式で、二次利用が可能である。特に各省庁や地方公共団体でオープンデータの公開が進み、人口統計や公共施設の場所などの情報が、商用を含め自由に利用できる環境が整ってきている。

4 Webサービス

(1) Webサービス

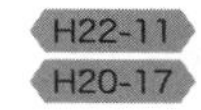

Webサービスとは、Webサーバが提供するソフトウェア機能をネットワーク経由で他のWebサーバなどから利用できるようにするインターネット技術のことである。SOA (Service Oriented Architecture) を実現する具体的な技術基盤の標準として、Webサービスがよく利用されている。従来のWebサイト (Webサーバ) では、インターネットを介してシステムにアクセスするのは人間であったが、Webサービスを利用することでWebサーバ同士が直接やり取りできるようになる。1つのWebサイトから、他のWebサイトが提供するサービス（検索機能サービスなど）を呼び出し、自身のサイトの機能と組み合わせたサービスを提供するなど、利便性の高いサービスの提供が可能となる。

Webサービスを利用するには、次の3ステップが必要である。

【 Webサービスの利用 】

① UDDI (Universal Description, Discovery, and Integration)

UDDIは、XMLを応用した、インターネット上に存在するWebサービスの検索・照会システムであり、いわば、Webサービスのディレクトリサービスである。企業各社がインターネット上で提供しているWebサービスに関する情報を集積して、業種や名称、機能、対象、詳細な技術仕様など、さまざまな軸でWebサービスの検索を可能にする仕組みである。

② WSDL (Web Services Description Language)

WSDLは、Webサービスを呼び出すためのインタフェースを記述するXMLベースの言語である。Webサービスがどのような機能を持つのか、それを利用するためにはどのような要求をすればよいのか、などを記述する方法が定義されている。データや操作を定義する部分が通信プロトコルに関する部分から分離しているため、プロトコルやエンコード形式などに関わりなくフォーマットを再利用できる特徴を持つ。

③ SOAP (Simple Object Access Protocol) H25-07

SOAPは、他のサーバが提供するサービスの呼び出しや、サーバ間でのXMLデータの交換を実現するための、XMLをベースとしたプロトコルである。通常はHTTPを通信プロトコルとして使用するため、ファイアウォールをまたいだWebサービス同士のデータ交換が可能となる。

R01-05 (2) マッシュアップ

マッシュアップとは、Webサービスの開発手法のひとつであり、公開されている複数のWebサービスを組み合わせて独自の新しいサービスを提供する方法である。

必須テーマ［○・×］チェック ―第3章―

過去23年間（平成13～令和5年度）本試験出題の必須テーマから厳選！

問題編

Check!!

問1 (H27-10) ［○・×］

ある限られたエリアの限定的なネットワークであるWANから、別のWANのユーザにアクセスしようとすれば、WAN同士をつなぐLANと呼ばれるネットワークが必要となる。

問2 (H26-11) ［○・×］

TCP/IPは、MACアドレスと呼ばれる情報機器固有の番号を用いて通信する方式である。

問3 (R04-08) ［○・×］

トップレベルドメインは、分野別トップレベルドメイン（gTLD）と国別トップレベルドメイン（ccTLD）に大別される。

問4 (H29-11) ［○・×］

事業所内のLANにPCが接続された時、DHCPの機能によって当該PCが使用するIPアドレスを割り当てる。

問5 (R03-12) ［○・×］

チャットボットとは、自動的に対話を行うプログラムのことであり、例えば企業においては顧客からの問い合わせに自動応答するために用いられる。

問6 (H30-06) ［○・×］

Ajaxは、Webサーバと非同期通信を行うことで、Webページの一部分のみのデータ内容を動的に更新することができる技術である。

問7 (H30-09) ［○・×］

IMAPは、クライアントからサーバにメールを送信したり、サーバ間でメールを転送したりするために用いられるプロトコルである。

問8 (R02-09) ［○・×］

SSIDは無線LANにおけるアクセスポイントの識別名であるが、複数のアクセスポイントに同一のSSIDを設定できる無線LAN装置の機能をマルチSSIDという。

問9 (R01-05) [○・×]

マッシュアップとは、公開されている複数のWebサービスを組み合わせることで新しいサービスを提供する方法である。

解答・解説編

問1　×：ある限られたエリアの限定的なネットワークであるLAN同士をつなぐネットワークがWANである。

問2　×：TCP/IPはIPアドレスとポート番号で通信を制御する。MACアドレスはLAN内でコンピュータを一意に特定するための識別子である。

問3　○：トップレベルドメインは、インターネット上で使用されるドメイン名の最上位階層の識別子で、「.com」「.net」など用途や組織に応じた分野別トップレベルドメイン（gTLD）と「.jp」「.us」など国や地域などに割り当てられる国別トップレベルドメイン（ccTLD）に大別される。

問4　○：事業所内のLANにPCが接続された時、当該PCが使用するIPアドレスを自動的に割り当てる機能はDHCPである。

問5　○：コンピュータの自動対話プログラムのロボットをチャットボットという。

問6　○：Ajaxにより、サーバとの通信を感じさせないWebアプリケーションを実現できる。

問7　×：サーバにメールを送信したり、サーバ間でメールを転送したりするために用いられるプロトコルはSMTPである。

問8　×：マルチSSIDは、1つのアクセスポイントに複数のSSIDを設定できる機能である。

問9　○：マッシュアップにより、Webサービス開発の迅速化やコスト低減を図ることができる。

厳選!!

必須テーマ　重要例題①　──第3章──

令和4年度　第7問

問題編

ネットワーク上では多様な通信プロトコルが用いられている。通信プロトコルに関する記述とその用語の組み合わせとして、最も適切なものを下記の解答群から選べ。

① Webブラウザと Webサーバ間でデータを送受信する際に用いられる。
② 電子メールクライアントソフトが、メールサーバに保存されている電子メールを取得する際に用いられる。
③ 電子メールの送受信において、テキストとともに画像・音声・動画などのデータを扱う際に用いられる。
④ クライアントとサーバ間で送受信されるデータを暗号化する際に用いられる。

〔解答群〕

ア　①：HTTP　②：POP3　③：MIME　④：SSL/TLS
イ　①：HTTP　②：SMTP　③：IMAP　④：UDP
ウ　①：NTP　②：POP3　③：IMAP　④：UDP
エ　①：NTP　②：POP3　③：MIME　④：UDP
オ　①：NTP　②：SMTP　③：IMAP　④：SSL/TLS

解答・解説編

解答：ア

通信プロトコルに関する出題である。

①：HTTP（HyperText Transfer Protocol）が適切である。なお、NTP（Network Time Protocol）とはネットワークに接続されたサーバなどの機器の時刻を同期させるために用いられる。
②：POP3（Post Office Protocol version 3）が適切である。なお、SMTP（Simple Mail Transfer Protocol）とは電子メールクライアントソフトやメールサーバなどが電子メールを転送する際に用いられる。
③：MIME（Multipurpose Internet Mail Extension）が適切である。なお、IMAP（Internet Message Access Protocol）とはクライアントが電子メールを受信する際に用いられる。
④：SSL/TLS（Secure Socket Layer/Transport Layer Security）が適切である。なお、「UDP（User Datagram Protocol）」とはインターネットなどで用いられるコネクションレス型の通信プロトコルである。

よって、選択肢アが最も適切である。

厳選!!

必須テーマ　重要例題②　―第３章―

令和５年度　第12問

問題編

LANを構成するために必要な装置に関する以下のａ～ｅの記述とその装置名の組み合わせとして、最も適切なものを下記の解答群から選べ。

ａ　OSI基本参照モデルの物理層で電気信号を中継する装置。

ｂ　OSI基本参照モデルのデータリンク層の宛先情報を参照してデータフレームを中継する装置。

ｃ　OSI基本参照モデルのネットワーク層のプロトコルに基づいてデータパケットを中継する装置。

ｄ　OSI基本参照モデルのトランスポート層以上で使用されるプロトコルが異なるLAN同士を接続する装置。

ｅ　無線LANを構成する機器の1つで、コンピュータなどの端末からの接続要求を受け付けてネットワークに中継する装置。

〔解答群〕

ア　ａ：ブリッジ　ｂ：リピータ　ｃ：ルータ
　　ｄ：ゲートウェイ　ｅ：アクセスポイント

イ　ａ：リピータ　ｂ：アクセスポイント　ｃ：ゲートウェイ
　　ｄ：ルータ　ｅ：ブリッジ

ウ　ａ：リピータ　ｂ：ブリッジ　ｃ：ルータ
　　ｄ：ゲートウェイ　ｅ：アクセスポイント

エ　ａ：リピータ　ｂ：ルータ　ｃ：ゲートウェイ
　　ｄ：ブリッジ　ｅ：アクセスポイント

オ　ａ：ルータ　ｂ：ブリッジ　ｃ：アクセスポイント
　　ｄ：ゲートウェイ　ｅ：リピータ

解答：ウ

LANを構成する装置に関する出題である。

OSI基本参照モデルにおける物理層は、ネットワークの物理的な接続・伝送方式を定めたものであり、インターフェース規格や、リピータやケーブル類が相当する。OSI基本参照モデルにおけるデータリンク層は、ネットワーク上で直結されている機器同士での通信方式を定めたものであり、ブリッジやスイッチングハブが相当する。OSI基本参照モデルにおけるネットワーク層はデータリンク層以下のプロトコルを使用して接続されているネットワーク同士の通信を行うための方式を定めたものであり、ルータが相当する。

a：リピータが適切である。リピータは電気信号を増幅してLANの総延長距離を伸長する。

b：ブリッジが適切である。ブリッジは、接続された各端末の固有識別子であるMAC（Media Access Control）アドレスを記憶して、ある端末から発信されたデータを宛先の端末だけに送信する機能を持つ。

c：ルータが適切である。ルータは、ネットワークとネットワークを接続してパケットを中継する。

d：ゲートウェイが適切である。ゲートウェイは、ネットワーク上でプロトコルが異なるデータを相互に変換して通信を可能にする。

e：アクセスポイントが適切である。アクセスポイントは、無線の電波を送受信する機器のことで、スマートフォンやタブレットなどのデバイスとルータを無線で接続する。

よって、ウが適切である。

厳選!!

必須テーマ　重要例題③　──第3章──

平成28年度　第11問

問題編

インターネットを利用するために光ケーブルあるいはCATV等のWAN側の回線を選択すると、その回線をLANに接続するONUやモデムが設置される。ONUやモデムに無線LAN機能が付いていない場合に、無線LAN環境を利用して複数のPCやLAN対応機器を接続したい場合には、無線LANルータを設置・運用する。

この無線LANルータの利用に関する以下の文章の空欄A～Dに入る語句の組み合わせとして、最も適切なものを下記の解答群から選べ。

設置されたONUやモデムにLAN接続端子が装備されているので、ここから無線LANルータのWAN側の接続端子に、LANケーブルによって接続する。無線LANルータに［A］の機能が付いている場合はLAN接続端子が複数あるので、その数のPCやLAN対応機器を接続できる。さらに多くの機器を利用したい場合は［A］を多段に接続し、使用可能台数を増やすことができる。

無線の到達距離を伸ばしたい場合は、複数の無線LANルータを設置する。2台目以降の無線LANルータはルータモードではなく［B］モードで使用するのが一般的である。

無線LAN環境を利用する場合は無線LANルータにおいて、SSIDの名称設定、［C］等の無線LAN接続の認証方法と暗号化方式の選択、および暗号化キーの設定を行い、近隣に設置された機器が利用している周波数と重ならないように［D］の変更を行う。

〔解答群〕

ア	A：DSU	B：WiFi	C：TKIP-AES	D：バンド
イ	A：スイッチングハブ	B：WiFi	C：WPS-PSK	D：ホッピング
ウ	A：スイッチングハブ	B：ブリッジ	C：WPA-AES	D：チャネル
エ	A：リピータハブ	B：スイッチ	C：WPA-WEP	D：バンド

解答：ウ

無線LANルータの利用に関する出題である。

ルータ単体機能の無線LANルータの場合、ONUやモデムとLAN接続が必要である。スイッチングハブ機能の付いた無線LANルータは、複数あるLAN接続端子に、無線LANルータを多段に接続することで、使用可能台数や到達距離を増やすことができる。多段に接続する場合、2台目以降はブリッジモードで使用するのが一般的である。

無線LAN環境にあたって、無線LANルータ側でSSID設定や認証方法・暗号化方式（TKIP-AES、WPS-PSK、WPA-AES、WPA-WEPなど）の選択、近隣と周波数が重複しないようにチャネル変更が必要になる。

よって、空欄Aが「スイッチングハブ」、空欄Bが「ブリッジ」となる〔解答群〕の選択肢は、空欄Cが「WPA-AES」、空欄Dが「チャネル」しかなく、選択肢ウが最も適切である。

必須テーマ　重要例題④　──第3章──

平成28年度　第12問

問題編

インターネットを利用した電子メールが普及し、PCのみならず、スマートフォンやタブレット端末などの様々な機器で電子メールの送受信が行われている。各種の機器で電子メールの送受信を行う場合、Webブラウザ上のWebメール機能の利用や、それぞれの機器に対応したメーラーと呼ばれる電子メールクライアントソフトを利用する。その利用のためにいくつかの項目を設定することが必要な場合もあるので、電子メールの設定の仕組みを理解することが望ましい。

電子メールの利用に関する以下の文章の空欄A～Dに入る語句の組み合わせとして、最も適切なものを下記の解答群から選べ。

自社が管理する電子メールアドレスの送受信をWebブラウザで行う場合は、[A]サーバにWebメール対応の仕組みを稼働させるWebメールインタフェースを追加する必要がある。

一方、PC、スマートフォンやタブレット端末などでメーラーを使用する場合は、各々の機種に対応したソフトウェアを入手し、メールを受け取るPOP3やIMAPサーバおよびメールを送信する[B]サーバのアドレスと[C]を初めに設定する必要がある。またメールを暗号化して送受信したい場合は[D]に対応したメーラーを使用する必要がある。

〔解答群〕

ア　A：DNS　B：Samba　C：認証ID　D：https

イ　A：Web　B：Samba　C：パスワード　D：DES

ウ　A：メール　B：SMTP　C：ポート番号　D：S/MIME

エ　A：メール　B：SNMP　C：認証ID　D：DES

解答：ウ

電子メールに関する出題である。

電子メールは送信にSMTP、受信にPOPまたはIMAPといった専用のプロトコルを使用して機能の提供を行ってきた。このとき各プロトコルに合わせて使用するポート番号を指定している。また、専用のプロトコルを利用するため、暗号化についても双方で規定しており、S/MIMEといった暗号化により対応できる。
また、近年はWebブラウザを利用したメールもあり、これらはメールサーバ上でHTTPプロトコルからメールボックスを管理できる仕組みが必要である。

よって、選択肢ウが最も適切である。

以下に、解答群にある他の用語を解説する。
- Samba：主にUNIX系OSで動作するコンピュータをWindowsネットワーク上のサーバやクライアントとして利用するために用いられるもの。
- DES（Data Encryption Standard）：共通鍵（秘密鍵）暗号方式のひとつ。
- SNMP（Simple Network Management Protocol）：TCP/IPネットワークにおいて、ルータやコンピュータ、端末など様々な機器をネットワーク経由で監視・制御するためのプロトコル。

必須テーマ　重要例題⑤　―第3章―

平成25年度　第14問

問題編

SNSなどの発達によってソーシャルメディアは、個人間の私的な情報交換に利用されるだけでなく、ビジネスでも多様に利用されつつある。ソーシャルメディアを利用する上での要点や対処法に関する記述として、最も適切なものはどれか。

ア　個人が開設したブログに社内で起こった出来事を書いたが、社外秘の情報が含まれていたので不適切だと分かった。翌日に削除すれば問題はない。

イ　自分の店舗に来た人の名前を、当人の了解を得ずソーシャルメディアに投稿して広告として利用しても、店舗は公共の場所なので問題はない。

ウ　ソーシャルメディアに投稿したすべての内容は、一定期間保存された後、新規投稿内容で上書きされるので、何を投稿してもよい。

エ　自らがソーシャルメディアを使わなくても、ソーシャルメディアの炎上に巻き込まれることがある。

解答：エ

ソーシャルメディアを利用する上での要点や対処法に関する出題である。

SNS（ソーシャルネットワークサービス）は、個人同士が網の目のようにつながっており、ある人が発信した情報が知り合いへ、興味を持てばさらに知り合いへと流れていく特徴がある。Webサイトが蓄積型なのに対して、SNSは「拡散型」のメディアといえる。情報を拡散させるパワーを持つ一方で、マイナスの情報も猛烈な勢いで拡散させるため、リスクを正しく理解し、運用のガイドラインを作り、ポリシーを従業員と共有していく必要がある。

ア：不適切である。一度投稿された情報は記録され、場合によっては拡散してしまう。発見したらすぐに削除する必要がある。
イ：不適切である。他人の写真を承諾無く投稿するのは、プライバシーの侵害にあたる。
ウ：不適切である。投稿は閲覧できなくなることはあっても、上書きされることはない。
エ：適切である。自らが利用していなくても、顧客や友人の投稿によって、ソーシャルメディアの炎上に巻き込まれることがあり得る。

テーマ別出題ランキング

過去18年分 平成18年（2006年）～令和5年（2023年）	
1位	セキュリティ対策
2位	外部設計
3位	システム開発手法

直近10年分 平成26年（2014年）～令和5年（2023年）	
1位	セキュリティ対策
2位	外部設計
3位	法規・ガイドライン等

過去18年間の出題傾向

18年間で、セキュリティ対策が27回、外部設計が15回、システム開発手法が13回以上出題されている。特に業務使用のコンピュータに関するセキュリティ上の制約の中には、行政や研究機関からの法規・ガイドラインに基づくものがある。どんなリスクにどう対処するのかという視点から法規・ガイドラインなどに興味を持つことが重要になる。

第 4 章

システムの開発・運用・評価

Ⅰ 情報システムの開発

Ⅱ 情報システムの評価

Ⅲ 情報システムの運用

I 情報システムの開発

1 開発プロセスと要件定義 

(1) 基本プロセス

① 企画プロセス

経営戦略を受けて策定される中長期事業計画の達成を情報システムの面から支援する目的で行うプロセスである。情報システムが果たすべき役割や目的の確認を行い、情報システム全体計画の作成、個別システム開発計画の作成といった作業を行う。

② 開発プロセス

企画プロセスの結果を受けて、プログラムの設計やプログラミング、テストなど、情報システムを具体的に作り上げていくすべての作業が含まれる。ソフトウェアの開発だけでなく、本番稼働させるためのデータのセットアップや本番環境への移行作業、操作マニュアルの作成が重要な作業となる。

③ 運用プロセス

開発したシステムが本番稼働している時に発生する広範な作業を対象とする。例えば、システムの利用者に対する問い合わせ対応、データのバックアップ、ハードウェアの監視、ネットワークの監視、障害発生時の回復作業などである。

④ 保守プロセス

保守プロセスは、プログラムの不具合（バグ）が発見された時やシステムに対する変更や廃止の要求が発生したときに行う。

(2) 契約プロセス

① 調達プロセス

情報システムに必要な機器や開発パワーの提供を外部に求めるときに行う。機器・サービスやソリューションの提供者に対して**提案依頼書**（RFP：Request For Proposal）を提示し、提案依頼書に基づいて作成されたシステム提案書を評価し、契約を行い、納品物を受け入れ、検収を行うまでの作業である。

②供給プロセス

システム構築を行う側の作業になる。調達プロセスで作成した提案依頼書を受けて、要求される内容を吟味し、費用も含めたシステム提案書を作成する。契約が成立したら、開発プロジェクトを立ち上げ、開発・納品完了までの作業をコントロールする。

(3) 共通プロセス

① プロジェクト管理プロセス

開発プロセスにおいての作業が主体だが、基本的にはすべてのプロセスで発生する。各々のプロセスごとでプロジェクトを運営していく際に発生する作業を支援する。プロジェクトの全体計画に基づいて、詳細なスケジュールを策定し、進捗状況の把握、品質面のチェックを行う。開発プロセスでは、社内外の要員の手配、費用の把握などが発生する。

② 環境構築プロセス

開発プロセスで必要となるソフトウェア、ハードウェア、ネットワーク、作業場所等の環境を準備する。

③ 作業支援プロセス

プロジェクトの立ち上がりを支援するために必要とされる各種開発標準、ルール決め、ひな形の提供等を行い、開発に参加するメンバーをサポートする。

【 システム開発のプロセス関連図 】

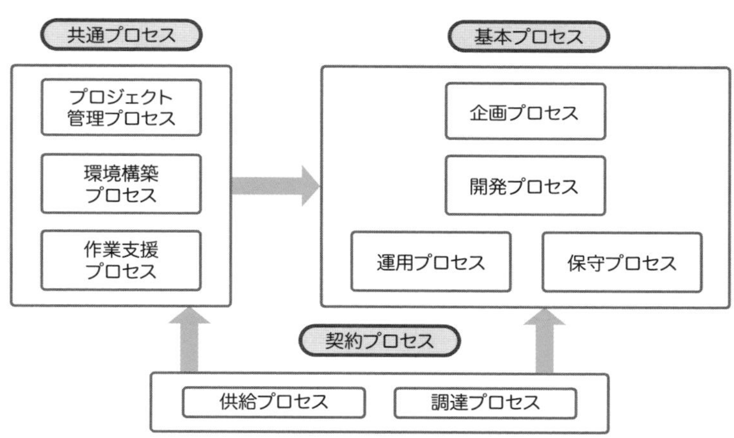

参考：『システム開発の体系』日本ユニシス情報技術研究会編　東京電機大学出版局

⑷ プロジェクト推進体制の確立

情報システム全体計画の作成を円滑に進めるには、**経営層**を責任者におき、各業務部門のキーマンを参加メンバーにおいたプロジェクト体制（推進組織）を確立することが必要である。プロジェクトにおいて情報戦略（案）をもとに、経営戦略と整合性をとった中長期にわたる情報システム全体計画を作成する。

⑸ 要件定義（要求定義）

H28-17
H25-18

要件定義とは、開発するシステムに実現する内容を決めていくことである。情報システム部門やユーザ部門の担当者とシステム開発ベンダーにて決めていく。新たな業務プロセスを明確にし、システム化の範囲やどのような画面、帳票、処理が必要かを具体的に決めていく。予算や優先度を加味し、解決できる課題やできない課題も明確にする。

どのような機能が必要かといった機能的な要求だけでなく、システムの稼働率やメンテナンス性、セキュリティなどといった**非機能要求**も決める方がよい。

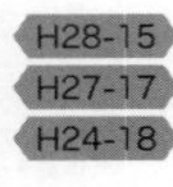

⑹ 非機能要求グレード

情報システムはさまざまな業務機能を実現する業務アプリケーションとそれを支えるシステム基盤で構成される。その情報システムに対し、業務実現に関する「**機能要求**」と、システム基盤に関する「**非機能要求**」をユーザ側より求められる。

非機能要求グレードのねらいは、システム基盤に関する非機能要求を明確化し、ユーザとベンダー間で認識を共有化することで、適切な情報システムを構築し、安定的なサービスを提供できるようにすることである。

【 非機能要求グレード項目 】

項目	内容
可用性	稼働率、目標復旧水準、大規模災害、継続性、回復性、耐障害性、など
性能拡張性	処理速度、ユーザ数・同時アクセス数・データ量とその増大率、など
運用保守性	運用時間、バックアップ、運用監視、マニュアル、メンテナンス、サポート体制、など
移行性	移行方式の規定、移行スケジュール、設備・データ、など
セキュリティ	重要資産の公開範囲、セキュリティの分析診断、アクセス利用制限、不正追跡・監視、ネットワークやWEBの対策、など
システム環境エコロジー	法的制限、製品安全規格、環境保護、耐震、省エネ、など

⑺ 代表的費用

情報システムの開発時に発生する主な費用について次に挙げる。

① 初期費用（最初の導入時にかかる費用）

コンサルティング費、ハードウェア取得費、データベース等のプロダクト費、ソフトウェア開発費、システム移行費、操作指導費、ネットワーク設計費、ネットワーク工事費、パンチャー雇用費、など。

② 運転費用（システムを使用している間かかり続ける費用）

ハードウェア保守料、ソフトウェア保守料、プロダクト保守料、通信費、回線使用料、ヘルプデスク利用料、電気代、出力用紙代、プリンタトナー代、ASPやクラウドサービスの場合システム利用料など。

H22-18

⑻ 超上流から攻めるIT化の原理原則17ヶ条

「超上流」フェーズを発注側、受注側の双方がうまく進めるためのポイントをIPAソフトウェア・エンジニアリング・センターがまとめたものである。

【 IT化の原理原則17ヶ条 】

① ユーザとベンダーの想いは相反する	⑩ 要件定義書はバイブルであり、事あらばここへ立ち返るもの
② 取り決めは合意と承認によって成り立つ	⑪ 優れた要件定義書とはシステム開発を精緻にあらわしたもの
③ プロジェクトの成否を左右する要件確定の先送りは厳禁である	⑫ 表現されない要件はシステムとして実現されない
④ ステークホルダ間の合意を得ないまま、次工程に入らない	⑬ 数値化されない要件は人によって基準が異なる
⑤ 多段階の見積りは双方のリスクを低減する	⑭「今と同じ」という要件定義はありえない
⑥ システム化実現の費用は ソフトウェア開発だけではない	⑮ 要件定義は「使える」業務システムを定義すること
⑦ ライフサイクルコストを重視する	⑯ 機能要求は膨張する。コスト、納期が抑制する
⑧ システム化方針・狙いの周知徹底が成功の鍵となる	⑰ 要件定義は説明責任を伴う
⑨ 要件定義は発注者の責任である	

出典：IPA－SEC「超上流から攻めるIT化の原理原則17ヶ条」

⑼ EA (Enterprise Architecture)

H30-19
H29-20
H23-18

EAとは、経営戦略とITを絡めた全体最適化によって、顧客ニーズなどの社会環境や情報技術の変化に素早く対応するための仕組みである。EAにより、組織全体で統一された情報、効率良く整備された業務プロセスを構築できる。EAでは、次の4要素から全体最適化を進める。

【 EAの要素と成果物 】

要素	概要	成果物例
ビジネスアーキテクチャ	共通化・合理化などを行った実現すべき業務の姿	●業務説明書 ●機能構成図（DMM） ●機能情報関連図（DFD） ●業務フロー図
データアーキテクチャ	各業務において利用されるデータの内容やデータ間の関連性	●情報体系整理図（クラス図） ●実体関連図（E-R図） ●データ定義表
アプリケーションアーキテクチャ	業務処理に最適な情報システムの形態	●情報システム関連図 ●情報システム機能構成図
テクノロジアーキテクチャ	システムを構築する際に利用するもろもろの技術的構成要素	●ネットワーク構成図 ●ソフトウェア構成図 ●ハードウェア構成図

① 業務参照モデル（BRM：Business Reference Model）

BRMは、EAのひな形として提供される参照モデルの中で、最も業務寄りの階層であり、業務分類（LOB：Line Of Business）による業務分析やひな形業務モデルを提供する。EAの出発点となる作業である「業務・システムの概要と最適化の方向性」では、BRMを活用しながら、最適化対象範囲と方向性を選択する。

2 情報化資源調達 B

(1) 調達プロセス

調達プロセスは、情報システムの構築において発生する各種の要求を外部から取得する際に必要となる。企画・開発・運用・保守の各プロセスの作業を外部から取得するには、予算や納期、必要となる機器などの制約条件がさまざまであるため、これらの取得要件を供給側に正しく伝えて、自社の要求する品質で、適正な時期に、適正な価格で取得することが目的となる。

社内から調達する場合でも、基本的には同じである。社外取引先であるがために発生する作業がないだけである。

(2) 調達作業

① 取得要件のとりまとめ

調達しようとする機器やサービス、ソリューションについての仕様を取得要件としてとりまとめ、**提案依頼書**として文書化し調達先の候補企業に提案を依頼する。提案を依頼する調達先の候補企業を選定するために、**情報依頼書**（RFI：Request For Information）を発行して、システム開発や運用の実績などを情報収集することがある。

② 調達先の選定

事前に調達先の順位付けをするための基準（品質、納期、費用等）を明らかにしておく。候補企業から提出された提案書を比較・検討し、調達先を決定して契約を締結する。

③ 調達先の状況把握

調達先企業の作業が問題なく進んでいるかを把握（モニタリング）し、問題があれば対応を図る。

④ 成果物の受け入れ

事前に取り決めた検収条件に沿って、成果物が仕様どおりかを検品し、検収する。不合格の場合は、理由を明確に示し、調達先に対応を依頼する。

(3) 提案依頼書（RFP：Request For Proposal）

提案依頼書は、調達側の要求事項を供給側に正しく伝えるための文書であるため、要求内容を明確に記しておく必要がある。要求内容が明確にできない場合には、明確にする作業も外部に求める方法を検討する。提案依頼書の内容は、調達物により異なるが、情報システムの開発提案依頼をする場合を例にとると次のようになる。

【情報システム開発の提案依頼書】

平成XX年X月X日

システム開発業務・提案依頼書

1. システムの概要
   ①会社概要
   ②システム化の背景
   ③これまでの経緯
   ④システム化の目的
   ⑤課題
   ⑥システム化における狙いと効果
   ⑦既存システムの概要と関連
   ⑧予算

2. 提案依頼手続き
   ①説明会の実施要領、日程
   ②今後のスケジュール
   ③提出物の詳細と納品形態
   ④対応窓口
   ⑤提供する資料
   ⑥参加資格条件
   ⑦調達先の選定方法

3. 提案依頼事項
   ①システム化の範囲
   ②調達内容
   （コンサルティング、ソフトウェア、
   ハードウェア…）
   ③業務の詳細（DFD、ERD）
   ④システム構成
   ⑤納期
   ⑥必要な技術・技術者の資格
   （成熟度要件、スキルシート、SI登録…）
   ⑦成果物・納入物・納入方法・納入媒体
   ⑧工程計画・共同レビュー計画
   ⑨推進体制
   ⑩開発手法・開発言語
   ⑪品質条件・性能条件
   ⑫運用条件
   ⑬保守条件
   ⑭費用見積り

4. 開発体制・開発環境
   ①役割分担
   ②作業場所
   ③開発に必要な資源・使用材料の負担区分
   ④貸与物件・貸与条件
   ⑤機密保持条件

5. 保証要件
   ①システム品質保証基準
   ②サービスレベルアグリーメント（SLA）
   ③セキュリティ
   ④デモ・テスト計画

6. 契約事項
   ①業務委託料
   ②支払条件
   ③費用の変更手続き
   ④賠償手続き
   ⑤受け入れ条件
   ⑥検収
   （納入条件、検収完了条件、検収期限）
   ⑦性能保証範囲、保証期間、保証条件
   ⑧移行と教育訓練
   ⑨保守とサポート期間、サポート条件
   ⑩変更管理と手続き
   ⑪罰則規定
   ⑫相互信用条項
   ⑬知的所有権の帰属先
   ⑭紛争解決のための事項
   ⑮管轄裁判所

7. その他
   ①用語
   ②外部委託先の管理方法
   ③リスクに対する相互認識
   ④仕様変更・機能追加時の
   契約変更手順

H30-18

(4) 見積もり

① システム開発費用の見積もり

見積もり手法には、類推法やボトムアップ法、パラメトリック法などがある。

【ソフトウェア開発の見積もり手法】

類推法	過去の類似プロジェクトの実績を基礎に見積る。デルファイ法などがある。
ボトムアップ法	プロジェクトの成果物の構成要素を洗い出し、それぞれに必要な工数などを見積って積み上げる。プロジェクト開始後に、構成要素単位で進捗とコストの予実管理ができる。標準タスク法やWBSを使ったWBS法などがある。
パラメトリック法	工数などを目的変数として、説明変数に規模や要因などを設定し、数学的な関数として表す。プログラムの行数（ステップ数）を説明変数とするLOC法やCOCOMO法、機能数や複雑さを説明変数とするファンクションポイント法などがある。

細部まで確定していない部分的な情報や、要件の変化などによって、実際に発生するシステム開発費用と、開発前の見積もりとの間には差異が生じることが多い。

【ボトムアップ法による人件費見積もり例】

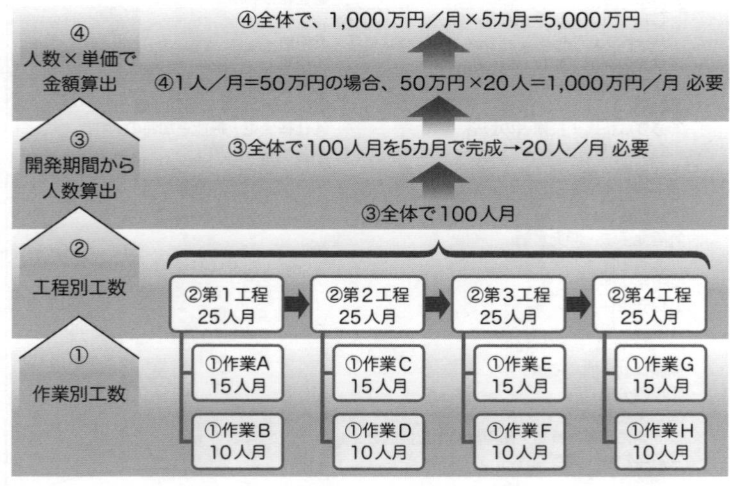

H29-18
H21-22
H20-19

② ファンクションポイント法（FP法）

ファンクションポイント法は、開発する情報システムの外部仕様で扱う機能を5つ程度のファンクションタイプに分類し、その機能数にファンクションタイプごとの「複雑さ」による重み付けを施して算出される数値によって、開発規模の見積もりを行う。構築する機能やデータに応じて規模を見積もるため、実装に用いるプログラム言語や開発者に大きく依存するLOC法の見積もりに比べ、より客観的な開発規模の指標を導くことができる。

ファンクションポイント法は、図表「ファンクション数の算出表」を用いて次の手順で実施する。

(a) ソフトウェアに要求される機能が5つのファンクションタイプのどれに当たるかを判断する。

(b) その機能ごとに複雑さの程度が「低(Simple)」「並(Average)」「高(Complex)」のどれに当たるかを判断する。

(c) 複雑さの程度に重み付け(例：低＝3、並＝4、高＝6)を施し、ファンクション数を算出する。

(d) 図表「影響度の算出表」を用いて、ソフトウェアの特性による影響度から補正係数を求める。

補正係数＝(影響度合計×0.01＋0.65)

補正係数は、影響度がすべてゼロ(影響度合計＝14項目×0＝0)のときは0.65、影響度がすべて5(影響度合計＝14項目×5＝70)のときは1.35となるように求める。

(e) ファンクションポイント
＝ファンクション数合計×補正係数

【 ファンクション数の算出表 】

No.	ファンクションタイプ	低	並	高	計
1	外部入力(入力画面等)	n×3	n×4	n×6	
2	外部出力(帳票やデータ出力)	n×4	n×5	n×8	
3	外部照会(照会画面等)	n×3	n×5	n×7	
4	内部論理ファイル(システムで利用するDB)	n×7	n×10	n×13	
5	外部インタフェースファイル	n×5	n×7	n×9	
ファンクション数合計					

n＝機能数

【 影響度の算出表 】

No.	項　目	影響度	No.	項　目	影響度
1	データ通信		1	オンライン論理ファイル更新	
2	分散処理		2	処理の複雑度	
3	性能要求		3	再利用性	
4	ハードウェア		4	変更／移行容易性	
5	トランザクション量		5	オペレーション容易性	
6	オンラインデータエントリー		6	複数部署導入容易性	
7	エンドユーザ作業効率		7	変更容易性	
補正係数合計					

影響度係数　0：影響は、ない
1：少し影響を受ける
2：少なからず影響を受ける
3：影響を受ける
4：かなり影響を受ける
5：非常に影響を受ける

また、ファンクションポイント法に「アルゴリズム」というファンクションタイプを加えてアルゴリズムの複雑さを反映させたフューチャーポイント法というモデルもある。

H28-16
③ CoBRA法

CoBRA法とは、ファンクションポイント法やLOC法など開発規模に比例して見積もりした定量的なデータと、熟練者・経験者の知見を基に変動要因と影響度を定量化したデータとを組み合わせて見積もりを行う、パラメトリック法のひとつの手法である。規模・工数の実績データを10件程度用意し、変動要因の値から三角分布を用いて、熟練者・経験者の「勘」「経験」といった知見を定量化する。

R03-19
H23-17
(5) 共通フレーム2007・2013

共通フレーム2007・2013とは、システム開発において、発注側(ユーザ)と受注側(ベンダー)の間で誤解がないように、用語や作業内容の標準化をするためのガイドラインである。

【主なプロセスの内容】

企画プロセス	●経営・事業の目的、目標を達成するために必要なシステム要件 ●システム化の方針、及び、システムを実現するための実施計画
要件定義プロセス	●新たに構築するシステム化の範囲を明確にし、システムが持つべき要件を列挙・検討して利害関係者間で合意する。 ●主なアクティビティ:「利害関係者の識別」「要件の識別、評価、記録」がある

H22-19
(6) 価値指向マネジメントフレームワーク

独立行政法人情報処理推進機構(IPA)では、ソフトウェア開発の人月見積りからの脱却と、情報システム開発に関するユーザとベンダーの問題意識の共有を目指した問題解決方法論として、IT-VDM/VOM(VDM:Value Domain Model:**価値ドメインモデル**、VOM:Value Oriented Management:**価値指向マネジメント**)を提供した。

IT-VDM/VOMの目的は、情報システム投資と調達見積りとの関係を見直し、ユーザ側経営企画/情報システム間、ユーザ/ベンダー間等に存在するギャップを解消することである。

IT-VDM/VOMでは、情報システムおよびソフトウェアに関わる活動の意思決定をモデル化する。**VDM**とは、情報システムソフトウェアに関わる活動について、あらゆる局面での価値に関する普遍的な考え方を示す。VDMを適用する実践的手法が**VOM**であり、稟議書、見積書、契約書などの導出を支援するためのVDMの活用方法を示す。

3 システム開発手法

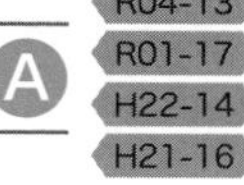

A

(1) システム開発の代表的手順

【システム開発の手順】

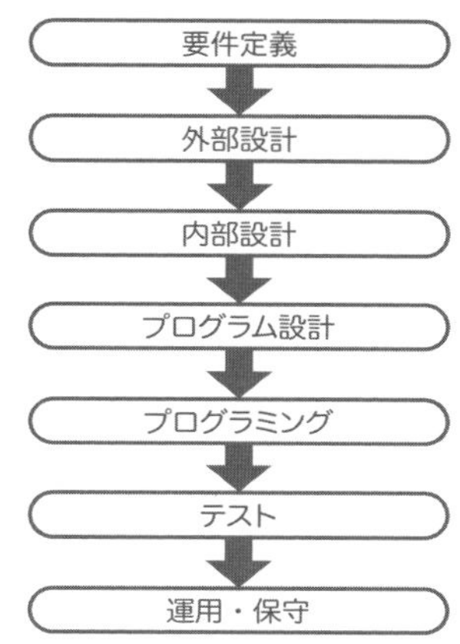

H29-17
H21-16
H20-14
H19-15

(2) 代表的なシステム開発手法

システム開発手法には、さまざまなものが提唱されている。次に代表的な3つのモデルを挙げる。

① ウォータフォールモデル

ウォータフォールとは「滝」という意味であり、その名のとおり上流から下流へと、システム開発の作業工程（フェーズ）を**順次進めていく**手法である。前フェーズの出力が、次フェーズの入力になるため、あるフェーズが完了したら、関係者間で終了確認（レビュー）を行う。前フェーズへは原則的に**後戻りしない**やり方である。

しかし、一般的に、設計段階でユーザの要望を正しく把握することは難しく、ユーザ自身も自らの情報化ニーズを把握していないことも少なくない。開発途中で仕様が変更になると前工程の作業がやり直しになり、手戻りが大きくなるという問題がある。

② プロトタイプモデル

ウォータフォールモデルの問題を解決するモデルとして考案された。システムのおおまかな内容を**試作品**として事前に作成し、システムのイメージをユーザに理解させ、合意が得られた段階で、開発作業を開始する手法である。後工程に重大な影響をもたらす上流フェーズでのミスを未然に防ぐことができる。しかし、プロトタイプモデルも万能ではなく次の問題点がある。

(a) 開発コストがウォータフォールモデル以上に膨らむ。

(b) 顧客が満足するまで開発を始められないため、システムの完成が遅れる。

③ スパイラルモデル

小さな範囲で、設計・開発・テストという一連の開発フェーズを短期間で何度も**繰り返し**、徐々により良いシステムの構築を実現していく手法である。一般に、システム全体をいくつかのシステム（サブシステム）に分け、独立性の高い１つのサブシステムから開発を始め、構築したサブシステムに他のサブシステムの機能を順次加えて、システムの完成度を高めていく。開発の初期段階でシステムを独立性の高いサブシステム単位に分割できる場合に有効である。ウォータフォールモデルとプロトタイプモデルの両手法の長所を併せ持つ。

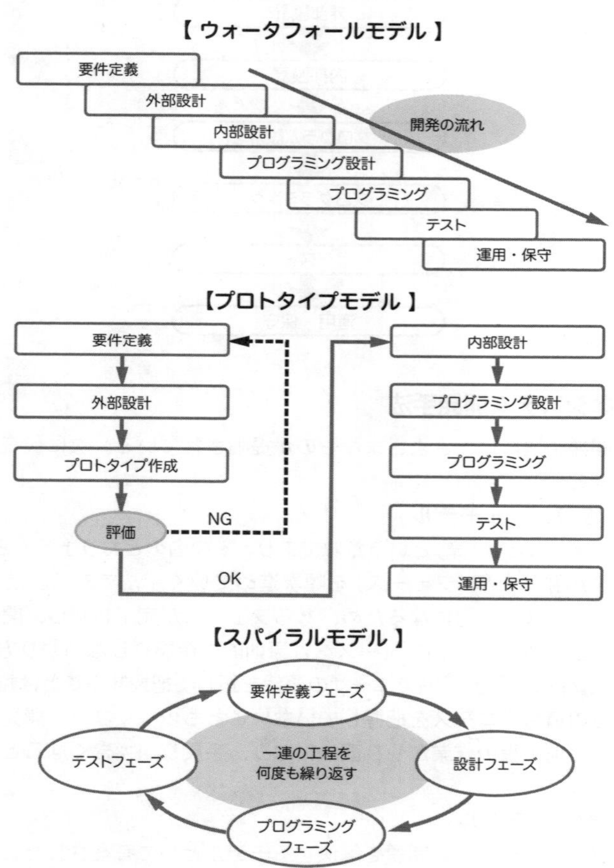

H26-15 (3) その他のシステム開発手法

ウォータフォールモデルなど代表的な3つのモデル以外の開発手法を次に紹介する。

① RAD (Rapid Application Development)

ウォータフォールモデルより**短期間**で**低コスト**のシステム開発を実現することを目的として考案された。プロトタイプモデルを含む、いくつかの開発手法を組み合わせた手法である。システムを小さい単位に分割し、タイムボックスと呼ばれる3カ月程度に区切られた短い期間でプロトタイプを繰り返し、システムを完成させてゆく。開発ツールを積極的に活用し、エンドユーザと協力しながら、開発の効率化と迅速化を図る手法である。

② アジャイル開発

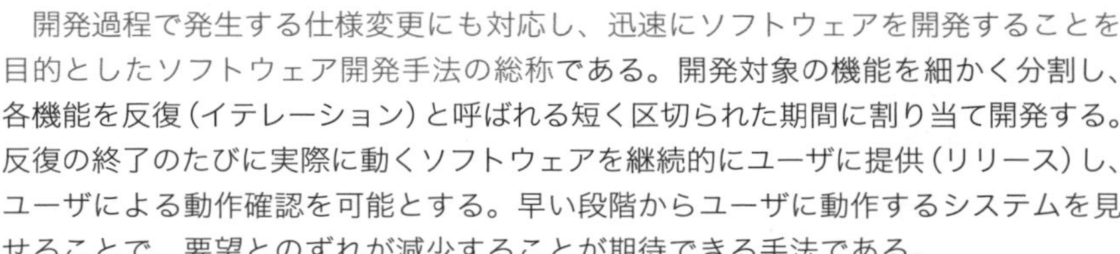

開発過程で発生する仕様変更にも対応し、迅速にソフトウェアを開発することを目的としたソフトウェア開発手法の総称である。開発対象の機能を細かく分割し、各機能を反復（イテレーション）と呼ばれる短く区切られた期間に割り当て開発する。反復の終了のたびに実際に動くソフトウェアを継続的にユーザに提供（リリース）し、ユーザによる動作確認を可能とする。早い段階からユーザに動作するシステムを見せることで、要望とのずれが減少することが期待できる手法である。

プロトタイプモデルやスパイラルモデルと類似する点も多いが、アジャイル開発では、開発効率の向上において、よりプロジェクトメンバー間のコミュニケーションを重視している。特に次の4つの価値に重点をおいた手法であり、比較的規模の小さいシステム開発を短期間で完成するのに適している。

(a) プロセスやツールよりも**個人やメンバー間コミュニケーション**を優先する。

(b) 包括的なドキュメントより**実際に動くソフトウェア**を優先する。
形式的な仕様書の作成よりも、ユーザが求める動作を提供するソフトウェアを成果物として提供することを重視する。

(c) 契約の交渉よりも**顧客との協調**を優先する。
開発にはユーザにも積極的に参加してもらうことを重視する。

(d) 計画の遵守よりも**変化への対応**を優先する。
開発途中で明確になった仕様の追加や変更にも対応する。開発手順なども開発当初で詳細まで決めず、途中で最善と思われるやり方を決めていく。

アジャイル開発プロセスを実現する手法として、エクストリーム・プログラミング（eXtreme Programming）や、ミーティング重視で全員が一丸となる**スクラム**（Scrum）、小さく分割した機能の動作プログラムを短期反復的に開発するフィーチャ駆動開発などが挙げられる。

R03-18
H21-16

③ エクストリーム・プログラミング

アジャイル開発プロセスの中の1つの手法である。**エクストリーム・プログラミング**は、その基本理念をコミュニケーション、シンプル、フィードバック、勇気、尊重の5つ（尊重を除き4つとする文献もある）の価値で表し、ストーリーカードを使ったストーリー伝達、リリース計画、頻繁なリリース、単純な設計、テストファースト、ペアプログラミングなど、基本理念を実践するためのプラクティスに基づき、迅速なシステム開発を目指している。

【 エクストリーム・プログラミングのプラクティス 】

プラクティス	内容
ストーリー伝達	ユーザは、必要な要件をチーム全体に伝える
リリース計画	ユーザはプログラマと協議しながら、次のリリース時の範囲を決定する
受け入れテスト	ユーザは、完成したプログラムを自ら定めた基準に従って受け入れるためのテストを行う
頻繁なリリース	頻繁にリリースし、ユーザからのフィードバックを得る
ペアプログラミング	２人がペアになり、１台のコンピュータに向かって共同してコードを書く
リファクタリング	最もシンプルなコードになるように、内部構造をブラッシュアップする
テストファースト	テストとプログラミングを交互に繰り返しながら、開発を進めていく
テスト駆動開発	プログラム記述前にテストケースを作成する
集団的な所有権	誰でも修正できるように、コードも情報も共有する
継続的インテグレーション	最低でも毎日１回はビルドする
単純な設計	将来必要になるかもしれない機能は、必要になるまで実現させない
責任の受け入れ	プログラマのスキルを加味して作業量を調整し、自身の作業をコミットできるようにする
援護	チームの活動が円滑に進むように支援し、障害となるものを取り除く
四半期ごとのレビュー	プロジェクトの進捗状況を、ステークホルダーと議論する
ミラー	プロジェクトの状況を一目で把握できるようにし、何をすべきかわかるようにする
最適ペース（40時間労働）	創造力を保ち続けるのに必要なペースを守る
イテレーション	短い反復期間（イテレーション）の繰り返しにより、プログラムを少しずつ改良する
共通の語彙	複雑なことを言い表すための共通の名前を付ける
オープンなワークスペース	チームは１つの部屋で作業し、いつでも相談や討論できるようにする
回顧	イテレーションの終わりに作業を振り返り、次にやるべきことを決める

出典：『XPエクストリーム・プログラミング入門』ケント ベック著、長瀬 嘉秀他訳　ピアソンエデュケーション
『納得のアジャイルプロセス入門』日経ITプロフェッショナル　日経BP社

④ スクラム

アジャイル開発プロセスの手法のひとつで、チームが一丸となって迅速にソフトウェア開発を進める方法論である。全員が一丸になって共同で物事に取り組む事から、ラグビーのスクラムに例えられるようになった。スクラムでは、スプリントという一定の期間（1～4週間程度）に区切り、優先順位の高いものから機能の実装と

評価を行い、スプリントを繰り返しながら開発を進める。
スクラムチームは、3つの役割で構成されている。

【 スクラムチームの役割 】

役割	内容
プロダクトオーナー	• 最終責任をもつ • 機能や技術的改善要素の優先順位をつける
スクラムマスター	• プロジェクトが円滑に進むことに責任をもつ • スクラムチーム全体が自律的に協働できるようにファシリテーター的な役割を担う
開発チーム	• 開発プロセスに責任をもつ • 開発メンバーは自律的な行動が求められる • 物理的に同じ場所で作業することは必須でない

4 外部設計

要件定義も含め、**外部設計**では、ユーザの立場に立ってヒューマンインタフェースを中心に設計を行う。外部設計では、コンピュータの内部処理等は考慮せず、ユーザの目に見える部分の設計を行う。

(1) 外部設計の概要

要件定義書をもとにシステム開発の対象となる業務内容や具体的な業務フロー、情報システムに望むユーザの要求を詳しく分析し、システム機能を確定させ入出力設計を行う。 R05-17

(2) 設計手法 H30-20 H27-16 H26-17

外部設計のフェーズでは、次のような分析手法を用いて、成果物を作成することが多い。 H22-15 H20-13

① 構造化分析手法 H19-16

【 構造化分析手法 】

DFD (Data Flow Diagram)	処理の流れを「データがどこで発生し、どのように処理され、どのように保管されているか」に着目し図式化する手法である。作成が比較的容易であり、コンピュータの知識がない者でも理解し易く、概要レベルでも詳細レベルでも書けるという長所がある。
E-R図 (Entity-Relationship Diagram)	管理対象であるエンティティ(実体)とその関係を表す図式化手法である。エンティティとは、組織活動等において管理しなければならない実体を指し、実世界におけるヒト、モノ、金、場所および概念などが該当する。
状態遷移図 (State Transition Diagram：STD)	時間の経過、事象の発生などの状況の変化に応じて、システムやエンティティがどのような状態を取りうるのか、またその際にどのような動作をするのかを表現する。状況の変化に基づいて、システムやエンティティが取るべき複雑な処理などの動的な振る舞いを記述する。

【 システム設計例 】

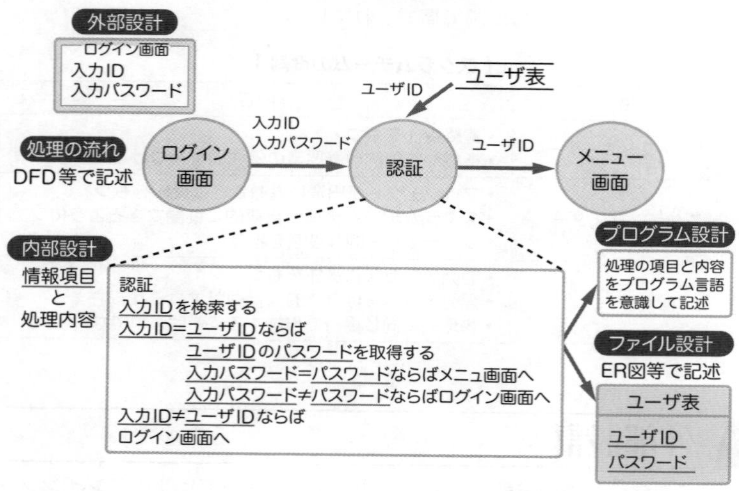

【 DFD 】

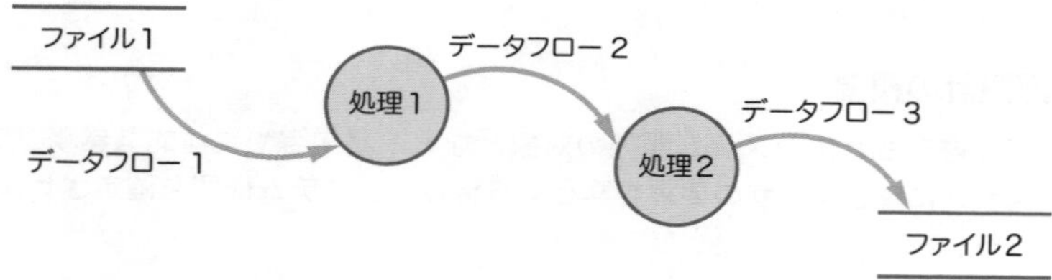

【 E-R図 】

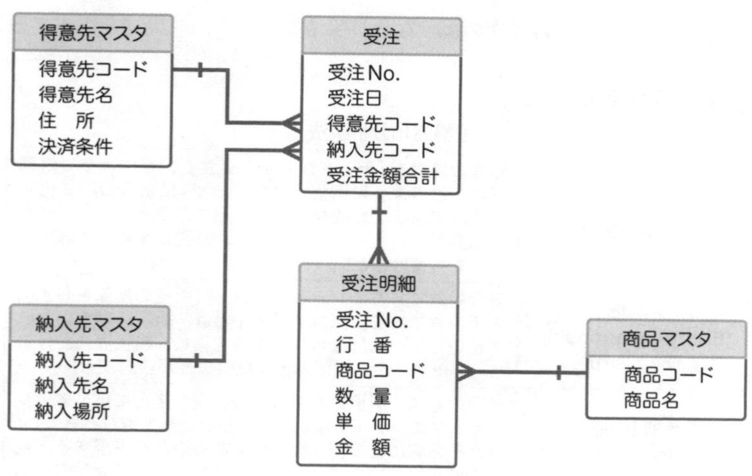

【 状態遷移図 】

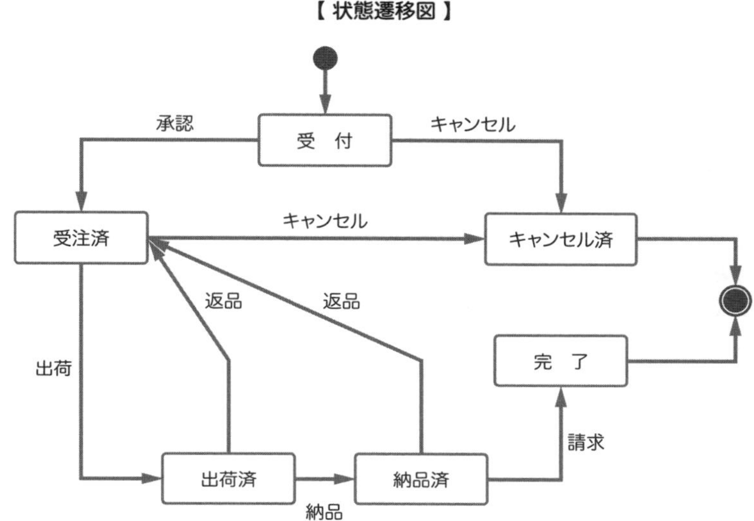

② データ中心アプローチ手法(Data Oriented Approach：DOA)

処理の流れではなく、データや情報に着目して処理の流れを図式化する手法である。処理を中心にする設計手法(Process Oriented Approach：POA)よりも設計変更に強いといった特徴を有している。

③ オブジェクト指向

R02-03

オブジェクト指向では、実世界をオブジェクトの観点からモデル化し、プログラミングで実現する。モデル化では各オブジェクトを機能と状態とで定義し、プログラミングでは機能を手続き(メソッド)・状態をデータ(属性・プロパティ)として記述する。メソッドは外部プログラムや他のオブジェクトから送られてくるメッセージ(仕事の依頼など)で起動する。プログラミングの対象は、類似オブジェクトを集めたクラスになる。

【 オブジェクト指向モデル化イメージ 】

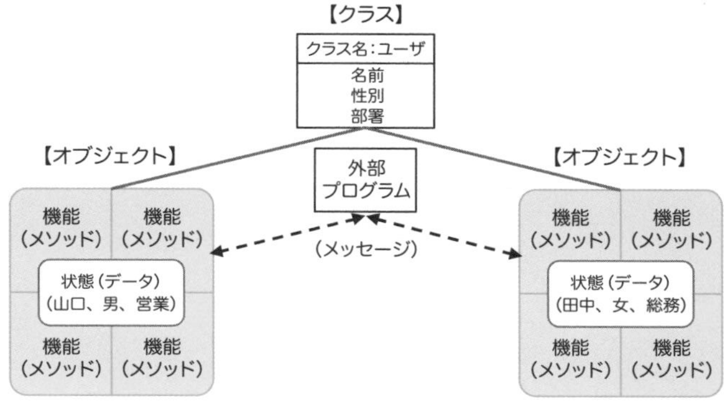

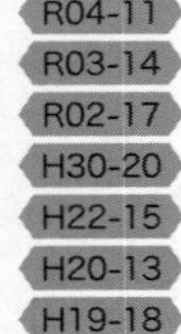

④ UML (Unified Modeling Language)

UMLは、オブジェクト指向分析でよく用いられるモデリングのための記述方法である。業務に含まれるモノや業務のやり方、システムを構成するモジュールやデバイスをオブジェクトとして、それらの構造と動作、各々の関係などを複数のダイアグラムを組み合わせてビジュアルにわかりやすく描写することができる。オブジェクト指向分析の世界においては、これまで多くの記法が提案されてきたが、現在は、UMLが実質的に世界標準のモデル記述言語といえる。

UMLは、どんなユーザがどんな機能を利用するかを表現するユースケース図、分析対象の世界の静的な構造を表現するクラス図やオブジェクト図、オブジェクト間の関係とメッセージフロー等を構造的に表現するシーケンス図やコミュニケーション図など、用途に応じて幅広いダイアグラムが用意されている。

UMLはまた、オブジェクト指向分析をもとに実装に必要な仕様を策定するオブジェクト指向設計フェーズで用いるダイアグラムも提供する。分析者や設計者は、開発のフェーズに応じて、またモデリングの目的に応じてダイアグラムを選択することで、すべてをUMLで表現することができる。さらに、分析から実装までを同じ種類のダイアグラムで統一して表現することもできるため、分析と設計の対応関係、設計と実装の対応関係などがわかりやすく表現できる。

UMLのダイアグラムをうまく使うことで、エンドユーザと開発者とのコミュニケーションが促進され、共通言語としての役割を果たすことができ、認識のずれや誤解を解消する助けにもなる。

【 UMLダイアグラムとシステム開発フェーズ 】

<table>
<tr><th>概念整理</th><th colspan="2">外部設計</th><th colspan="2">内部設計</th><th>システム実装</th></tr>
<tr><td></td><td>要件確認</td><td>システム仕様</td><td>機能設計</td><td>詳細設計</td><td></td></tr>
<tr><td colspan="5">アクティビティ図</td><td></td></tr>
<tr><td>オブジェクト図</td><td colspan="2">ユースケース図</td><td colspan="1">パッケージ図</td><td colspan="2">オブジェクト図</td></tr>
<tr><td colspan="6">クラス図</td></tr>
<tr><td></td><td></td><td colspan="4">シーケンス図</td></tr>
<tr><td></td><td></td><td></td><td colspan="3">コミュニケーション図</td></tr>
<tr><td></td><td></td><td colspan="4">ステートマシン図</td></tr>
<tr><td></td><td></td><td></td><td></td><td colspan="2">配置図</td></tr>
<tr><td></td><td></td><td></td><td></td><td colspan="2">コンポーネント図</td></tr>
</table>

【UMLダイアグラムの分類と役割】

分類		図	役割
構造図		クラス図	対象システムを構成する概念・事物・事象とそれらの間の関連を表す。
		オブジェクト図	クラス図に基づいて生成されたオブジェクトの構造を表す。
振舞図		ユースケース図	対象システムとその利用者とのやり取りを表す。
	相互作用図	シーケンス図	相互作用するオブジェクト間のメッセージの流れを時系列的に表現する。
		コミュニケーション図	オブジェクト間における相互作用の内容や関連を表す。
		ステートマシン図	システム内部の動作を記述し、ユースケースをまたがるオブジェクトごとの状態遷移を表す。
		アクティビティ図	活動の流れや業務の手順を表す。
実装図		コンポーネント図	プログラム間の依存関係を示すもので、ソフトウェアモジュールの構成やバージョン管理も表現することができる。
		配置図	オブジェクトやパッケージ、ファイルなどを実際のプラットフォームやネットワークノード上のどこに配置するのかを表す。

【クラス図】

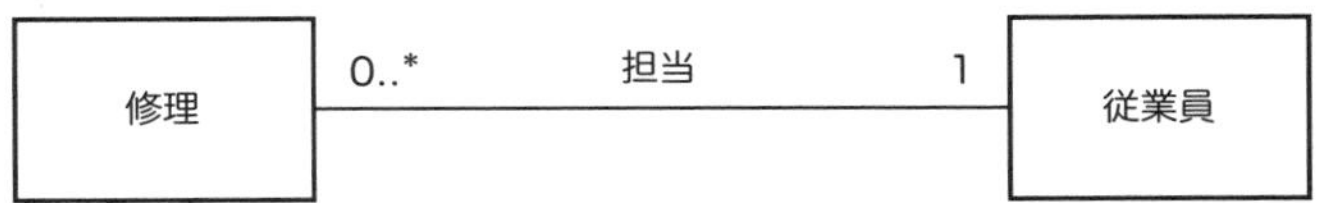

修理業務を表した上記【クラス図】では、①「従業員」と「修理」との間に「担当」という関係がある、②各修理に対して担当する従業員は必ず1人である、③各従業員に対して担当する修理は0以上である、ことを示している。

【ユースケース図】

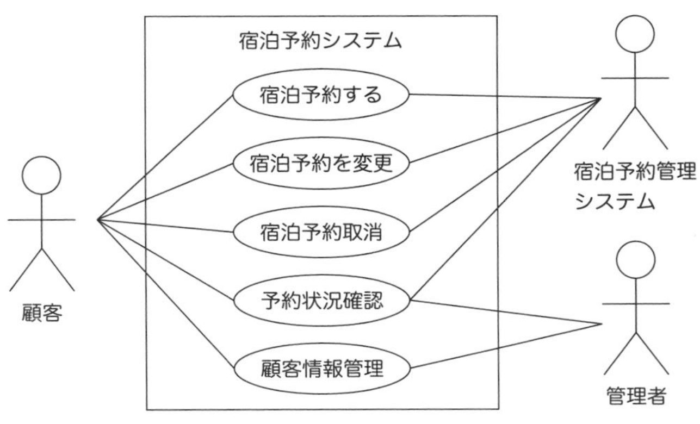

宿泊予約システムを表した上記【ユースケース図】では、宿泊予約システムに対して、①顧客が「宿泊予約」「宿泊予約変更」「宿泊予約取消」「予約状況確認」「顧客情報管理」のやり取りを行う、②宿泊予約管理システムが「宿泊予約」「宿泊予約変更」「宿泊予約取消」「予約状況確認」のやり取りを行う、③管理者が「予約状況確認」「顧客情報管理」のやり取りを行う、ことを示している。

【アクティビティ図】

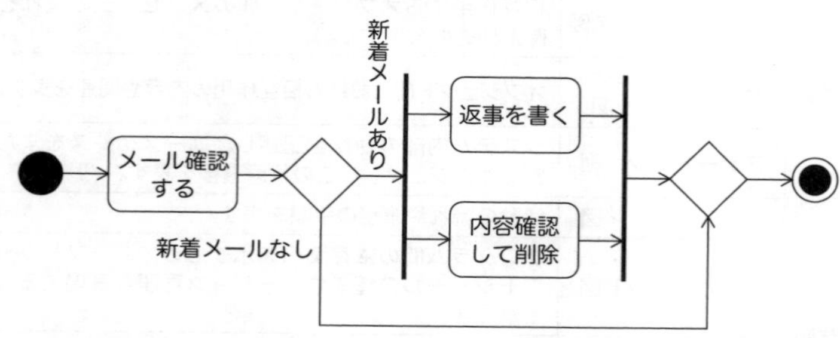

メール確認業務を表した上記【アクティビティ図】では、①メールを確認する、②新着メールありの場合は、安心な新着メールに返事を書き、不安な新着メールは内容確認してスパムなら削除する、③新着メールなしの場合はそのまま終了する、という手順を示している。

【コミュニケーション図】

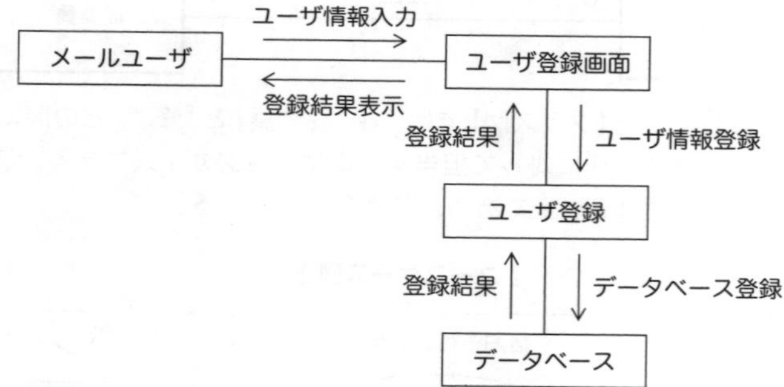

ユーザ登録を表した上記【コミュニケーション図】では、ユーザ登録において、①メールユーザがユーザ登録画面にユーザ情報を入力する。②入力されたユーザ情報をユーザ登録でチェックし、データベースに登録する。③データベース登録結果をユーザ登録を経由してユーザ登録画面に送る。④ユーザ登録画面に登録結果を表示し、メールユーザに知らせる、という相互作用を示している。

⑶ サブシステムの定義と展開

企業における情報システムは一般的にサブシステムの集合であり、かつ階層構造になっている。情報システムの規模が大きい場合には、設計の段階で必要な機能を関連性の高い、いくつかのサブシステムに分割し、サブシステムごとに設計を行う方が効率が良く、混乱を招かない。

(4) 画面設計・各種帳票設計

ユーザの立場から見た情報システムの定義、つまりユーザインタフェースの設計を行う。具体的には画面の概略設計や画面遷移図の作成、入出力帳票の設計等である。

① 画面設計の手順

(a) 全体像の作成（使用するすべての画面の構成図を作成する）
(b) 画面設計の標準化（画面のレイアウトや表示方法を標準化する）
(c) 画面の流れの設計（どのような順序で画面が遷移するかを設計する）
(d) レイアウトの設計（ボタンや記号等の構成・配置などを設計する）

② 入出力帳票設計の手順

(a) 出力に関する目的、タイミングなどの検討
(b) 出力方式・媒体の決定
(c) レイアウトの設計（出力イメージを設計する）

(5) コード設計

H24-10

商品名や住所などのデータをコンピュータで処理し管理するためには、情報をコード化（数値化や記号化）する必要がある。コード化することで、データとして扱い易くなり、さらに検索や分類・配列といった操作が容易かつ効率的になる。

コード体系は、全社でユニークにするのか、部門内でユニークにするのか、何桁で採番するのかなどを決める必要がある。入力時に入力ミスをなくす方法として、最後の桁にチェックディジットと呼ばれるチェックのための数字を付すこともある。

① 連番法

コードの対象を順番に並べて先頭から番号をつける方法である。

② 区分分類法

あるデータ項目の中をいくつかの組に分け、各組の順を追って番号を割り振る方法である。

③ 桁別分類法

データ項目を大分類・中分類・小分類などに区別し、コードの各桁に分類を対応させる方法である。

【 コード体系例 】

●Aさん（東京出身=T）、Bさん（東京出身=T）、Cさん（福岡出身=F）にコードを付す場合

連番法	区分分類法 出身ごとに連番	桁別分類法 連番+出身
●00001　Aさん ●00002　Bさん ●00003　Cさん	●T0001　Aさん ●T0002　Bさん ●F0001　Cさん	●0001T　Aさん ●0002T　Bさん ●0003F　Cさん

⑹ 論理データ設計

システムでは、基本的に入力データを加工して出力データを生成する。このため、システム設計では、データ設計を必ず行わなければならない。データ設計は、外部設計の段階において行われる論理データ設計と、内部設計の段階において行われる物理データ設計に分けられる。論理データ設計では物理的なデータ配置は考えず、システム内で保持すべきデータ項目を決定する。まず、機能ごとに必要なデータ項目を洗い出す。次に、DFD等を用いてデータの関連性を分析したり、E－R図を作成しファイルやデータベースのアウトラインを決定したりする。

5 内部設計 

⑴ 内部設計

内部設計は、コンピュータ側またはシステム開発側から見た設計である。外部設計ではユーザの視点からシステムの設計を行った。内部設計では、外部設計で定義した内容をコンピュータシステム上でどのように実現すべきか、つまりハードウェア（使用機種）やソフトウェア（開発言語等）の制約を考慮しつつ、より詳細かつ具体的な部分を設計する。

⑵ 内部設計の流れ

① 機能分割・構造化（構造化設計）

外部設計のサブシステム展開で定義した機能をより詳細に分割し、各処理の詳細設計を行う。サブシステムをプログラム単位にまで分割し、各プログラムの機能およびプログラム間の処理の流れや関連性を明確にする。

② 物理データ設計（ファイル設計）

外部設計で作成した論理データ設計をもとに、データベース、ファイルのデータ項目、およびデータの特性（使用率・増加率）等を検討し、データの物理編成やレイアウトを設計する。

③ 入出力詳細設計

画面の詳細設計を行う。外部設計の入出力設計が、画面や出力のイメージの設計だったのに対し、内部設計では、出力項目の正確な配置・フォントの大きさ、色、ボタンのデザインなど、詳細な部分まで設計する。

④ 内部設計書の作成

内部設計の各作業の成果を内部設計書としてまとめる。内部設計のミスは後工程に重大な影響を与える。システムの詳細な部分まで設計するため簡単に変更できないことを認識しておくことが重要である。

6 プログラム設計・プログラミング 

(1) プログラム設計

プログラム設計では、プログラムの内部構造を設計する。内部設計で分割されたプログラムを、実際のプログラミング単位である「モジュール」にまで分割し、個々のモジュールの設計を行う。プログラムが大きいと、全体を同時に考えることが難しくなる。そこで、小さな単位にプログラムを分割することにより、思考範囲が狭まり、モジュールの全体像が見やすくなり、プログラム作成が容易になる。

(2) プログラミング

プログラミングでは、プログラム設計書をもとに、定義されたモジュールを実際にコーディングする。また、モジュール単位で行う単体テストの計画やテストケースの設計を行う。

① プログラミングの流れ

(a) コーディング

コーディングとは、プログラム言語を用いて実際にプログラムを作成することである。プログラミングでは、メンテナンス性を考慮し、他人が見ても理解し易い記述を心がける必要がある。複数メンバーでプログラミングを行う際は、標準的な規約を設け、誰が書いたプログラムを読んでも容易に理解できるようにする。

(b) プログラミング担当者による単体テスト

プログラムは、コーディングしただけで完了でない。プログラム設計書に基づいたテストを行って初めて完成する。

まず、単体テスト計画を立て、テストケースやテストデータを準備する。次に、モジュール単位でチェック項目に漏れがないように確実にテストを実施する。

7 テスト A

(1) テスト

製品メーカーは、製品を販売する際に出荷テストを行う。ソフトウェアの開発においても、プログラムやシステムが仕様どおりに機能するかどうかを、検査しなければならない。システムにおけるテストでは、モジュールやプログラム、システム全体の動作が設計書どおりかどうかなど、ユーザの要求事項への充足度等をチェックする。

(2) テスト設計

テストはその確認対象に応じて、テストの内容や実施技法も異なる。どの時期に、何をテスト対象に、どのようなテストを実施し、どのような期待値を得るか、前もって決定することが重要である。このようなテスト対象の分析、テスト技法の選定、テスト項目と評価方法の策定などを設計することを**テスト設計**と呼ぶ。テスト設計においては、より少ないテスト項目で、より多くのバグを見つけるよう工夫することが重要である。

【テスト設計の手順】

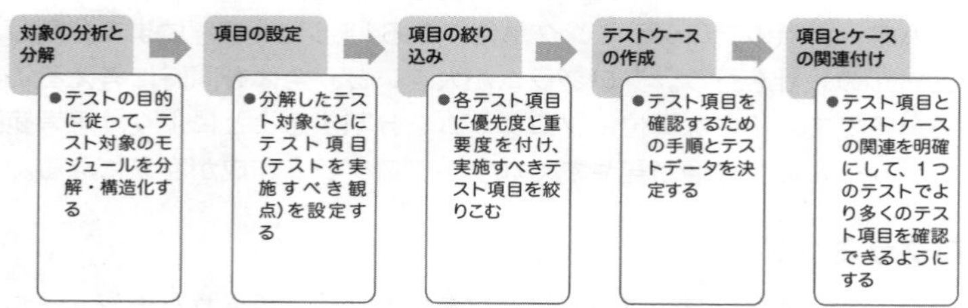

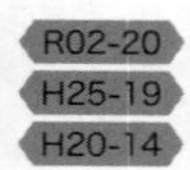

⑶ 単体テスト

① 単体テストの概要と目的

単体テストは、システム開発における最小単位であるモジュールに対して行う。モジュールがプログラム設計書どおりに機能しているかどうかを確認することが目的である。モジュールを結合してからテストを行うと処理が複雑になるため、システムに潜むエラー（バグ）を取るのに大変な労力を要する。そこで、モジュール単位でできるだけ多くのバグを取り除いておく。テストの実行結果は保存し、設計者にテスト計画書とともに提出する。

② 単体テストの種類

⒜ ホワイトボックステスト

モジュールの内部構造および論理、制御のすべての流れに着目してテストケースを設計する。すべての処理の流れをテストすれば、それだけ漏れのないテストが実施できる。しかし、作業量が膨大となるため、テストケースは、「網羅性」と「生産性」のバランスを考慮して設計する。

⒝ ブラックボックステスト

モジュールの内部構造や論理構造には一切着目せず、条件と結果の組み合わせを表形式で整理する決定表（ディシジョンテーブル）などを用いて、モジュールのインタフェースだけに着目してテストデータを設計する。入力データに対する出力が正しいかどうかというシステム使用の視点がテストのポイントとなる。

⒞ グレーボックステスト

ホワイトボックステストのように内部構造を理解した上で、ブラックボックステストのように、入力データに対する出力が正しいかをテストする。

⑷ 結合テスト

単体テストが終了したモジュール同士を結合し、モジュール群として正しく動作することを確認するのが**結合テスト**である。内部設計やプログラム設計に対する検証になる。モジュール間のインタフェース（プログラム間のデータのやり取り）が正常に動作しているかどうかに着目してテストを行う。

⑸ 結合テストの種類

結合テストは、増加テストと非増加テストに大別される。

① 増加テスト

テスト済みのモジュール群に、モジュールを順次結合させながら行うテストである。大規模なシステムのテストに適している。

⒜ トップダウンテスト

最上位のモジュールから、順次下位モジュールを結合してテストを行う。この時、未作成の下位モジュールがある場合には、「**スタブ**」と呼ばれるダミーモジュールを作って結合テストを行う。

⒝ ボトムアップテスト

最下位のモジュールから、順次上位モジュールを結合してテストを行う。この時、未作成の上位モジュールがある場合には、「**ドライバ**」と呼ばれるダミーモジュールを作って結合テストを行う。

② 非増加テスト

単体テスト済みのモジュールを一度に結合して行うテストである。比較的小規模なシステムのテストに適している。

③ ビッグバンテスト

すべてのモジュールの単体テストを済ませた後に、全モジュールを一気に結合しテストを行う。

【 トップダウンテストの流れとボトムアップテストの流れ 】

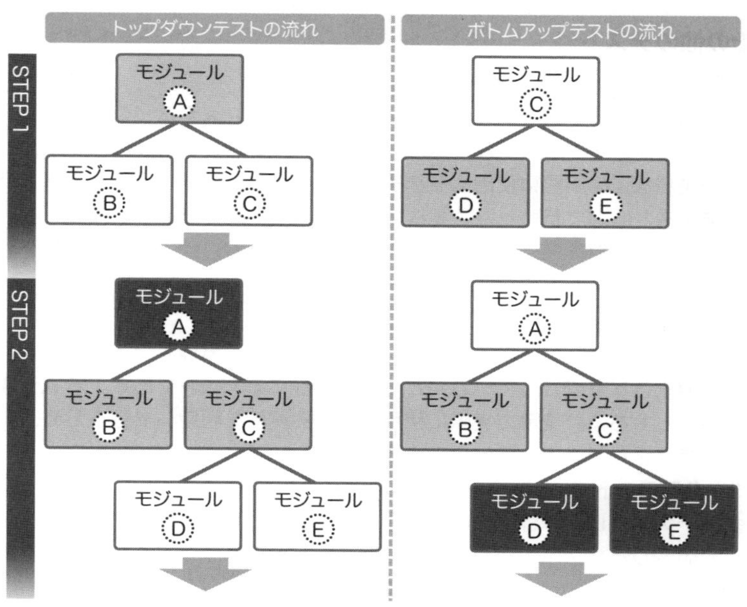

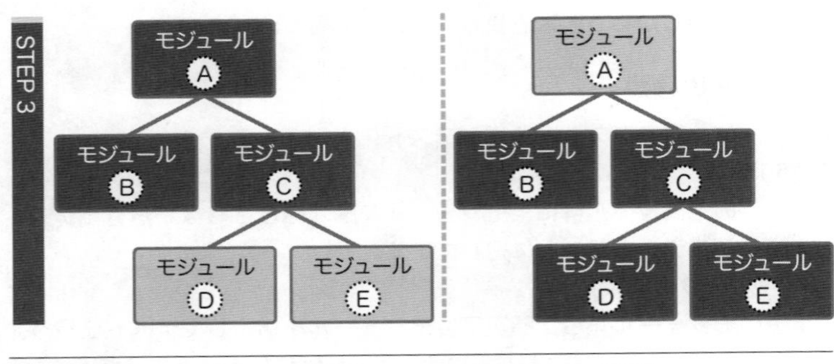

H21-18 H20-14

⑹ システムテスト

システムテストは、システムの要求目的や性能などの面からシステム全体を総合的にチェックする役割を担う。

① システムテストの概要

サブシステム側のインタフェースに着目して行うテストで、外部設計フェーズに対する検証となる。システムテストは総合テストとも呼ばれ、システム開発側主導の最後のテストになる。

② システムテストの種類

システムテストでは、機能テストや操作性テストなど、さまざまな角度からテストを行い、機能や性能を確認する。

H30-21 H19-19

⑺ その他のテスト

① 承認テスト（検収テスト）

承認テストとは、システムのユーザが、納品されたシステムが要求したとおりの機能や性能を備えているかどうかを検証するテストである。受け入れテストとも呼ぶ。ユーザが業務などで実際に使用するデータや操作方法を使って行われる。ブラックボックステストとして行われ、主要機能から開始し、周辺機能へと範囲を広げ、最終的にはすべての機能をチェックする。承認テストの前には、システム開発側で運用テストや負荷テストを行うことが多い。

(a) 運用テスト

運用テストとは、実際に運用するときと同じ条件・環境でテストを行い、システムが要求仕様を満たしているかどうかを検証するテストである。承認テストを兼ねることもある。業務で実際に使用している環境を利用して行うため、業務に支障をきたさないように実施する必要がある。

(b) 負荷テスト

負荷テストとは、本稼働での利用を想定したユーザ数のアクセスやデータ量を用い、想定したレスポンスや正常な処理結果が得られるかどうかを検証するテストである。開発側だけでなく、ユーザ側でも負荷テストを実施することが望ましい。

② 回帰テスト（レグレッションテスト・退行テスト）

回帰テストとは、システム保守などによるシステム修正が、他の正常な部分に予想外の影響を及ぼさないかを検証するテストである。実際には、検証する範囲を決めることが難しい。

③ アルファテストとベータテスト

アルファテストとは、システム開発初期段階の試作版で行われるテストで、主に開発関係者や希望するユーザが行う。**ベータテスト**とは、システム開発最終段階で行われるテストである。社外に委託し、性能や機能などの評価を得て製品版の完成度を高める。

⑻ テストの実施手順と作業内容

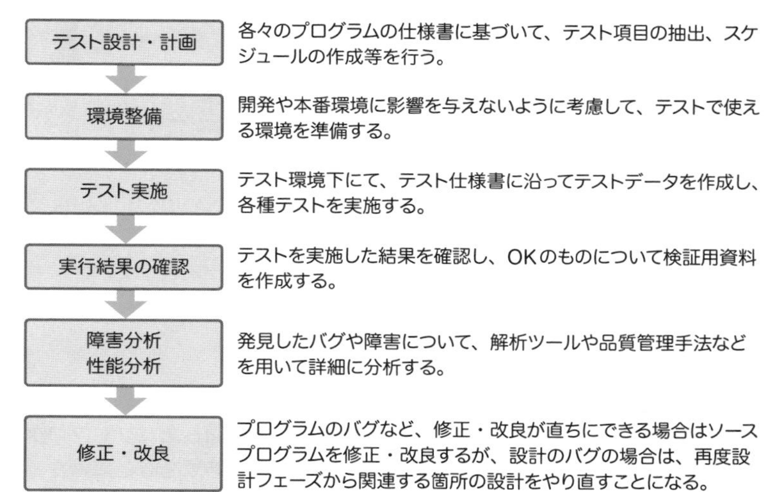

【テスト実施手順】
テスト設計・計画
各々のプログラムの仕様書に基づいて、テスト項目の抽出、スケジュールの作成等を行う。
環境整備
開発や本番環境に影響を与えないように考慮して、テストで使える環境を準備する。
テスト実施
テスト環境下にて、テスト仕様書に沿ってテストデータを作成し、各種テストを実施する。
実行結果の確認
テストを実施した結果を確認し、OKのものについて検証用資料を作成する。
障害分析
性能分析
発見したバグや障害について、解析ツールや品質管理手法などを用いて詳細に分析する。
修正・改良
プログラムのバグなど、修正・改良が直ちにできる場合はソースプログラムを修正・改良するが、設計のバグの場合は、再度設計フェーズから関連する箇所の設計をやり直すことになる。

【 設計フェーズとテストフェーズの対応 】

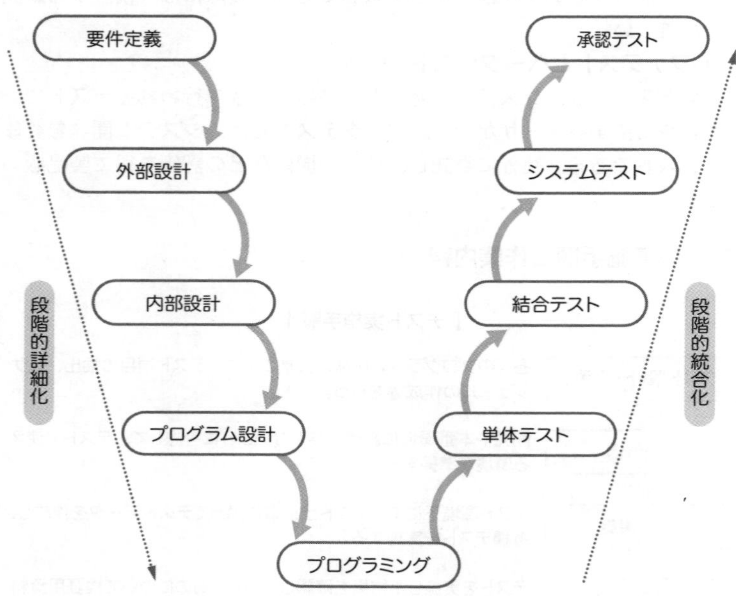

R05-18 (9) エラー埋め込み法

ソフトウェア開発において、ソフトウェアのエラー数を推定する手法としてエラー埋め込み法がある。エラー埋め込み法とは、あらかじめ意図したバグをプログラムに埋め込み、その存在を知らない検査担当者に検査をした結果をもとに潜在エラーの件数を推定する方法である。潜在エラーの件数は、以下の式で求めることができる。

潜在エラーの件数＝埋め込みエラーの件数×
　　　発見された潜在エラーの件数÷発見された埋め込みエラーの件数

例：埋め込みエラーの件数：100件、発見されたエラーの件数：50件、発見された埋め込みエラーの件数：40件の場合

　発見された潜在エラーの件数：50（件）－40（件）＝10（件）

　潜在エラーの件数：100（件）×10（件）÷40（件）＝25（件）

8 その他のシステム構築手法

(1) SOA (Service Oriented Architecture)

SOAとは、ビジネスプロセスの構成要素やひとまとまりの機能を「サービス」と捉え、システム全体をこのサービスの集まりとして構築する設計手法である。**サービス**とは、外部から標準化された手順によって呼び出すことができるソフトウェアの集合である。

SOAにおいては、これらのサービスを組み合わせることでシステムを柔軟に構築・変更できる。自社のビジネスプロセスに合わせ、柔軟に「サービス」群を連携し統合して、コストや手間をかけずに柔軟なシステムを構築することが可能となる。

① SOAの特徴

(a) サービスの単位

サービスの単位は、プログラム部品単位ではなく、「受注処理」「在庫問い合わせ」などビジネスプロセスの構成要素として意味のある**業務単位**、あるいは、「サーチエンジン」など人間にとって意味のあるまとまった**機能単位**に定義される。アプリケーションの一部をサービスとすることもできるし、複数のアプリケーションをまとめて1つのサービスとすることもできる。

(b) サービスのインタフェース

各サービスは**オープンで標準的な技術に基づくインタフェースに対応**している。サービスの利用にあたり、サービス利用者は、サービスのインタフェースのみを理解していればよく、その内部で具体的にどのような処理が行われているかを知る必要がない。サービス提供者は、標準のメッセージ交換インタフェースに対応するサービスを構築すればよい。サービスを実現するアプリケーションの開発言語や動作環境などは自由に選択できる。

(c) サービスの連携技術

SOAは、サービスを組み合わせて連携する「標準的な」技術基盤の利用を前提とする。SOAを実現する具体的な技術基盤の標準として「Webサービス」がよく利用されている。ソフトウェアをWebサービス化することにより、各サービスがXMLで記述されたメッセージをSOAPでやり取りし、連携して動作する。SOAでは部品間の結びつきが比較的緩やかで、独立性が強い疎結合となる。緩やかなサービス連携を実現する手段として、ESB (Enterprise Service Bus) が利用される。

【 SOAによるサービス連携 】

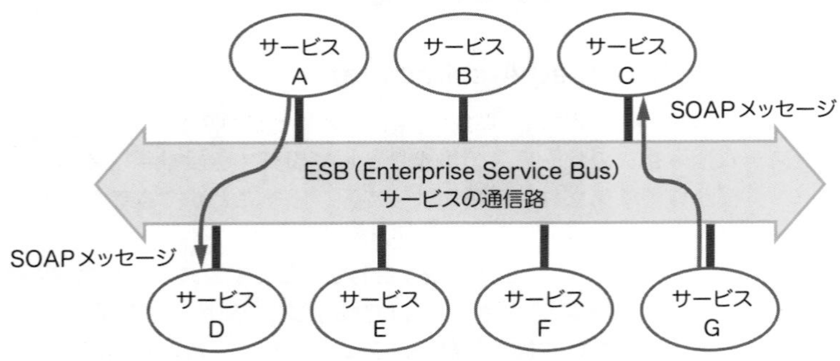

(d) SOAがもたらす可能性

サービスは、ユーザが業務プロセスの構成要素と対応付けることのできる単位で構築することができる。共通の連携基盤を通して疎結合で連携されるため、他のアプリケーションや部品に影響を与えることなく、サービスの追加や変更、サービスの組み合わせの変更によるシステムの変更なども可能である。ユーザは、ビジネスプロセスの変更に応じてサービスの組み合わせを変えることで、システムを柔軟に素早く変えることが可能となる。

SOAの利用により、レガシーシステムの持つ重要な情報や機能をサービスとして提供し、新規システムと連携・統合し有効活用することも考えられる。レガシーシステムは安定性こそ高いものの、システムによってOSが異なるため、データの互換性が低いなど柔軟性に欠ける。さらに、保守できる要員が減少したこともあり、大がかりな改修を伴う他システム連携などは対応が難しい。

これらのシステム資産を活用するためには、UNIXやWindowsなどのオープン系システムに移植するレガシーマイグレーションが必要であると議論されてきた。しかし、レガシーシステムを部品として用いるサービスを定義することで、レガシーシステムそのものを大きく改修することなく新しいシステムとの連携が可能となる。

この方法を用いると、レガシーマイグレーション以外の方法で、レガシーシステムの資産を新しいシステムと連携させて有効活用することが可能となる。

H25-07 (2) 開発支援ツール

① コンストラクションツール

コンストラクションツールとは、システム構築を補助するソフトウェアである。

H27-20 (3) DEMO (Design & Engineering Methodology for Organizations)

ビジネスプロセスを見える化(モデル化)するアプローチには、仕事のつながりで捉えるワークフロー的視座と、人のつながりで捉える調整的視座の2つがある。調整的視座に立つモデリング技法の代表例が**DEMO**である。

【 ビジネスプロセスモデリング技法 】

視座	概要	モデリング技法例
ワークフロー的視座	業務遂行のために、「どんな仕事をするか」を順序だてて分析する	BPMN、EPC、ペトリネット
調整的視座	「誰が（どの立場の人が）、どんな仕事をするか」の点から、立場別の仕事順序と立場間の仕事の流れを分析する	DEMO

R04-13
R01-17
H28-15

(4) DevOps

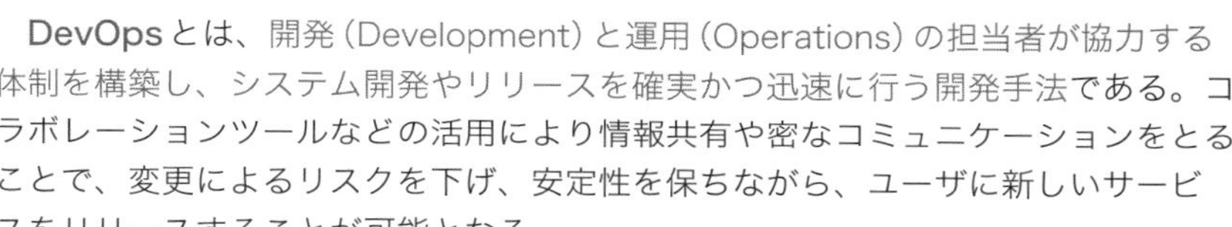

DevOpsとは、開発（Development）と運用（Operations）の担当者が協力する体制を構築し、システム開発やリリースを確実かつ迅速に行う開発手法である。コラボレーションツールなどの活用により情報共有や密なコミュニケーションをとることで、変更によるリスクを下げ、安定性を保ちながら、ユーザに新しいサービスをリリースすることが可能となる。

9 新旧システムの切り替え

(1) 新旧システムの切り替え

情報システムは、常に改善や高度化を図り、環境変化への対応を図っていく必要がある。

① 新旧システムの切り替え方法

新旧システムを切り替える方法として、次の4つのスタイルがある。システムの特性や組織の情報リテラシーに応じて、選択される手法が異なる。

(a) 直接転換法
あるタイミングで一気に新旧システムを切り替える方法

(b) 並列転換法
一定期間、新旧システムを稼働させ移行させる方法

(c) モジュラー転換法
段階的に新システムを導入していく方法

(d) フェーズ・イン転換法
モジュラー転換法より細かい単位で新システムへの移行を行っていく方法

II 情報システムの評価

H27-23

1 情報システムの品質特性

情報システムの品質特性では、システムが仕様どおりに作られているか、応答性能はどうか、ダウンすることなくいつも快適に使えるかといったユーザ側の項目だけでなく、保守は容易かといった開発側からの項目も考慮される。情報システムの品質特性を評価する項目として、「JIS X 0129」では次のように規定している。

【 外部及び内部品質のための品質モデル 】

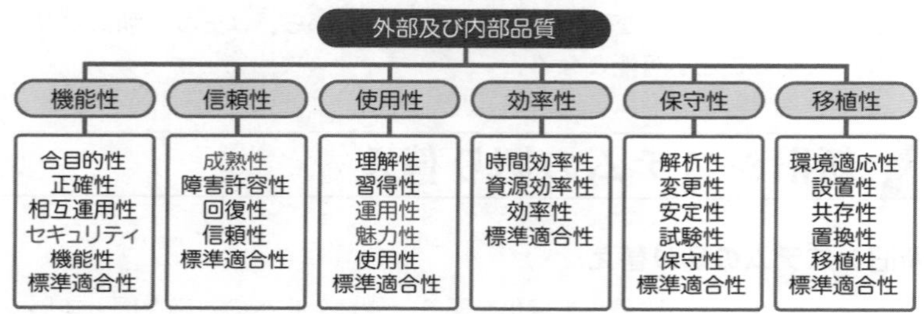

セキュリティは機能性品質に含まれる。成熟性は信頼性品質に含まれる。運用性と魅力性は使用性品質に含まれる。

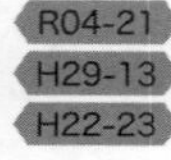

2 情報システムの信頼性

H25-06

(1) RASIS

コンピュータシステムの優劣を評価する指標としては、RASISが用いられる。

【 RASIS 】

信頼性 (Reliability)	●機器や装置が故障なく正常に動作できることである ●評価指標として、MTBFを用いる
可用性 (Availability)	●システムを利用したいときにいつでも使えることである ●評価指標として、稼働率を用いる
保守性 (Serviceability)	●故障が発生した場合に、素早く回復できることである ●評価指標として、MTTRを用いる
保全性・完全性 (Integrity)	●セキュリティ上の十分な対策がとられていて、偶然や故意によるシステムの破壊が起きにくいことである ●データが矛盾を起こさずに一貫性を保っていることである
機密性 (Security)	●システムやデータに対する不正な行為ができないように保護され、データ内容が保証されていることである

⑵ MTBF、MTTR、稼働率

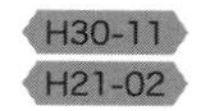

① MTBF (Mean Time Between Failure)：平均故障間隔

MTBFとは、故障設備が修理されてから、次に故障するまでの動作時間の平均値で、いわば正常稼働時間の平均である。

② MTTR (Mean Time To Repair)：平均修復間隔

MTTRとは、故障した設備を運用可能状態へ修復するために必要な時間の平均値で、いわば稼働停止（修理）時間の平均である。

③ 稼働率 (Operating Ratio、可動率、可用率)

情報システムが必要なときにいつでも利用できるという可用性は、情報システムの分野において、一般的に**稼働率**という指標で評価する。

可用性を評価する稼働率は、試験対策上、「全時間（平均故障間隔＋平均修復間隔）のうち、平均故障間隔が占めている割合」であり、計画停止時間を除いて測定する。

⑶ システムの接続方式

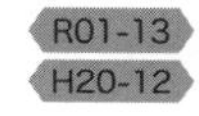

① 直列方式

装置同士が直列に接続されている方式である。装置1と装置2との直列方式では、どちらか一方または両方の装置が稼働停止すると、システム全体が稼働停止になる。直列方式の稼働率は、装置1と装置2との両方が正常稼働している確率である。

直列方式の稼働率 ＝ 装置1の稼働率 × 装置2の稼働率

② 並列方式

装置同士が並列に接続されている方式である。装置1と装置2との並列方式では、両方の装置が稼働停止すると、システム全体が稼働停止になる。並列方式の稼働率は、装置1と装置2とのどちらかが正常稼働している確率（1－装置1と装置2との両方が稼働停止している確率）である。

並列方式の稼働率 ＝ 1－{(1－装置1の稼働率) × (1－装置2の稼働率)}

【 システム稼働時間と接続方式 】

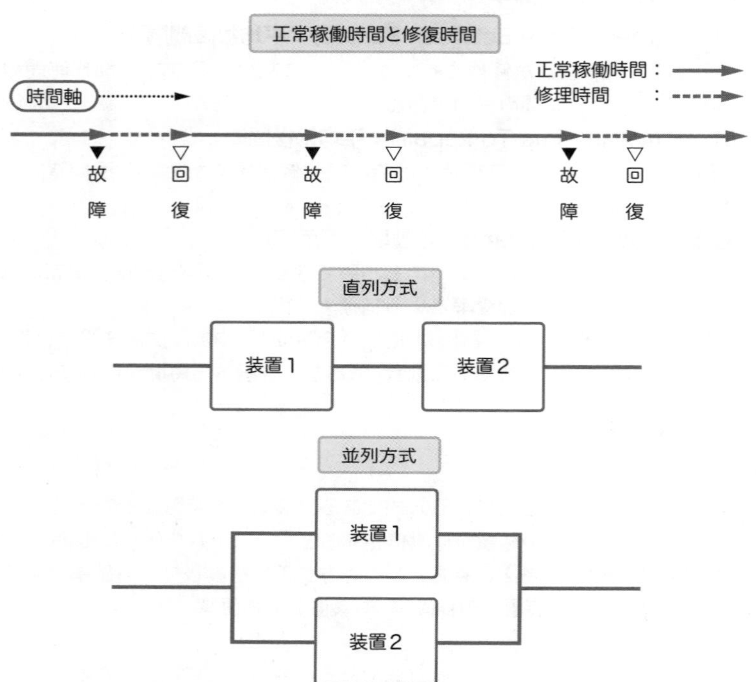

［ 例　題 ］

メインサーバと同機能のサブサーバからなる並列システムがある。メインサーバの稼働率が90%、サブサーバの稼働率が70%とするならば、並列システム全体の稼働率は何%となるか。

【例題の並列システム】

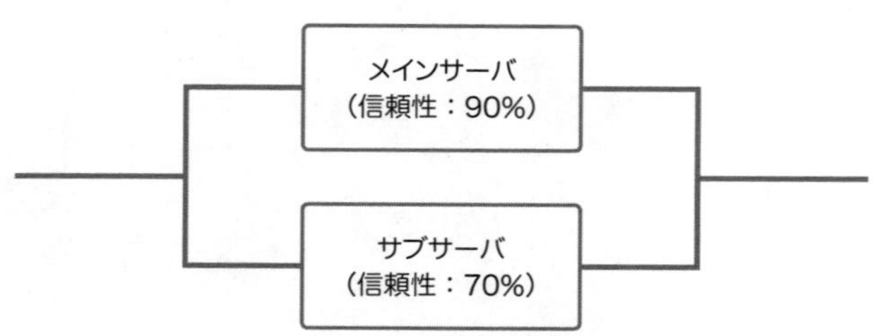

［ 解　答 ］

97%

［解　説］

２台のサーバのうち、少なくとも１台のサーバが動作していればシステム全体の信頼性は確保される。

少なくとも１台が動作している確率
　＝100％ －（２台とも停止している確率）

２台とも停止している確率
　＝メインサーバの停止確率×サブサーバの停止確率

少なくとも１台が動作している確率
　＝ 100％ －｛（100％－90％）×（100％－70％）｝＝97％

以上により、正解は97％となる。

3 信頼性から見たシステムの構成 B

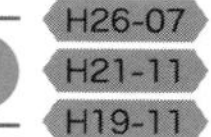

情報システムの果たす役割が社会的に重要度を増してくると、これに見合った信頼性が必要になる。ハードウェアの面では、CPUや通信制御装置を複数個組み合わせて冗長（予備をもつ多重化）にし、障害に備えるなどの工夫がなされている。

(1) シンプレックスシステム

最も単純で安価なシステム構成である。システムの構成要素のすべてが１つずつであることが典型で、構成要素のどれか１つでも故障するとシステムが止まってしまうおそれがある。

【シンプレックスシステム】

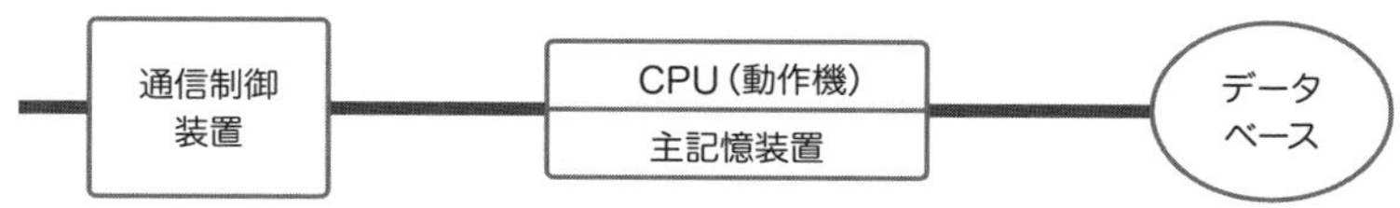

(2) デュプレックスシステム

２系列のシステムで構成し、一方はオンラインの業務を処理し（**動作系**）、他方は平常時にはオフラインの緊急性の低い再実行可能な業務を処理する（**待機系**）システムであり、待機システムとも呼ばれる。動作系に何らかの障害が発生した場合、待機系に切り替えてオンライン業務を再開することで円滑な運用を確保する仕組みである。通常は、待機系をバッチ処理などに利用することで経済的なシステム構成が実現できるが、障害発生時の切り替え時には、動作系の状態を待機系に引き継がせる必要があるなど、複雑な操作が要求されるため、障害時の対応マニュアルの整備など、事前の準備が必要である。情報システムの要求レベルとしては、ある程度の停止時間が許容されるオンラインシステムで用いる。

【デュプレックスシステム】

通信制御装置
切替装置
CPU（動作機）
主記憶装置
CPU（待機機）
主記憶装置
切替装置
データベース

H25-06
(3) デュアルシステム

業務を完全に遂行できるひとかたまりのシステムを**二重**に装備する方式である。それぞれの系統が常時同一の処理を実行し、処理した結果を周期的に相互チェックしながら運用するシステムであり、並列システムとも呼ばれる。

障害を検知した場合には、障害を起こした系統を瞬時に切り離して正常なシステムのみで運転を継続する。単一のシステムに比べると2倍以上の費用が必要となる。高い信頼性を要求されるオンラインシステムで用いる。

【デュアルシステム】

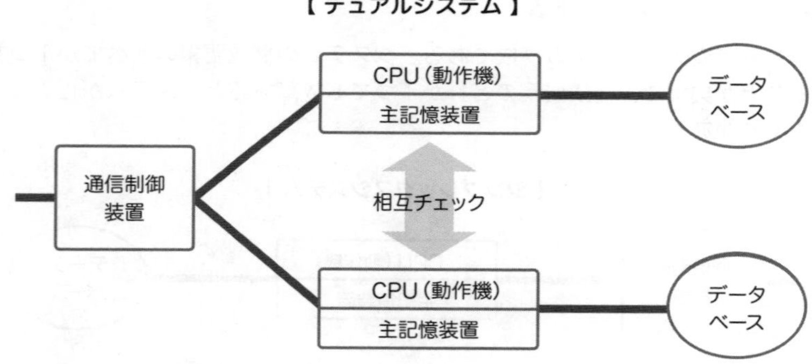

R05-06
(4) ロードシェアリングシステム

システムへの負荷（ロード）を分散（シェア）するための仕組みを持ったシステムである。処理量が特定の時間帯に集中し、1台のコンピュータでは処理能力が不足する場合に、処理の一部を処理能力に余裕のある他のコンピュータに割り振る仕組みである。オペレーティングシステムや専用のハードウェアが処理の割り振りを行う。

デュアルシステムやデュプレックスシステムと異なり、障害時のための仕組みというよりは、ハードウェアを効率的に使うための仕組みといえる。

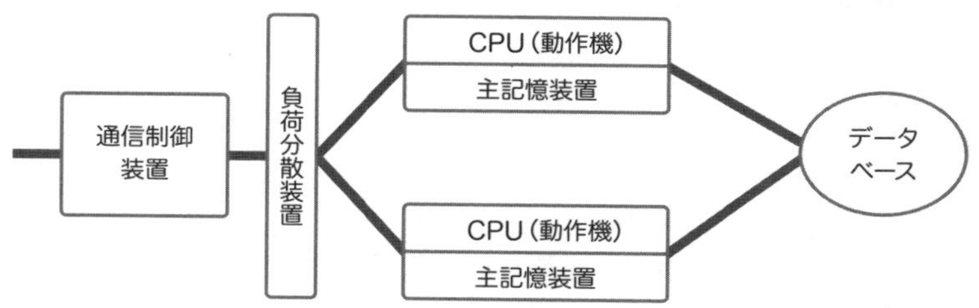

(a) DSR (Direct Server Return)

クライアントからサーバへのリクエスト時にはロードバランサ（負荷分散装置）を経由させるが、サーバからクライアントへのレスポンス時にはロードバランサを経由せずに、クライアントにパケットを直接送る仕組みのことをDSR（Direct Server Return）という。

(5) タンデムシステム

複数のCPU（Central Processing Unit：中央処理装置）を直列に接続したシステムで、負荷分散のため、それぞれのCPUに機能分担させ、処理を実行する。

(6) マルチプロセッサシステム

H25-06

すべてのCPUでOS（Operating System：基本ソフトウェア）と主記憶装置や外部記憶装置を共有し、複数のプロセッサ（CPU）を用いて処理を行うシステムである。システムを複数台用意するのに比べると、CPU以外の部分が共用できるためコストが安く済むというメリットがある。

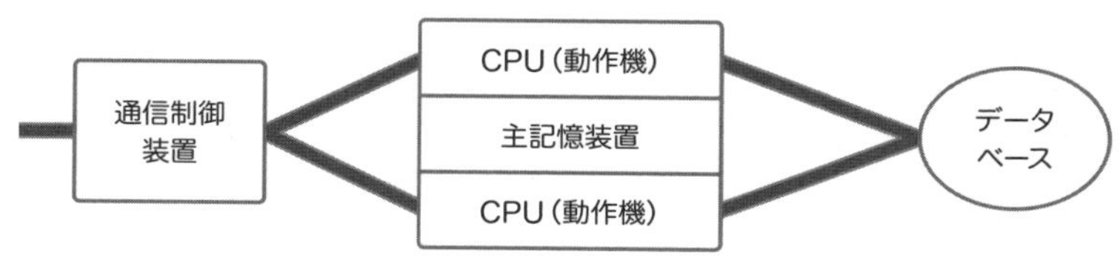

(7) ホットスタンバイ

使用中のシステムと同じ内容のシステムを常時予備システムとして稼働させておき、障害発生時にはすぐに予備システムに切り替える仕組みである。

障害が発生してから、予備システムを稼働させる方式は**コールドスタンバイ**と呼ばれる。予備システムの電源は入れておくが、障害が発生してから処理の引き継ぎに準備を要する方式を**ウォームスタンバイ**と呼ばれる。

ホットスタンバイは、常時予備システムを稼働させ、データも同期しておくので、コールドスタンバイに比べてコストがかかるが、その分信頼性は高くなる。

H25-01

(8) 無停電電源装置（UPS）

電力供給が突然停止すると、作業中のデータの消失、ハードディスクの破損など障害が起きる可能性がある。**無停電電源装置**（UPS：Uninterruptible Power Supply）は、停電や瞬断の際に、コンピュータに切れ目なく電力供給する装置である。一定時間、内蔵するバッテリから電力供給を続けるので、データの保存、コンピュータのシャットダウンを行うことができる。しかし、無停電電源は長時間にわたる電力供給ができない。業務を継続するには、発電設備を設置したり、別の場所にバックアップ用の情報システムを確保したりする方法もある。

(9) 信頼性の考え方

① フェールセーフ（フェイルセーフ）

継続性よりも安全性を優先する場合、適切な方法で被害を最小限に抑える仕組みである。鉄道であれば、なんらかの事故や不具合が発生した場合、列車を全て停止する。旅客機であれば、いずれかのエンジンが障害で停止しても、残りのエンジンだけで、安全に停止できる状態になるまで飛行可能な状態を維持する（継続運用）。どの状態が安全なのかは対象により異なるため、仕組みもそれぞれ違ったものとなる。

② フェールソフト（フェイルソフト）

システムに障害が発生したとき、不稼働の機能を切り離して被害の拡大を抑え、稼働できる機能を使って最低限の機能であっても継続運用させる**考え方**である。旅客機を例にした、フェールセーフにおける継続運用が該当する。

③ フォールトトレランス

システムに冗長性を持たせるなどにより、システムの一部に障害が発生しても、要求される機能を維持して継続運用させる仕組みに**設計**することである。例として同性能のサーバを２台で構成したFT（フォールトトレランス）サーバがある。FTサーバは１台に障害が発生し停止しても、同様の処理性能を維持して継続運用ができるように設計されている。

④ フールプルーフ

利用者の過失や誤操作に対して、システムの信頼性や安全性を維持し、運用に支障をきたさないようにする仕組みである。例として電子レンジがある。電子レンジはふたを閉めないと稼動しないよう設計されている。

⑤ フォールトアボイダンス

個々の構成要素の品質を高めたり、十分なテストを実施したりして、障害や故障の原因となる要素をあらかじめ排除し、障害や故障が発生しないようにして信頼性を高める考え方のことである。

⑥ フォールバック

システムに故障や障害が発生した場合でも、機能性を制限したり性能を落としたりして、限定的ながらシステムの稼働を続行する**行為**である。

⑦ フォールトマスキング

障害時に、その障害が他に影響を与えないように制御することである。

【信頼性の考え方】

故障を防ぐ	故障しても処理継続	故障したら最終的に停止
●フールプルーフ ●フォールトアボイダンス	●フェールソフト ●フォールトトレランス ●フォールバック	●フェールセーフ

⑽ レプリケーション H21-21

マスターシステムの更新完了後に、予備システムに更新データを転送することにより、マスターシステムの障害時に備えるものである。

マスターシステムの更新完了後に、予備システムにデータ転送して予備システムを更新させる形態の同期レプリケーションの場合、予備システムへのデータ転送が失敗したまま、マスターシステムと予備システム間のデータの整合性検証が行われないと、マスターシステムに障害が発生し、予備システムに切り替えた際に、データロスが発生する可能性がある。

4 レビュー

情報システムの品質を高めるためには、要件定義から設計、プログラミング、テストフェーズにいたる一連の開発工程における各フェーズでレビューという作業を行う必要がある。次のフェーズに移る際は必ずレビューを行い、各フェーズの作業に漏れや取り違えがないかの確認を行う。

⑴ レビュー

レビューとは、システム開発の各過程において関係者を集めて、設計書からソースコードまでを評価・検討し、曖昧な点や問題点を洗い出して改善点を検討し、次のフェーズに進みうる状態にあることを確認するために行う作業である。

レビューには、プロジェクトのリーダーやメンバーによるもの、ユーザを交えて行われるもの、上司や組織の長などによる経営的な判断を含むもの、外部の専門家や他部門の技術者の意見を聞くためのものなどがあり、目的に応じて参加者が変わる。

⑵ レビューの意義

情報システムの開発を円滑に行うためには、後工程に重大な影響を与える要因を、早い段階で発見・除去することが重要であり、その事が、ひいては品質の向上につながる。レビューを入念に行うことで、エラーの原因となる問題を事前に取り除くことができ、品質や修正コストなどの点で大きな効果をもたらす。

また、レビューにおいては、さまざまな参加者が客観的な視点や知識から評価検討を行うため、直接の担当者では気付かない問題点を発見できるというメリットもある。

⑶ レビュー技法

① ウォークスルー

設計上の誤りを早期に発見することを目的として、開発フェーズの終了時点で作成者と複数の関係者が設計書を評価検討する技法である。ウォークスルーは、主に設計書やプログラム等の作成者と関係者により実施し、設計書の上を歩いていくかのごとく、設計書の始まりから終わりまでを参加者全員が読み進み、内容の確認を行っていく技法である。

H23-20

② インスペクション

インスペクションもウォークスルーと目的は同じであるが、レビューの開催責任者（モデレータ）が会議の司会進行役を務めたり、レビューによって指摘されたエラーの修正・確認が確実に行われたかどうかを追随して監査したりする公式性や厳格性がウォークスルーと異なる。

③ ピア・デスク・チェック

プログラム作成者とレビュー担当者の２名だけで、作成したプログラムを調べる技法である。バディ・チェックまたはペア・レビューとも呼ばれる。

④ パス・アラウンド

プログラムを検査担当者に回覧し、個別にプログラムを調べ、レビュー結果を戻す技法である。パス・アラウンドでは、複数の検査担当者にプログラムを回覧し個別にレビューしてもらうため、欠陥を見落とすリスクが減少する。また、メンバーを招集するコストが軽減できるというメリットがある。

【 ウォータフォールモデルにおけるレビュー 】

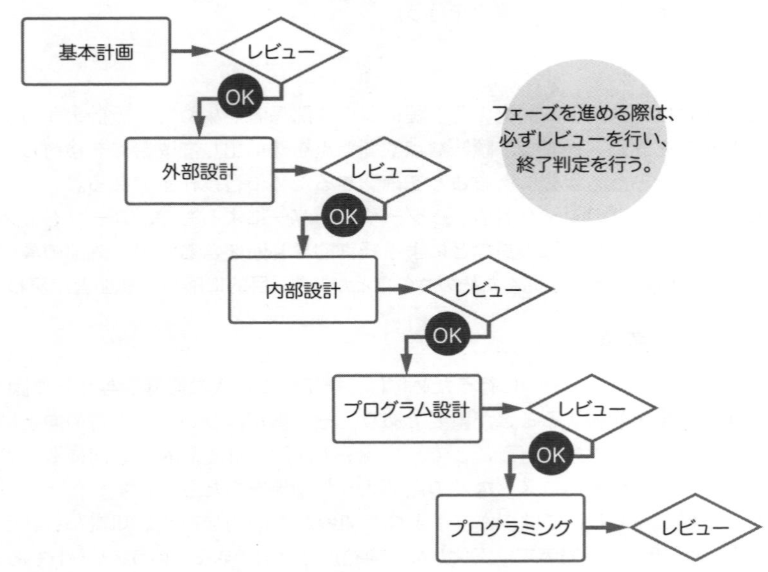

5 情報システム投資評価

H24-23

(1) TCO

H21-22

TCO (Total Cost of Ownership) とは、コンピュータシステムの導入、維持・管理などにかかる費用の**総額**のことである。コンピュータシステムのコストを考えた場合、従来はシステムの価格（導入費用）で評価されることが多かったが、近年はさらにコンピュータシステムの維持・管理費用、ユーザの教育費用、メンテナンス費用など、導入後にかかるランニングコストも試算したうえで評価する企業ユーザが増加している。

(2) グリーンIT

H28-23
H21-23

① 環境問題への対応

近年、環境問題とITの関連性が注目されている。ITを環境問題に対応させる取り組みを**グリーンIT**と呼ぶ。グリーンITには、次の取り組みがある。

(a) ITそのものに対する環境負荷低減対応 (Green of IT)

IT機器の省電力化、リサイクル性向上、3Rの実施など。

(b) ITの活用による環境負荷低減対応 (Green by IT)

ITを利用することで、生産や物流といった産業構造を変革し、資源エネルギーを効率良く活用する。

② データセンターの環境対応

データセンターのエネルギー消費効率を包括的に評価する指標としては、日本が中心となって開発した「データセンターのエネルギー効率評価指標（DPPE）」がある。データセンター付帯設備の省エネだけでなく、データセンター内で稼働するIT機器の効率なども含め、次の4つの効率評価指標で評価する。現在、国際標準化に向けた作業が進んでいる。

【データセンターのエネルギー効率評価指標（DPPE）】

指標	PUE (Power Usage Effectiveness)	REF (Renewable Energy Factor)	ITEE (IT Equipment Energy Efficiency)	ITEU (IT Equipment Utilization)
内容	ファシリティ（付帯設備）のエネルギー効率を示す	再生可能エネルギーの利用率を示す	IT機器のエネルギー効率を示す	IT機器の利用率を示す
算出式	データセンターの総消費エネルギー÷IT機器の消費エネルギー	再生可能エネルギー÷データセンターの総消費エネルギー	IT機器の総定格能力÷IT機器の総定格電力	IT機器の実測電力÷IT機器の総定格電力

PUEの具体的な施策としては**ホワイトデータセンター**がある。低温の外気や雪を利用することで冷却装置の消費電力を減らす設備を備えたデータセンターをホワイトデータセンターという。

③ 海外の動向

(a) エコデザイン指令

EU各国では規制によりエネルギー関連製品について環境配慮設計（エコデザイン）が義務づけられている。当初は「エネルギー使用製品（**EuP**）」を対象としていたが、2009年に対象範囲が「すべてのエネルギーに関連する製品（**ErP**）」に拡大された。ErP指令ともいう。

- ErP = Energy-related Products
- EuP = Energy-using Products

(b) エネルギースター（Energy Star）

アメリカ環境保護局（EPA）が推進する、電気機器の省電力化プログラム。対象となる製品は家電製品から産業機械、コンピュータまで幅広い。デスクトップコンピュータについては、非使用時に自動的に消費電力を抑えるスリープモードに入り、スリープ時のシステム全体での消費電力を30W以下に抑えるよう求められている。Energy Starの基準を満たすよう設計されたコンピュータやパーツにはEnergy Starのロゴマークを付けることが認められる。

H20-20 (3) アセスメントモデル

情報システムを導入し、作業プロセスがどのように改善したかを評価する方法として、**アセスメントモデル**による評価を活用する方法がある。

平成18年12月に、経済産業省のプロセス改善研究会から「アセスメントモデル活用ガイド」が発表された。同ガイドでは「アセスメントは、自分たちの仕事のやり方がどの程度の能力があるかを診断するという、いわば自分たちの仕事のやり方の健康診断のようなもの」としている。また、「アセスメントモデルは、アセスメントをするときのモノサシになるもの」としている。

アセスメントでは、従業員へのインタビューや、プロセスの作業生産物などから情報を収集する。収集した客観的な情報を基に評定を行い、情報から次に示すSWOR（強み・弱み・機会・リスク）を算出する。

H21-22 (4) スコアリングモデル

スコアリングモデルとは、定性的な評価項目を定量化する方法である。システムを評価するための評価基準を作り、基準ごとにスコアを付け、その評価基準のスコアや合計値を使って、システムの導入によって得られる価値を評価する。

H29-20 H21-22 (5) ポートフォリオ分析

ポートフォリオ分析とは、2つの指標軸の分に当てはまる要素を配置して指標の度合いに応じた施策を検討する分析手法である。例えば、リスクとベネフィットの2指標軸において、リスクとベネフィットがともに小さい場合、ベネフィットの拡大に向けた施策検討を行う。

⑹ IT投資価値評価ガイドライン H25-22

IT投資価値評価ガイドラインとは、経営者がIT投資について理解し、投資の効果を判断する際の目安とするものである。

⑺ バランスト・スコアカード（バランス・スコアカード） R01-21

バランスト・スコアカード（BSC）では、学習と成長の視点、業務プロセスの視点、顧客の視点、財務の視点から課題や目標への道筋を具体的に掲げ、それらが達成されたかをチェックすることで情報システムの投資を評価する。

⑻ インターネットマーケティングの効果測定指標 R03-23 R02-14

【 インターネットマーケティングの効果測定指標 】

コンバージョン率	Webサイトにアクセスしたユーザの中で、商品購入や会員登録などの成果が得られた割合を示す指標。
リフト値	ある商品の購買と他の商品の購買との相関程度を示す指標。
直帰率	訪れた最初のWebページだけを見て、Webサイトから離れるユーザ数の全ユーザ数に対する割合。
チャーン率 （解約率）	メールによる広告配信を停止したり、ユーザアカウントを解約したりしたユーザ数の全ユーザ数に対する割合。 （1÷解約率）＝平均継続期間
顧客生涯価値	（顧客当たり）平均利益×平均継続期間。 平均利益1万円で解約率5％⇒顧客生涯価値20万円。

6 プロジェクトマネジメント

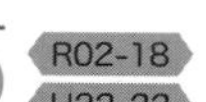

プロジェクトとは、「独自の製品やサービスを創出する有期限の活動」と定義される。作業開始・終了の予定・実績の横棒グラフで進捗を管理するガントチャートや、開発期間と予算消化率の折れ線グラフでコストと進捗を同時に管理するトレンドチャートなどのツールを使って管理する。

発注企業側が行うプロジェクト管理項目には、外注先の受託体制や能力の評価、要件定義の明確化、開発プロジェクトの進捗管理などがあるが、外注先内での人事までは管理しない。

⑴ PMBOK（ピンボック） H23-19

プロジェクトマネジメントは、ISO10006の策定に伴って国際標準として注目されるようになったが、このベースとなったものがPMBOK（Project Management Body of Knowledge：プロジェクト管理の知識体系）である。**PMBOK**は、情報システムに限らないさまざまなプロジェクトのマネジメントに共通する普遍的な要素を体系的にまとめたもので、プロジェクトマネジメントのフレームワークとして位置づけられている。

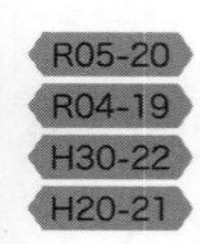

(2) EVMS

PMBOKにおける進捗管理手法の1つとしてEVMS (Earned Value Management System) がある。**EVMS**は、プロジェクトに期間やコスト、出来高をモノサシにして、計画値と実績値の差をもってプロジェクトの進捗状況を測定する手法のことである。作業や期間、人数、出来高といった要素をすべて金銭価値に換算し、コスト効率指数CPI (出来高実績値÷コスト実績値) やスケジュール効率指数SPI (出来高実績値÷出来高計画値) などを用いて、スケジュールとコストの両面から進捗状況や効率を数値やグラフで定量的に明確化する**アーンド・バリュー分析**などが行われる。これにより、「作業が遅れているだけでなくコストも膨れている」などの状況を一目で確認でき、「期間内に終了させるにはこれだけの追加工数が必要だ」といった対策もシミュレーションできるのが特徴である。出来高などを金額に換算する精度が低いと、進捗状況の把握の精度も低くなる。

【 アーンド・バリュー分析の主な指標 】

指標	計算式
CPI (コスト効率指数)	出来高実績値÷コスト実績値
SPI (スケジュール効率指数)	出来高実績値÷出来高計画値
プロジェクト中の完成時予想コスト	(当初) 完成時総予算÷CPI

(当初) 完成時総予算に対して、コスト実績値はいわばコスト面の進捗、出来高実績値はいわば獲得できた価値面の進捗のイメージである。

(計算例)

進行中の情報システム開発プロジェクトにおいて、出来高計画値 {(当初) 完成時総予算} が1,200 万円、コスト実績値が800万円、出来高実績値が600 万円のとき、CPIは0.75、SPIは0.50になる。

- CPI (コスト効率指数)
  ＝出来高実績値600万円÷コスト実績値800万円
  ＝0.75
- SPI (スケジュール効率指数)
  ＝出来高実績値600万円÷出来高計画値1,200万円
  ＝0.50

H29-20

(3) WBS (Work Breakdown Structure)

WBSは、プロジェクトの計画段階で作成されるプロジェクトマネジメント計画書の一部資料として作成されるものである。プロジェクトで作成すべき成果物や成果物を得るのに必要な工程・作業などを、管理しやすいよう階層的な要素分解の手法で細分化し、マトリックス表として記述する。WBSで記述された工程・作業について、担当者などが後から決められる。

⑷ 作業時間を短縮する手法

R05-20

作業時間を短縮するための手法には次のようなものがある。

【 作業時間を短縮する手法 】

手法	内容
クラッシング	クリティカルパス上のアクティビティに資源を投入して作業期間を短縮する
ファストトラッキング	順次行う予定のアクティビティを並行して実行することによって作業期間を短縮する

III 情報システムの運用

1 運用管理

(1) 保守

開発したシステムが実際に稼働した後も、プログラムに潜むバグが発見されたり、ユーザによる仕様変更依頼があったりした場合、プログラムを修正する必要がある。またプログラムに限らず、ハードウェアの修理や部品交換、OSやミドルウェアの設定変更、パッチファイルの適用、障害時のシステム復旧などシステムを安定稼働させるためには、さまざまな業務がある。これを**保守業務**という。

① 保守業務

保守業務は、業務の性質から次の４つに分類できる。

【 保守業務の分類 】

修正	プログラムやシステムのバグ（不具合）の除去や、データ修正などを行う
変更	社会情勢・経営環境の変化や必要に応じて、年号や金利、税率、データ項目の変更、OS やミドルウェアの設定変更などを行う
改良	ユーザの要求による仕様変更などによるプログラムの改良、古いデータやログの退避や削除、パッチ（修正）ファイルの適用などを行う
復旧	ハードウェアの修理やOS、ミドルウェアなどのインストールや設定、主系から待機系への切り替え業務などを行う

(2) 運用

運用とは、コンピュータやネットワークを正常に稼働させるための監視や管理、大量印刷や利用者メンテナンスといった付帯業務など、コンピュータを利用するための種々の活動である。

① 監視業務

監視業務とはコンピュータの稼働状態や処理の成否確認、ユーザの利用状況などシステムの稼働に異常がないか監視することである。異常が発生した場合は保守担当に引き継ぐ。

(a) 監視内容

- コンピュータ稼働監視（死活監視、サービス監視）
- リソース監視（CPU、メモリ、ディスクの利用状態）
- バックアップ監視（成否の監視）
- JOB監視（バッチ処理の成否の監視）
- ネットワーク監視（負荷、利用状況の監視）
- セキュリティ監視（ユーザ利用状況監視、不正アクセス監視、ウィルス感

染やパターンファイル更新監視など）

② 付帯業務 R05-21 H30-07 H26-19 H25-12

利用部門では対応できないような大量印刷、異動や退職などの利用者メンテナンス、端末の管理などコンピュータ利用に関わる**付帯業務**である。

(a) 付帯業務内容

- 印刷業務（用紙のセット、差し替え、封入封緘など）
- 利用ユーザメンテナンス（異動や入退職時の登録、削除、変更）
- 端末管理（配布、回収）
- 運用手順書作成など

(b) MDM

MDM（Mobile Device Management）とは、企業などで社員が使用するスマートフォンやタブレット端末などの携帯情報端末を、統合管理する情報システムのことである。MDMでは、会社の方針に沿った情報セキュリティを設定したり、使用するソフトウェアの機能を制限したりする。遠隔操作によって携帯端末の利用を制限する**リモートロック**や、遠隔操作によって携帯端末のデータを消去する**リモートワイプ**の機能を持つ。

(c) MCM

MCM（Mobile Content Management）とは、社員が利用するモバイル端末内の業務データを管理するシステムや技術である。

(d) BYOD

BYOD（Bring Your Own Device）とは、企業などで社員が私物のノートパソコンやスマートフォン、タブレット端末などを業務で利用することである。

(3) 共通キャリア・スキルフレームワーク（CCSF） H25-20

共通キャリア・スキルフレームワーク（CCSF：Common Career Skill Framework）とは、今後必要とされるIT人材について、人材像とその保有すべき能力や果たすべき役割（貢献）で整理し、スキル標準と情報処理技術者試験共通のIT人材育成・評価のための枠組みである。

「共通キャリア・スキルフレームワーク（第一版）」では、ITスキル標準（ITSS）、組込みスキル標準（ETSS）、情報システムユーザースキル標準（UISS）の3スキル標準を参照モデルとして位置付け、3つの人材類型と6つに分類した人材像、そのキャリアレベルを定義し、3スキル標準の整合性を確保している。

① ITスキル標準（ITSS）

主にシステム開発・提供を行うベンダー系人材を対象とし、各種IT関連サービスの提供に必要とされる能力を明確化・体系化した指標である。ITサービス・プロフェッショナルの育成・教育のために有用な共通枠組みとなっている。

② 組込みスキル標準（ETSS）

組込み系システム開発を行う人材を対象とし、組込みソフトウェア開発に関する最適な人材育成、人材の有効活用を実現するための指標である。

③ 情報システムユーザースキル標準（UISS）

情報システム利用者側の観点からITに携わる人材を対象とし、情報システムを活用するユーザ企業／組織において必要となるスキルを、システムの企画・開発から保守・運用までのソフトウェアライフサイクルプロセスに基づき体系化した指標である。

【 人材類型と人材像 】

人材類型	人材像
基本戦略系人材	ストラテジスト
ソリューション系人材	システムアーキテクト
	プロジェクトマネージャ
	テクニカルスペシャリスト
	サービスマネージャ
クリエーション系人材	クリエータ

H28-18

⑷ iコンピテンシ ディクショナリ（iCD）

「iコンピテンシ ディクショナリ」（iCD）は、将来を見据えた人材育成のための幅広いコンテンツを提供し、利活用する企業があるべき姿を描き、人材育成の仕組みを構築できることを目標として、「共通キャリア・スキルフレームワーク」（CCSF）を発展させて策定された。企業においてITを利活用するビジネスに求められる業務（タスク）を「タスクディクショナリ」、それを支えるIT人材の能力や素養（スキル）を、「スキルディクショナリ」として体系化している。企業は、タスクディクショナリから自社に必要なタスクを探し、探したタスクに必要なスキルをスキルディクショナリから特定して、人材育成に活用することができる。

① タスクディクショナリ

タスクディクショナリは、企業や組織が経営戦略・事業計画に沿って自タスクを策定するために利活用する。どのようなビジネス形態の企業であっても利活用できるように、広範囲な企業活動を想定した構成となっている。自タスクを策定する際の参考情報として、「タスクディクショナリ構成図」と「タスクプロフィール」が含まれている。

タスクディクショナリのコンテンツは、CCSF（追補版）の「タスクモデル」をベースに、共通フレーム2013、ITIL、COBITなどのプロセス体系を参照して整理・統合し、広く利活用が可能なものになっていることが特徴である。

②スキルディクショナリ

スキルディクショナリは、スキルに着目して育成活動を進めることができるように、スキルディクショナリ単独で利活用できる構造になっている。情報処理技術者試験をはじめとする各種資格・認定試験、および学校関係や教育事業者のカリキュラムと結びつけた利用が可能である。

⑸ ITIL（Information Technology Infrastructure Library）

ITILとは、IT運用におけるベストプラクティスを体系化したものであり、IT運用における実際の知識・ノウハウを集約したITサービスマネジメントのベストプラクティスの集合体である。1980年後半に英国の政府機関が作成・文書化し、IT運用における実際の知識・ノウハウが集約され、近年では、各企業がITILを導入しIT運用の改善を行っている。

① ITIL v3

ITIL v3は次の5つから構成されている。

❶ サービスストラテジ　❷ サービスデザイン
❸ サービストランジション　❹ サービスオペレーション
❺ 継続的サービス改善

② ITIL 2011 Edition

ITIL 2011 Editionは、ITIL v3の構成を踏襲した改訂版である。クラウドサービスへの対応力強化や、読みやすさの向上などが行われている。

③ ITILv4

ITILv4は2019年にリリースされた。ITの進歩により、企業におけるIT活用のポイントが運用から戦略にシフトしている。それに合わせてITILv4はITILv3と比べて戦略要素が強化されている。また、「クラウド」「アジャイル」「DevOps」といった最新のIT技術に対応している。本質的な内容はITILv3から維持されているため、ITILを従来の用途で使用する場合はITILv3を選択した方が良い場合がある。

⑹ CMMI

H30-16

CMMI（Capability Maturity Model Integration）は、米カーネギーメロン大学ソフトウェア工学研究所が公表したソフトウェア開発プロセスの改善モデルとアセスメント手法であるCMM（Capability Maturity Model）に、有識者の意見やプロセスの改善事例を反映させ新しく作成された**能力成熟度モデル**のことである。

CMMIは、成熟度をレベル1からレベル5までの5段階で表している。

【 CMMIの成熟度レベル 】

成熟度レベル	内　容
レベル5 最適化している状態	新たな施策に取り組んで効果測定できたり、問題を未然に防止できたりする状態。
レベル4 定量的に管理された状態	品質とプロセスの実績データを持ち、今後の定量的目標を実施できる状態。
レベル3 定義された状態	各プロセスの特性が明確化されるとともに標準化が進み、標準化を継続的改善している状態。
レベル2 管理された状態	各プロセスの基本的な管理（要件、計画、監視など）が行われている状態。
レベル1 初期状態	各プロセスがいまだアドホック（暫定的）かつ場当たり的な状態。

CMMIでは、組織ごとのマネジメント状況を、プロジェクトマネジメント・エンジニアリング・サポート・プロセスマネジメントの領域から総合的に診断し、カーネギーメロン大学のソフトウェア工学研究所（SEI）から資格を認定された評定者が

成熟度レベルを評価する。

2 リスク管理 

R05-23
R04-17
R02-21

(1) リスクマネジメント

リスクの定義はいろいろあるが、「JIS Q 31000」及び「JIS Q 27000」ではリスクを「目的に対する不確かさの影響（影響とは、期待されていることから好ましい方向/または好ましくない方法に乖離すること）」と定義している。この「リスク」について、組織を指揮統制する活動をリスクマネジメントという。リスクマネジメントでは、リスクを特定し、特定したリスクを分析、分析結果に基づき対応するリスクへの優先順位などを評価することで、リスクの対応策を準備する。

【リスクマネジメント】

用語	内容
リスクレベル	結果とその起こりやすさの組み合わせとして表現されるリスクの大きさ
リスク分析	リスクの特質を理解し、リスクレベルを決定するプロセス
リスク基準	リスクの重大性を評価するための目安とする条件
リスク評価	リスクの大きさが受容可能かを決定するために、リスク分析の結果をリスク基準と比較するプロセス
リスク特定	リスクを発見、認識および記述するプロセス

リスクの対応策として、①リスクの回避、②リスクテイク、③リスク源の除去、④起こりやすさの変更、⑤結果の変更、⑥リスクの共有、⑦リスクの保有などがある。

【リスク対応策】

対応策	内容
①リスクの回避	損失を被る可能性のあるものを除外する
②リスクテイク・増加	ある機会を追及するためにリスクをとる
③リスク源の除去	リスク発生源となる要因を取り除く
④起こりやすさの変更	リスクの発生確率を減少させる（リスク低減）
⑤結果の変更	発生した事象による悪影響を減少させる
⑥リスクの共有	保険会社などと契約しリスクを分散する（リスク移転）
⑦リスクの保有	小さなリスクなら対応せずに、自社で保有する

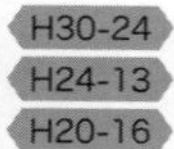
H30-24
H24-13
H20-16

(2) ITガバナンス

ITガバナンスとは経営陣がステークホルダのニーズに基づき、組織の価値を高めるために実践する行動であり、情報システムのあるべき姿を示す情報システム戦略の策定及び実現に必要となる組織能力である。

① ITガバナンスにおける経営陣の行動

ITガバナンスにおいて経営陣は、6つの原則を採用し、EDMモデルに従って評価・指示・モニタする。

【 6つの原則 】

責任	役割に責任を負う人は、その役割を遂行する権限を持つ。
戦略	情報システムの現在及び将来のニーズ・能力を考慮して策定する。
取得	短期・長期面で効果、リスク・資源を考慮した情報システムを導入する。
パフォーマンス	情報システムは、現在及び将来のニーズを満たすサービスを提供する。
適合	情報システムは、関連する全ての法律及び規制に適合する。
人間行動	情報システムのパフォーマンス維持に関わる人間の行動を尊重する。

【 EDMモデル 】

評価 (Evaluate)	現在の情報システムと将来のあるべき姿を比較分析し、ITマネジメントに期待する効果と必要な資源、想定されるリスクを見積もる。
指示 (Direct)	情報システム戦略の実現に必要な責任と資源を組織へ割り当て、期待する効果の実現と想定されるリスクに対処するよう、ITマネジメントを導く。
モニタ (Monitor)	情報システム戦略で見積もった効果の達成度、割り当てた資源の使用状況、想定したリスクの発現状況の情報を得られるよう、ITマネジメントを整備して、ITマネジメントの評価と指示のために必要な情報を収集する。

② COSOフレームワーク

米国の「不正な財務報告に関する全国委員会」の組織委員会が公表した「内部統制の包括的フレームワーク」の中で、内部統制を次のように定義している。

【内部統制の定義】

内部統制は、以下に分類される目的を達成するために、社内で構築され、運用される体制およびプロセスである。

- 業務の有効性・効率性
- 財務諸表の信頼性
- 関連法規の遵守

健全な内部統制が構築されると、業務執行のフレームワークとなる経営組織が適切に構築される。具体的には、

(a) 組織の構造が、各階層において適切なモニタリングを行うことができるものとなっている。

(b) 組織としての適切かつ迅速な意思決定を行うために、各階層内および各階層間において、重要な情報の収集、意思疎通を抑制しない体制となっている。

(c) 必要に応じて、部門間の相互牽制の働く組織構造となっている。

この結果、適時に質の高い情報を用いて合理的かつ有効な意思決定を実現する。

③ コンティンジェンシープラン

コンティンジェンシープランは、災害や事故などの非常事態が発生した場合を想定して、事前に対応策をまとめた計画のことである。

R03-21

④ ゼロトラスト

ゼロトラストは、次の特徴をもつ、セキュリティの考え方である。

- ネットワークの内部と外部を区別せず、データや機器等の最小単位で考える。
  ⇒利用者も機器もネットワークも信頼しない。
- 強固な利用者認証で、常に厳密にアクセス管理する。
- セキュリティ対策に関して環境（場所・端末等）の制約を設けない。

3 システムを取り巻く脅威 

(1) 脅威の類型

情報システムはさまざまな脅威にさらされている。近年のオープンネットワーク化に伴い、脅威は増している。具体的には次のような脅威が存在する。

【 脅威の類型 】

盗聴	ネットワークを流れる通信内容およびシステムが管理するデータが、第三者に傍受されることである。
侵入	盗聴や不正に入手したIDやパスワードを使って、アクセス権限を持たない者がネットワークやシステムに侵入することである。
なりすまし	本人ではない者が、あたかも本人になりすましてネットワークやシステムを無断で利用することである。
改ざん	盗聴やなりすましによって何者かがシステムを利用し、ネットワークを流れる通信内容やシステムが管理するデータを不正に改ざんすることである。
破壊	何者かが故意にデータを消去したり、システムをダウンさせたりすることである。ウイルスやメール攻撃によってシステムを破壊するケースが増えている。

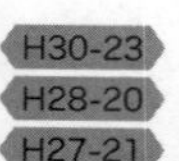

(2) 具体的な脅威

① DoS (Denial of Services) 攻撃

ある端末から特定のサーバに対して大量のパケットを送付することにより、標的サーバの処理負荷やトラフィックを異常に高め、サーバをダウンさせる攻撃方法である。インターネット上の複数の端末から一斉に特定のサーバに大量のパケットを送付する攻撃をDDoS (Distributed Denial of Service) 攻撃という。

② コンピュータウィルス

自分自身を複製する機能を持ち、次の3つの機能のうち少なくとも1つを持つソフトウェアである。

- **自己伝染（感染）**：他のファイルにウィルス自身を付着させる

● **潜伏**：一定の条件が揃うのを待って悪質な行動をする

● **発病**：データの破壊、不安定な動作などユーザの意図しない行動をする

最悪の場合、コンピュータの機能を無効にしたり、ディスクに保存されているファイルを破壊したりする。インターネットからダウンロードしたファイルや電子メール、他人から借りたCD－ROMなどを通じて感染する。次のようなタイプのウィルスがある。

(a) **マクロウィルス**

ワープロや表計算ソフトなどで利用する「マクロ」という簡易プログラムの仕組みを悪用したコンピュータウィルスである。このウィルスに感染したファイルをメール等で送り、受信者がそのファイルを開くことにより感染が拡大する。

(b) **ワームウィルス**

ワームウィルスはメールの添付ファイルを実行することによって感染するタイプのコンピュータウィルスである。非常に強い自己増殖能力を持っており、電子メールソフトに登録してある電子メールアドレスへ勝手に自分のコピーを送信してしまう。電子メールの普及に伴い、爆発的な速度で自己増殖する。

③ ガンブラー

ガンブラーとは、「ウェブサイト改ざん」と「ウェブ感染型ウィルス」を組み合わせた攻撃である。攻撃者が、ウェブサイトの管理者から詐取したIDとパスワードを使って、信用のあるウェブサイトを改ざんする。改ざんされたウェブサイトに一般利用者がアクセスすると、悪意のあるウェブサイトに誘導し、クライアントPCをウィルスに感染させようとする。

【 ガンブラー 】

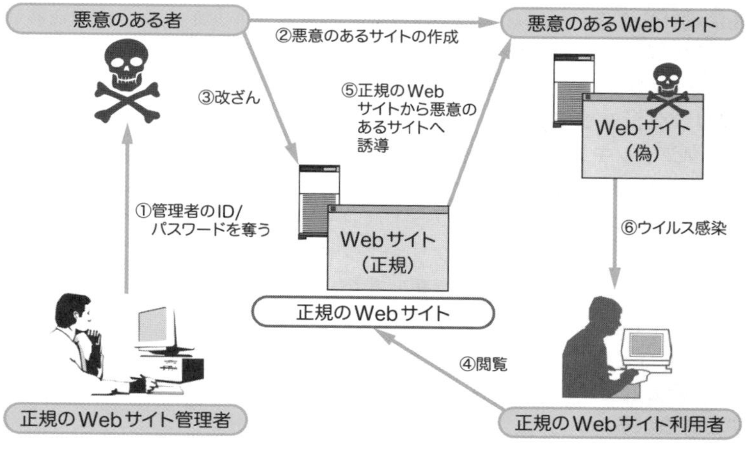

④ クロスサイトスクリプティング

クロスサイトスクリプティングとは、入力チェックの不備などのウェブページの脆弱性を利用した攻撃の1つである。攻撃者は、入力チェックなど適切なセキュリ

ティ対策がされてないウェブページ上に、不正なスクリプトを埋め込み、アクセスした利用者のクライアントPCに任意のスクリプトを実行させる。スクリプトが実行されると、Cookieの詐取や秘密情報の漏えいなどが発生する可能性がある。

⑤ バッファオーバーフロー

バッファオーバーフローとは、プログラムが確保するメモリ領域（バッファ）に想定外の大きさのデータが渡された時に、チェック機能の不備によりデータが溢れることである。この欠陥を悪用し、システムを誤作動させることや管理者権限を奪取するなどの攻撃が可能となる。ウェブページの改ざんや侵入など、主にサーバコンピュータを標的とした攻撃である。

⑥ ワンクリック詐欺

ワンクリック詐欺とは、アダルトサイトなどで、何気なく画面をクリックしただけで有料サイトへの会員登録完了画面が表示され、指定口座に規定の会費を振り込むよう請求してくる詐欺行為のことである。多くの場合、会員登録完了画面にクライアントPCのIPアドレスや利用しているプロバイダー名、使用しているOSなどのネットワーク情報が表示されるが、個人情報を特定するものはない。

⑦ APT（Advanced Persistent Threats）

特定の組織や個人のコンピュータへの侵入や破壊、情報の詐取などを狙って行われる標的型の攻撃である。さまざまな手段を組み合わせて継続的に行うことが特徴である。メールや外部メディア等を介してシステム内部に入り込んだウィルスが、攻撃者配下の外部サーバと通信することで、組織の重要情報を窃取することが一般的である。

⑧ 脆弱性（セキュリティホール）

OSを含む多くのソフトウェアは、**セキュリティホールという脆弱性**が存在する。脆弱性は設計やプログラミングの不具合や欠陥によって発生する。この脆弱性を利用して、攻撃者はウィルスに感染させたり、コンピュータを不正に操作したりするなど、本来の利用者が意図しない操作が行われる危険がある。

⑨ クリックジャッキング

クリックジャッキング攻撃とは、一見正常に見えるウェブページ上のコンテンツをクリックさせ、実際は別のウェブページのコンテンツをクリックさせる攻撃のことである。公開するつもりのないプライバシー情報を公開させられたりするなどの被害を受ける危険がある。なお、クリックジャッキング攻撃とクロスサイト・リクエスト・フォージェリの脆弱性には類似性があり、共に対策すべきである。

⑩ ソーシャルエンジニアリング

パスワードなど、ネットワークに侵入するための情報を、情報通信技術などを使わずに、「社会的」な手段で入手する方法である。人間の心理的な隙や行動ミスを利用する方法が多い。

【 ソーシャルエンジニアリングの例 】

電話でパスワードを聞き出す	•ユーザになりすまして管理者に電話して聞き出したり、パスワード変更依頼したりする •管理者になりすましてユーザにパスワードを聞き出す
盗み見する （ショルダーハッキング）	•パスワードなどの重要な情報を入力しているパソコンの操作画面を盗み見する
ゴミ箱をあさる （トラッシング）	•シュレッダーで処理された紙片をつなぎ合わせて、パスワードを取得する。

4 情報セキュリティ 

(1) 情報セキュリティとは

情報セキュリティとは、「機密性（Confidentiality）、完全性（Integrity）、可用性（Availability）を確保・維持していくこと」であり、情報システムやデータとその情報資産を自然災害、事故・故障、障害、エラー、コンピュータ犯罪などの脅威から守ることである。情報システムのセキュリティは次の領域を対象とする。

① 物理的セキュリティ

データセンター、防災設備、防火設備、自家発電機などの無停電電源設備、耐震・免震構造　等

② システムセキュリティ

アクセスコントロール、ウィルスワクチン、ファイアウォール、暗号化、可用性向上（バックアップ、多重化）等

③ 管理的セキュリティ

組織体制管理、ソフトウェア保管管理、管理マニュアル　等

④ 人的セキュリティ

人事管理、セキュリティ教育、カウンセリング、モラル向上　等

(2) 情報システムのセキュリティ機能

情報システムのセキュリティ機能として次の４つが必要である。

① 抑制機能

事前の対策を実施することにより脅威の発生を抑制する。

② 防止機能

脅威の発生に対してシステムが回避できるようにする。

③ 検知機能

脅威の発生を一刻も早く検知する。

④ 回復機能

システムの障害に対して、バックアップ対策などを講じて早急に回復できるようにする。

【 情報システムのセキュリティ対策 】

抑制機能	認証、パケットフィルタリング、入口対策
防止機能	DMZ・プロキシサーバ、暗号化、出口対策
検知機能	ウィルス検出ソフト、IDS
回復機能	バックアップ、多重化

H24-22

5 セキュリティ対策 

(1) アクセスコントロール

アクセスコントロールとは、利用を許可されていない者が施設への入室や端末機の操作ができないように制限をかけることである。具体的には次の対策を講じる。

・専用ICカードやIDを設けて施設への入室を規制する。

・操作用のIDとパスワードを設定し、端末機からのプログラム利用やデータの閲覧を防止するとともに、改ざんから保護する。

・サーバ上のファイルやデータベースに対し、利用者の権限に応じたアクセス権（アクセス不可、読み取りのみ可、読み書き可）を設定する。

【 アクセス区分とパスワード 】

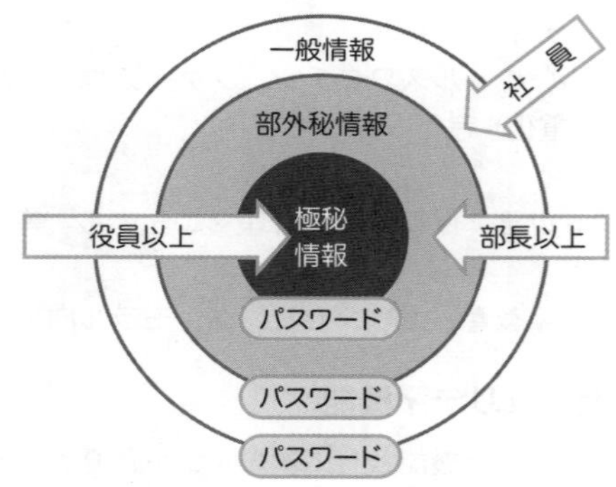

R03-11
H30-07
H29-22
H28-06
H28-19
H23-21

(2) 認証

認証とは、ユーザ名とパスワード等の組み合わせなどを使ってコンピュータを利用しようとしている人の本人確認や利用できる権限確認などをすることである。認証の**他人受入率が低い**と**安全性重視**、**本人拒否率が低い**と**利用者の利便性重視**になる。

① 生体認証（バイオメトリック認証）

指紋や眼球の奥の虹彩、あるいは声などの身体的特徴によって本人確認を行う認証方法である。銀行ATMでは、他人受入率が低くなるようにしている。

② ワンタイムパスワード認証（時刻同期方式）

ユーザ名とパスワードを送信する通常の認証方式では、端末からサーバまでの通信経路上でパスワードが盗聴され、なりすまされるリスクがある。そこで、**時刻同期方式**では、サイト管理者が**トークン**というパスワード生成機をユーザに配る。トークンでは数十秒から数分単位で異なるパスワードが生成され、ユーザはそのパスワードを入力してシステムを利用する。こうした使い捨てパスワードのことをワンタイムパスワードという。万が一ワンタイムパスワードが通信経路上で盗聴されたとしても、数十秒から数分後には使えないため、不正利用される危険性は少ない。

③ ワンタイムパスワード認証（チャレンジレスポンス方式）

チャレンジレスポンス方式は、ワンタイムパスワードの生成方法の1つであり、CHAP（Challenge Handshake Authentication Protocol）認証方式ともいう。認証サーバは利用者のクライアントに毎回異なるランダムな「**チャレンジコード**」と呼ばれるデータを送り、クライアントはチャレンジコードと固定パスワードを特定の方法で演算した結果の「**レスポンスコード**」と呼ばれるデータをサーバに返すことで、ユーザ認証する。毎回変化する「チャレンジコード」と「レスポンスコード」のみでやり取りするため、ネットワーク上における盗聴などのリスクを抑えられる。

【チャレンジレスポンス方式例】

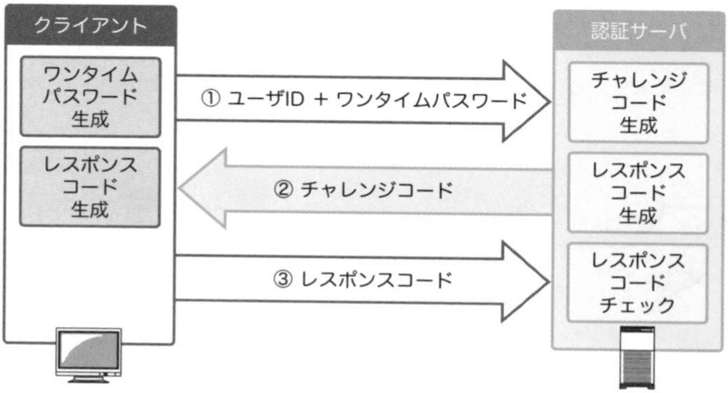

④ シングルサインオン

一度のログインで複数のサービスを利用できる技術である。**シングルサインオン**を使用すると、一組のユーザIDとパスワードで、複数のサーバにおける個別のログインを一括して安全に実現できる。サービス提供者も、利用者もユーザIDやパスワードの管理がしやすくなる。

⑤ リスクベース認証

リスクベース認証は、普段と異なる環境からログインする際、通常の認証に加えて合言葉などによって利用者を認証する。

(3) ウィルス検出ソフトウェア

コンピュータウィルスを監視し、感染の防止、感染した場合にウィルスを除去するソフトウェアである。ウィルスに感染したファイルを修復し、コンピュータを感染前の状態に回復する機能を持つ。ウィルス対策としては最も効果があるが、定期的に最新のウィルス定義ファイル（ウィルス情報を格納したファイル）をソフトウェアメーカーから入手し、置き換えなければ効果は半減する。ワクチン、アンチウィルスソフトともいう。

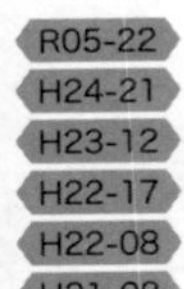

(4) ファイアウォール

① ファイアウォール (Fire Wall)

ファイアウォールとは、内部や外部からの通信を、定めたルール通りに振り分けるものである。一般に内部とはLANであり、外部とはインターネットである。サーバやルータ等を通過するパケットの送信元や宛先、ポート等をチェックして振り分ける機能を**パケットフィルタリング**という。ファイアウォールは外部から内部への通信を遮断することを主目的とするが、ルールをあらかじめ設定していれば外部からでも内部の指定のコンピュータへのアクセスを許可することができ、内部から外部へのアクセスを遮断することもできる。

アプリケーションレベルでより厳格な制御を行う**アプリケーションゲートウェイ**機能を持ったものもある。中でもSQLインジェクションなどのWebアプリケーションへの攻撃を検知し、防御するシステムをWAF（Web Application Firewall）という。

【 ファイアウォール 】

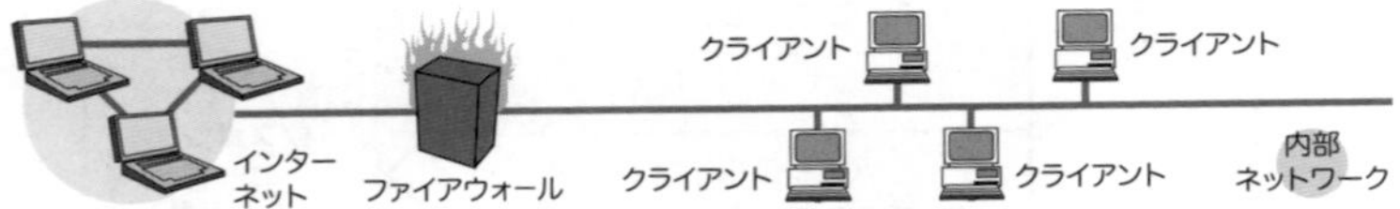

(a) DMZ

DMZ（DeMilitarized Zone：非武装地帯）とは、ファイアウォールによって外部と内部の両方のネットワークから隔離された区域のことである。Webサーバやメールサーバなど外部に公開したいサーバをDMZに設置する。外部からはDMZに設定されているサーバにのみアクセスできるため、内部ネットワークへの不正なアクセスを防ぐことができる。

(b) ステルス機能

ステルス機能は、内部のコンピュータをインターネット側から隠す機能である。ポートスキャンという脆弱性探索行為を受けた際、ポートを閉じているだけでは「閉じている」という応答を返してしまい、コンピュータの存在が分かってしまう。ステルス機能は応答を返さないため、コンピュータの存在を隠匿できる。

② プロキシサーバ (Proxy Server)

内部ネットワークとインターネットの境にあって、内部ネットワークのコンピュータの「代理」としてインターネットとの接続を行うコンピュータである。ネットワークに出入りするアクセスを一元管理し、内部から特定の種類の接続のみを許可したり、外部からの不正なアクセスを遮断したりする。

またプロキシサーバには「**キャッシュ機能**」がある。ユーザが一度アクセスしたサイトのコンテンツをサーバに保存しておき、他のユーザが同じサイトにアクセスしようとしたときは、インターネットにアクセスせず、サーバに保存しているコンテンツを返す。このキャッシュ機能によりレスポンスが向上する。

【 プロキシサーバ 】

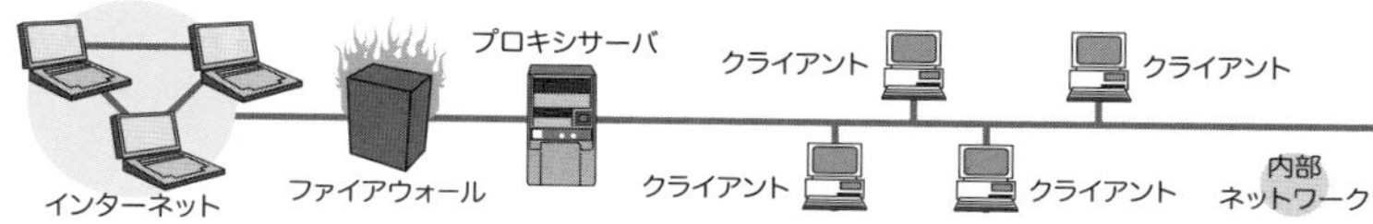

R02-10 H27-10 H25-12 H24-07 H23-12 H22-17 H20-11

⑸ ネットワークセキュリティ

① VPN (Virtual Private Network)

インターネット上で認証技術や暗号技術によって保護された仮想的な専用回線を提供するネットワークサービスである。インターネットをあたかも専用回線であるかのように利用できる。専用回線を導入するよりもコストを抑えられる。

【 VPN 】

R05-22 H24-21 H19-21

② 侵入検知システム (Intrusion Detection System：IDS)

VPNなどでセキュリティを確保した外部からのアクセス方法を構築しても、ネットワークへの不正アクセス対策は万全ではない。ネットワークへの不正侵入対策として、侵入検知システムが使われる。**侵入検知システム**とは、コンピュータやネットワークに対する不正行為を検知・通知するシステムの総称である。

IDSにはホスト型とネットワーク型があり、両者は監視対象が異なる。

【 IDSの類型 】

ホスト型IDS	●ネットワークに接続している機器への不正侵入を監視する。 ●ホストが送受信するパケットを監視する機能もある。 ●通信データが暗号化されていても監視が可能である。
ネットワーク型IDS	●機器同士をつなぐネットワーク回線内の不正データを監視する。

(a) 侵入防止システム (Intrusion Prevention System：IPS)

ネットワークへの不正侵入を監視し、不正侵入を検知した場合にその通信を遮断するシステムを侵入防止システムという。IDSと比較して不正侵入を防ぐというリスクは低減できるが、誤検知があった場合は正規の通信も遮断してしまう可能性がある。

R04-07 R02-10 H27-21 H22-16 H21-20

③ プロトコルによるセキュリティ

(a) SSL (Secure Socket Layer) ／TLS (Transport Layer Security)

インターネット上で情報を暗号化して、クライアントとサーバ間で送受信するプロトコルである。**SSL**は公開鍵暗号や秘密鍵暗号、デジタル証明書、ハッシュ関数などのセキュリティ技術を組み合わせ、データの盗聴や改ざん、なりすましを防ぐ。VPNが、すべてのTCP/IP通信を暗号化するのに対し、SSLの場合は特定のアプリケーション通信のみ暗号化する。

メールサーバからメールを暗号化して受信する場合、「POP/IMAP over SSL」が使用されている。　認証や暗号に利用されるオープンソースのプログラム部品に、OpenSSLがある。広く普及しているが、OpenSSLを使用しているサーバのメモリ内データの一部を読み取ることができるなどの脆弱性が公表されている。

(b) HTTPS (HTTP over SSL)

HTTPSは、HTTPにSSLによるデータの暗号化機能を付加したプロトコルである。Webサーバと利用者の間で、暗号化したデータをやり取りできる。インターネット上でクレジット決済を利用する際のクレジットカード番号の送信等に使用される。

R05-22

④ SIEM (Security Information and Event Management)

SIEMとは、機器やソフトウェアの動作状況のログを一元的に管理し、セキュリティ上の脅威となる事象をいち早く検知して分析できるようにするシステムである。

R05-22 R01-19 H26-21 H23-21 H22-16

(6) 暗号化

インターネットなどのネットワークを通じてデータをやり取りする際に、通信途中で第三者に盗み見られたり改ざんされたりしないよう、規則に従ってデータを変換することを**暗号化**という。変換されたデータを元に戻すことを復号化という。暗号化、復号化には暗号表にあたる「鍵」を使うが、暗号化と復号化に同じ鍵を用いる**秘密鍵暗号方式**と、異なる鍵を用いる**公開鍵暗号方式**がある。

① 秘密鍵暗号方式 (Private Key Encryption)

暗号化と復号化に同じ鍵を用いる暗号方式である。暗号文の送信者と受信者で同じ鍵を共有する必要があるため、「**共通鍵暗号方式**」ともいう。

- 暗号文を送受信する前に、予め安全な経路を使って秘密の鍵を共有する必要がある。
- 代表的な方式としてDES (Data Encryption Standard) がある。

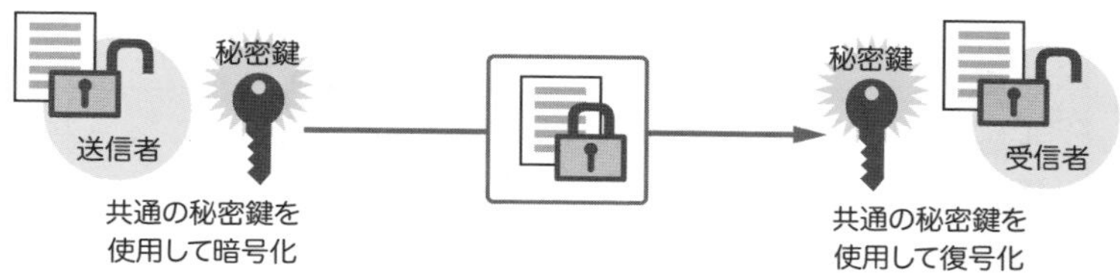

H24-22
H22-16
H20-15

②公開鍵暗号方式(Public Key Encryption)

対になる2つの鍵を使ってデータの暗号化・復号化を行う暗号方式である。暗号化と復号化で用いる鍵が異なる。

一方は他人に広く公開するため「**公開鍵**」と呼び、もう片方は本人だけがわかるように厳重に管理するため「**秘密鍵**」と呼ぶ。

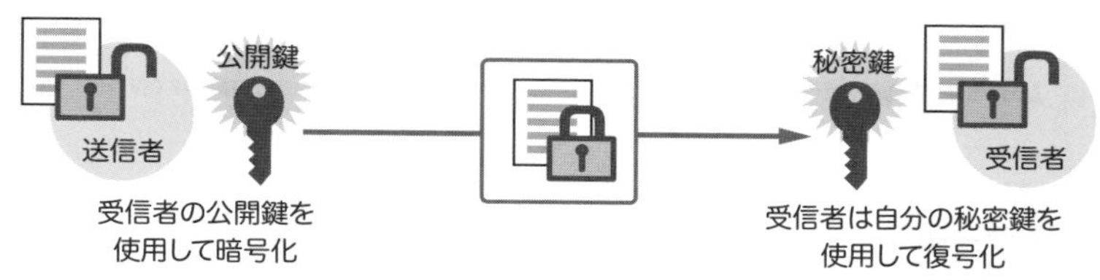

- 秘密鍵で暗号化したデータは対応する公開鍵でしか復号できず、公開鍵で暗号化したデータは対応する秘密鍵でしか復号できない。
- 秘密鍵暗号方式に比べ、鍵を安全な経路で輸送する必要がないため、鍵の管理が容易である。
- 公開鍵暗号方式としてRSAが広く普及している。

なお、公開鍵暗号を用いた技術・製品全般を指す言葉として**PKI**(Public Key Infrastructure)がある。公開鍵暗号技術、SSL、S/MIMEなどを使った暗号化電子メール、デジタル証明書を発行する認証局(CA:Certificate Authority)などを含む。公開鍵暗号方式を利用した暗号化ソフトウェアとして**PGP**(Pretty Good Privacy)があり、電子メールやファイルの暗号化に使用されている。

③ ハイブリッド方式(セッション鍵方式)

ハイブリッド方式は、公開鍵方式を使用してランダムに生成した共通鍵(セッション鍵)を共有し、その後のやり取りでは共通鍵暗号方式を使用する。共通鍵暗号方式の「処理の高速性」と公開鍵暗号方式の「鍵配布の容易性」の、双方の利点を組み合わせている。

【ハイブリッド方式】

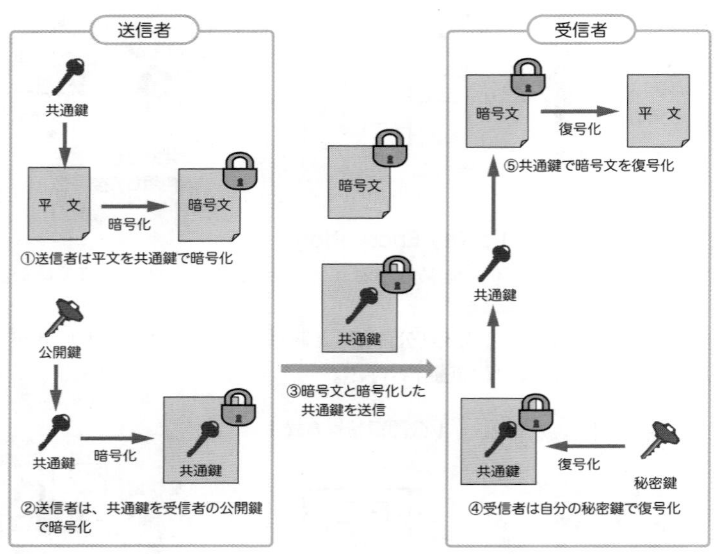

④ シーザー暗号方式

シーザー暗号方式は、共和制古代ローマ末期のシーザーが利用していたという記録が残っている暗号方式である。A → D、B → E、C → Fのように、平文中のアルファベットを一定の間隔をおいて別の文字に置き換える、換字暗号の最も単純な例である。次の対応表をもとに換字すると、「TOKYO」は「WRNBR」となる。

【シーザー暗号】

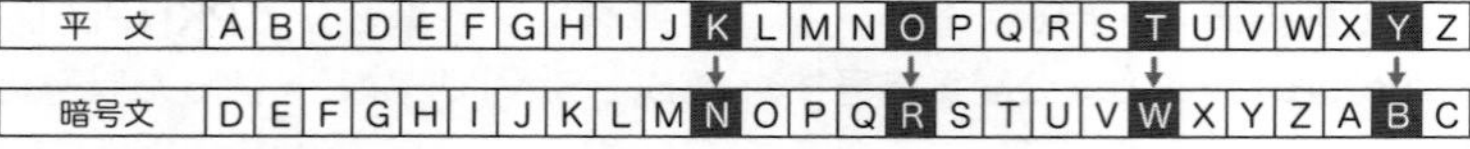

平　文	A	B	C	D	E	F	G	H	I	J	K	L	M	N	O	P	Q	R	S	T	U	V	W	X	Y	Z
暗号文	D	E	F	G	H	I	J	K	L	M	N	O	P	Q	R	S	T	U	V	W	X	Y	Z	A	B	C

R04-20
H23-21
H21-20
H20-15

⑤ 電子証明書

ECサイトのようなセキュアなサーバアクセスに用いられるSSL証明書や、e－TAX（国税電子申告・納税システム（イータックス））などのシステムで電子証明書は利用されている。

(a) デジタル署名（電子署名）

公開鍵暗号技術を応用して、文書の作成者を証明し、かつ文書が改ざんされていないことを保証する技術である。

文書の作成者は、自分の秘密鍵で文書を暗号化してから受信者へ送信する。受信者は、作成者から送られてきた暗号文を、作成者の公開鍵で復号化する。復号化に成功すれば、文書は間違いなく作成者が暗号化して送ったもので改ざんされていないと判断できる。

デジタル署名などに使う公開鍵が作成者本人のものであることの証明として、電子証明書が利用される。

【デジタル署名】

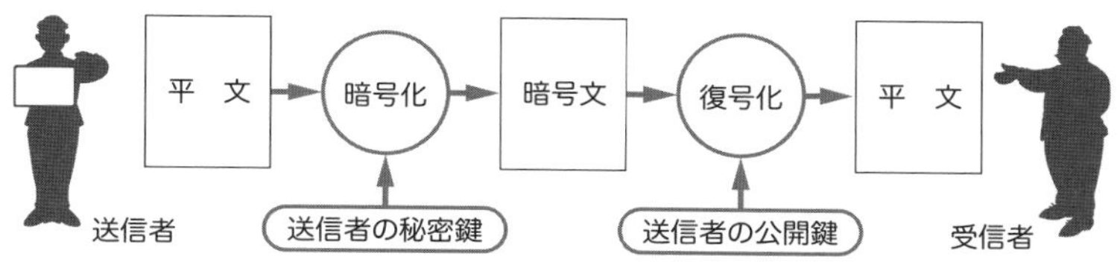

(b) EV SSL

従来のSSL証明書は、各認証局がサイト運営者の実在性を独自の基準で認証したうえで発行される。このため、企業実態を確認する検証機能が十分でない場合もあり、不正ななりすましサイトにSSL証明書が発行され、中間者攻撃などに利用されるリスクが存在する。

この問題を解決するため、認証局とブラウザベンダー企業で構成する業界団体CA/Browser フォーラムは、「EV (Extended Validation) 証明書ガイドライン」を定め、一定の基準を満たした認証局が規定の手順に基づいて認証した場合のみ発行できる証明書 (**EV SSL証明書**) を導入した。

EV SSL証明書を取得するには、サイト運営者は、法的実体の確認、ドメイン所有権の確認、担当者の身元証明と署名など厳しい審査をクリアする必要がある。

EV SSL証明書を用いることで、サイト運営者の実在性をより厳格に認証することが可能となった。EV SSLは、EV SSL証明書を用い、サイト運営者のより厳格な認証を可能とした通信方式で中間者攻撃を回避できる。

(c) 公的個人認証

公的個人認証用の電子証明書は、国への申請・届出等の場合の政府認証基盤 (GPKI：Government Public Key Infrastructure) と、地方公共団体への申請・届出等の場合の組織認証基盤 (LGPKI：Local GPKI) がある。

(7) 脆弱性への対策

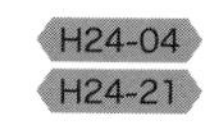

OSを含むソフトウェアの多くには、セキュリティホールという脆弱性がある場合が多い。

① パッチファイルの適用

パッチファイルとは、ソフトウェアの不具合を修正するために変更前後の相違点だけをまとめた差分ファイルのことである。不具合や脆弱性に対応するために、ソフトウェアの開発元から提供される。既知の脆弱性に対応したパッチファイルを適用しソフトウェアを最新の状態にすることで、セキュリティを高めることができる。

H24-21

(8) 入口対策と出口対策

① 入口対策

外部からの攻撃を内部に侵入させないようにするセキュリティ対策を**入口対策**という。ファイアウォールやIDS、ウィルス対策など、これまでのセキュリティ対策は脅威を内部に侵入させない入口対策が中心であった。しかし、一旦入口対策を突破され侵入を許してしまうと、内部にある正常なコンピュータのように振る舞い、外部に対して情報漏洩を行ったとしても不正だと気がつきにくい。そこで出口対策の重要性が増している。

② 出口対策

内部に侵入してしまった脅威によって、外部へ情報が漏えいしないよう対策することを**出口対策**という。入口対策をすり抜けて、ウィルスなどの脅威が内部に入り込んだとしても、外部との通信を遮断することで、攻撃者が情報を窃取できないようにすることなどがある。

(a) RATによる内部proxy通信（CONNECT接続）の検知遮断

RAT（Remote Access Trojan/Remote Administration Tool）は、攻撃者が外部から感染端末を遠隔操作し、システム内部のサーバなどを探索・攻撃するツール（ソフトウェア）である。RATは外部と通信する際にシステム内部のプロキシを使用するが、HTTPヘッダを全くつけないなど通信方法に特徴がある。この特徴からプロキシのログを分析することで、RATの通信を検知し、遮断する対策が「RATによる内部proxy通信（CONNECT接続）の検知遮断」である。このように、システム内部へ侵入されたとしても、外部攻撃サーバとの通信を遮断することによって実害を回避する「出口対策」がRATを含めたAPTに対し有効である。

【 入口対策と出口対策 】

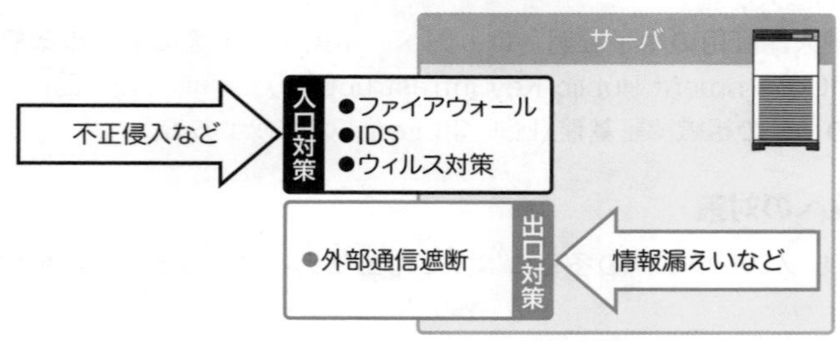

(9) その他のセキュリティ対策

① 可用性向上のための対策

ウィルスの感染、機械の消耗による故障、改ざんなどによりシステムが正常に運用できなくなった場合、早急に復旧するためにはバックアップや多重化が必要である。

【 可用性向上対策 】

バックアップ	コンピュータに保存されたデータやプログラムを不測の事態に備え、別の記憶媒体に保存する。バックアップと復旧の手順などをマニュアル化し、十分に教育をしておく必要がある。
多重化	サーバやネットワーク装置などを多重化し、一方がダウンした場合でも、残った機器でシステムを稼働できるようにする。複数の機器を1台であるかのように扱うことができる。クラスタリングともいう。

② 電子透かし (Digital watermarking)

画像や動画、音声などのマルチメディアデータに、著作権情報などを埋め込む技術である。専用の電子透かし検出ソフトに読み込ませると、作者名やコピー回数などの埋め込まれた情報が表示される。不正コピーやデータの改ざんを防ぐことができる。

③ シンクライアント (Thin Client) H23-06

シンクライアントとは、ハードディスクを持たないパソコンを利用し、データ処理や保存はサーバ側で集中処理を行う方式である。ハードディスクを持たないパソコンそのものを指すこともある。

ハードディスクを持たないため、データをパソコンに保存できない。パソコンの紛失や盗難があった場合でも、情報漏えいの危険性が低い。

またハードディスクを持たないパソコンを、**ハードディスクレスパソコン**という場合もある。

④ コンテンツフィルタリング H25-07

コンテンツフィルタリングとは、一定のルールに基づき閲覧できるWebサイトを制限する機能のことである。

6 法規・ガイドライン等 

(1) 主な法規・ガイドライン等

① 不正アクセス禁止法

不正アクセス行為の禁止等に関する法律では、不正アクセス行為の他、次の行為を禁止している。

- 他人のユーザIDやパスワードを不正取得・保管する行為
- 他人のユーザIDやパスワードを使って、本来自分が利用する権限を持っていないコンピュータを不正に使用する行為
- OSやアプリケーションソフトなどに存在するセキュリティ上の弱点を攻撃し、コンピュータを不正利用する行為
- 保存されているデータやプログラムを改ざんする行為
- コンピュータを利用不能な状態に追い込んだりする行為

② 個人情報保護法

個人情報保護法では、個人情報取扱事業者に対して、個人情報の取得・利用に際してのルール、適正・安全な管理、第三者への提供制限、本人関与の仕組み、実効性担保の仕組み等についての義務を定めている。

③ 電子帳簿保存法

電子帳簿保存法で、国税関係帳簿書類の電子的備え付けと保存が認められた。

また、2004年12月1日の電子帳簿保存法改正により、一定の要件を満たせばスキャナの利用による電子化が容認された。以降の改正で、電子署名が不要、スマートフォンが使用可能になるなど、スキャナ保存要件が緩和されている。一方で2022年1月から電子取引データの電子保存が義務化されるなど、ペーパレス化に向けた改正が続いている。

④ 資源の有効な利用の促進に関する法律

資源有効利用の促進に関する法律に基づいて使用済パーソナルコンピュータ（その表示装置を含む）の事業者による自主回収及び再資源化を始めとするパソコンの3Rの促進を目的としている。

⑤ システム監査基準

監査対象から独立した監査人が、コンピュータシステムを総合的・客観的に点検・評価し、関係者に助言・勧告するための基準である。

⑥ 情報システム安全対策基準

情報システムの機密性、保全性及び可用性の確保を目的として、自然災害、機器の障害、故意・過失等の危険を未然に防止し、また、障害が発生した場合の影響を最小化し、回復の迅速化を図るため、情報システムの利用者が実施する対策項目を列挙したものである。

⑦ コンピュータウィルス対策基準

コンピュータウィルスに対する予防、発見、駆除、復旧等について、実効性の高い対策をとりまとめている。

⑧ ソフトウェア管理ガイドライン

ソフトウェアの違法複製等を防止するため、法人、団体等を対象として、ソフトウェアを使用するにあたって実行するべき事項をとりまとめている。

H24-19
H21-17

⑨ SaaS向けSLAガイドライン

当事者間の適切な取引関係を確保し、SaaSの普及を図るため、サービス提供企業とユーザ企業間で合意することが望ましいサービス内容・範囲・品質等に関する保証基準の共通認識として、経済産業省が策定・公表したガイドラインである。

H20-22

⑩ Common Criteria（コモンクライテリア）

独立行政法人情報処理推進機構（IPA）は、「IT セキュリティ評価及び認証制度」を展開している。その認証基準である「**Common Criteria**」は、情報セキュリティに関する国際標準「ISO/IEC15408」に基づいてIT関連製品やシステムが適切に設計・実装されているかどうかを評価し、その結果を公的に認証する仕組みである。

H23-14

⑪ 電子記録債権制度

電子記録債権とは、債権の発生や譲渡の際に、電子債権記録機関の記録原簿への電子記録を要件とする金銭債権のことである。

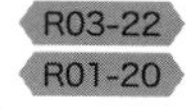

⑫ 中小企業の情報セキュリティ対策ガイドライン

IPAが公表したガイドラインである。経営者は、「・OSやソフトウェアは常に最新の状態にしよう！・ウイルス対策ソフトを導入しよう！・パスワードを強化しよう！・共有設定を見直そう！・脅威や攻撃の手口を知ろう！」の情報セキュリティ5か条に加え、「3原則」を認識し、「重要7項目」を実行指示するよう定めている。

【 認識すべき3原則 】

原則1	情報セキュリティ対策は経営者のリーダーシップで進める
原則2	委託先の情報セキュリティ対策まで考慮する
原則3	関係者とは常に情報セキュリティに関するコミュニケーションをとる

【 実行すべき重要7項目の取組 】

取組1	情報セキュリティに関する組織全体の対応方針を定める
取組2	情報セキュリティ対策のための予算や人材などを確保する
取組3	必要と考えられる対策を検討させて実行を指示する
取組4	情報セキュリティ対策に関する適宜の見直しを指示する
取組5	緊急時の対応や復旧のための体制を整備する
取組6	委託や外部サービス利用の際にはセキュリティに関する責任を明確にする
取組7	情報セキュリティに関する最新動向を収集する

出典：IPA「中小企業の情報セキュリティ対策ガイドライン（第3版）」

経営者は、専門家に一任するのでなく、自社の情報セキュリティ対策について関係者に明確に説明できるように経営者自身が理解し整理しておくことが必要である。

⑬ ビジネスモデル特許 R01-14

ビジネスモデル特許とは、IT技術を利用してビジネス方法を実現する発明（情報システム）に関する特許である。

日本の特許法では、「自然法則を利用した技術的思想の創作のうち高度なもの」を発明と定義としている。「自然法則」とは自然界において体験によって見出される科学的な法則をいう。30分以内に配達できなければ割引する配達保証などの人為的な取り決めであるビジネス方法（ビジネスモデル）そのものは自然法則でなく、特許法上の発明に該当しない。

【 ビジネスモデル特許の事例 】

逆オークション特許（プライスラインドットコム）	航空券の購入希望者が条件を入力すると、複数の航空券販売業者が販売価格を提示し、購入希望者がひとつを選択して予約するシステム
ショッピングカート特許（オープン・マーケット・インコーポレーテッド）	ネットで商品を注文する際に、購入希望品目をショッピングカートに入れれば、個別商品ごとに決済しなくても最後にまとめて決済できるシステム
ワンクリック特許（アマゾンドットコム）	ネットで商品を注文する際に、住所や連絡先を一度入力しておけば2度目からはワンクリックで完了させることのできるシステム

R03-25

⑭ テレワークセキュリティガイドライン

【テレワーク方式】

VPN方式	●テレワーク端末からオフィスネットワークにVPN接続 ●VPN経由でオフィスのサーバ等に接続して業務遂行
リモート デスクトップ方式	●テレワーク端末からオフィス端末に接続 ●デスクトップ環境を遠隔操作して業務遂行
仮想デスクトップ (VDI)方式	●テレワーク端末から仮想デスクトップ環境に接続 ●基盤上のデスクトップ環境を遠隔操作して業務遂行
セキュア コンテナ方式	●テレワーク端末に独立した仮想環境を設ける ●仮想環境内でアプリケーションを動かして業務遂行
セキュア ブラウザ方式	●テレワーク端末からセキュアブラウザを使用 ●オフィスネットワークなどに接続して業務遂行
クラウド サービス方式	●オフィスネットワークに接続しない ●テレワーク端末からクラウドサービスに接続して業務遂行
スタンド アロン方式	●オフィスネットワークに接続しない ●テレワーク端末や外部記録媒体に保存したデータで業務遂行

R04-16

⑮ IDとパスワードの設定と管理のあり方

総務省は、IDとパスワードの設定と管理のあり方(国民のための情報セキュリティサイト)」で、パスワードの設定と管理の留意点を挙げている。

- パスワードは、同僚などに教えないで、秘密にする
- パスワードを電子メールでやりとりしない
- パスワードのメモをディスプレイなど他人の目に触れる場所に貼ったりしない
- やむを得ずパスワードをメモなどで記載した場合は、鍵のかかる机や金庫など安全な方法で保管する
- パスワードを複数のサービスで使い回さない(**定期的変更は不要**)

定期的変更により、パスワードの作り方がパターン化し簡単になることや、使い回しをすることが問題となる。実際にパスワードを破られアカウントが乗っ取られたり、サービス側から流出したりした事実がなければ、パスワードの定期的変更(管理者がユーザに定期的変更を要求することを含む)は不要とする方針が、米国国立標準技術研究所(NIST)や内閣サイバーセキュリティセンター(NISC)から示されている。

R01-25

(2) 主な標準化組織

情報通信技術(ICT)においては、相互接続性や相互運用性を確保することが不可欠である。このため、さまざまな組織が規格の標準化を進めている。

標準には、デジュール標準とデファクト標準がある。デジュール標準は公的な標準化組織によって作成された標準である。国際的な公的標準化組織として、ISOやITUなどがある。デファクト標準は、IEEEやW3Cなど、単独又は特定の企業連合が独自に作成した標準である。市場や業界における利用率が高く、事実上の業界標

準として扱われている標準を指す。

【 主な標準化組織 】

ISO	国際標準化機構。世界160カ国以上の国家規格団体が加盟する世界的規模の非政府組織であり、世界的な標準化を図ることを目的とした団体である
ITU	国際電気通信連合。国際連合の国際連合の専門機関のひとつであり、データ通信などの電気通信分野における国際規格を制定する団体である。情報通信分野の国際標準の策定を図り、発展途上国への技術協力の推進を行っている
IEEE	米国電気電子技術者協会。米国に本部を持つ電気・電子技術に関する学会である。IEEEの標準化委員会のひとつにIEEE802委員会があり、LAN技術の標準化を進めている。また「IEEE802.11委員会」では無線LANの標準化を行っている
W3C	インターネットのWebに関する技術の標準化を進める非営利団体である

厳選!!

必須テーマ［○・×］チェック ―第4章―

過去23年間（平成13～令和5年度）本試験出題の必須テーマから厳選！

問題編

Check!!

問1 (R01-17) ［○・×］

ウォーターフォールモデルは、開発工程を上流工程から下流工程へと順次移行し、後戻りはシステムの完成後にのみ許される。

問2 (R03-14) ［○・×］

ステートマシン図は、活動の流れや業務の手順を表現するダイアグラムである。

問3 (H30-21) ［○・×］

プログラムを変更した際に、その変更によって予想外の影響が現れていないかどうか確認するテストを回帰テストという。

問4 (H29-13) ［○・×］

コンピュータシステムの信頼性は、稼働時間に基づいたMTBFで評価することができる。

問5 (R02-14) ［○・×］

メールによる広告配信を停止したり、ユーザアカウントを解約したりしたユーザの数の全ユーザ数に対する割合を「チャーン率」という。

問6 (R05-20) ［○・×］

プロジェクト管理において、SPI（スケジュール効率指数）とは、スケジュールの進捗具合を示す指標で、EV（出来高実績値）をPV（出来高計画値）で除して算出する。

問7 (H29-22) ［○・×］

認証の精度は、本人拒否率が低いと安全性を重視したシステムになり、他人受入率が低いと利用者の利便性を重視したシステムになる。

問8 (H30-23) ［○・×］

文字列の組み合わせを機械的かつ総当たり的に試すことで、パスワードを取得するのは、ソーシャルエンジニアリングの手法のひとつである。

問9 (R04-20) ［○・×］

デジタル署名において、電子証明書は、秘密鍵の所有者を証明するものである。

解答・解説編

問1　×：ウォーターフォールモデルは、原則的に、後戻りしないモデルである。
問2　×：ステートマシン図は、システム内部の動作を記述し、ユースケースをまたがるオブジェクトごとの状態遷移を表す。
問3　○：回帰テストは、レグレッションテストともいう。
問4　○：MTBF（平均故障間隔）の値が大きいほど信頼性は高い。
問5　○：「チャーン（churn）」には、サービスを次々乗り換える移り気な顧客という意味がある。
問6　○：SPIが1を下回った場合、作業が遅れていると考えられる。
問7　×：他人受入率が低いと安全性を重視したシステムになり、本人拒否率が低いと利用者の利便性を重視したシステムになる。
問8　×：ソーシャルエンジニアリングは、パスワードなど、ネットワークに侵入するための情報を、情報通信技術などを使わずに、「社会的」な手段で入手する方法である。
問9　×：公開鍵が作成者本人のものであることは電子証明書によって証明される。

厳選!!

必須テーマ　重要例題①　―第4章―

令和4年度　第13問

問題編

システム開発の方法論は多様である。システム開発に関する記述として、最も適切なものはどれか。

ア　DevOpsは、開発側と運用側とが密接に連携して、システムの導入や更新を柔軟かつ迅速に行う開発の方法論である。

イ　XPは、開発の基幹手法としてペアプログラミングを用いる方法論であり、ウォーターフォール型開発を改善したものである。

ウ　ウォーターフォール型開発は、全体的なモデルを作成した上で、ユーザにとって価値ある機能のまとまりを単位として、計画、設計、構築を繰り返す方法論である。

エ　スクラムは、動いているシステムを壊さずに、ソフトウェアを高速に、着実に、自動的に機能を増幅させ、本番環境にリリース可能な状態にする方法論である。

オ　フィーチャ駆動開発は、開発工程を上流工程から下流工程へと順次移行し、後戻りはシステムの完成後にのみ許される方法論である。

解答・解説編

解答：ア

システム開発に関する出題である。

ア：適切である。DevOpsは、密な情報共有やコミュニケーションにより、安定性を保ちながら仕様変更によるリスクを下げることで、ユーザに新しいサービスをリリースすることが可能となる。

イ　不適切である。XP（eXtreme Programming）は、ウォーターフォール型開発を改善したものでなく、アジャイル開発プロセスの手法の一つである。

ウ　不適切である。ウォーターフォール型開発は、上流から下流へと、システム開発の作業工程を順次進めていく方法論である。前フェーズの出力が次フェーズの入力になるため、前フェーズへの後戻りは原則的に実施しない。

エ　不適切である。スクラムは、アジャイル開発プロセスの手法の一つで、チームが一丸となって迅速にソフトウェア開発を進めていく方法論である。

オ　不適切である。フィーチャ駆動開発は、特色、特徴、特質、機能などをひとつの単位として開発の作業工程を反復しながら組み立てていく方法論である。

必須テーマ　重要例題②　―第４章―

平成30年度　第21問

問題編

中小企業が外注によって情報システムを開発する場合、外注先に任せきりにするのではなく、情報システムのテストに留意するなど、当事者意識を持つ必要がある。

テストに関する記述として、最も適切なものはどれか。

ア　システム開発の最終段階で、発注者として、そのシステムが実際に運用できるか否かを、人間系も含めて行うテストをベータテストという。

イ　ソースコードの開発・追加・修正を終えたソフトウェアが正常に機能する状態にあるかを確認する予備的なテストをアルファテストという。

ウ　対象箇所や操作手順などを事前に定めず、実施者がテスト項目をランダムに選んで実行するテストをA/Bテストという。

エ　プログラムを変更した際に、その変更によって予想外の影響が現れていないかどうか確認するテストを回帰テストという。

■■■ 解答・解説編 ■■■

解答：エ

情報システムのテストに関する出題である。

アルファテストとは、システム開発初期段階の試作版で行われるテストのことであり、主に社内で行われる。ベータテストとは、システム開発最終段階で行われるテストのことである。社外に委託し、性能や機能などの評価を得て製品版の完成度を高める。

ア：不適切である。本肢は受け入れテストの説明である。
イ：不適切である。本肢はスモークテストの説明である。
ウ：不適切である。A/Bテストとは、Webサイトで２つの異なるページをランダムに表示することで、利用者の反応の違いを統計的に分析するテストである。
エ：適切である。回帰テストとは、システム保守などによるシステム修正が他の正常な部分に影響を及ぼさないかどうかを検証するためのテストのことである。レグレッションテストともいう。

厳選!!

必須テーマ　重要例題③　―第4章―

平成30年度　第22問

問題編

A社では、BAC（Budget at Completion：完成時総予算）が1,200万円の情報システム開発プロジェクトが進行中である。昨日進捗を把握したところ、AC（Actual Cost：コスト実績値）が800万円、EV（Earned Value：出来高実績値）が600万円となっていた。このままのコスト効率でプロジェクトが進んでいくと、完成した時にどれくらいのコストがかかると予想できるか。最も適切なものを選べ。

ア　1,200万円
イ　1,400万円
ウ　1,600万円
エ　1,800万円

■■■ 解答・解説編 ■■■

解答：ウ

プロジェクト管理手法のEVMSに関する出題である。

情報システム開発プロジェクトの途中時点において、情報システムが完成した時に予想される総コストの見積額をEAC（Estimate At Completion：完成時総見積）という。

●EAC

＝現在までに発生したコスト実績値（AC）800万円＋今後の予想コスト800万円（※1）＝1,600万円

- （※1）今後の予想コスト
  ＝残りの作業量600万円（※2）÷コストパフォーマンス指数0.75（※3）
  ＝800万円
- （※2）残りの作業量
  ＝完成時総予算（BAC）1,200万円－出来高実績値（EV）600万円
  ＝600万円
- （※3）コストパフォーマンス指数
  ＝出来高実績値（EV）600万円÷コスト実績値（AC）800万円＝0.75

よって、選択肢ウが最も適切である。

厳選!! 必須テーマ　重要例題④　―第4章―

令和4年度　第17問

■■■ **問題編** ■■■

情報セキュリティマネジメントにおいては、情報セキュリティリスクアセスメントの結果に基づいて、リスク対応のプロセスを決定する必要がある。

リスク対応に関する記述とその用語の組み合わせとして、最も適切なものを下記の解答群から選べ。

a　リスクを伴う活動の停止やリスク要因の根本的排除により、当該リスクが発生しない状態にする。

b　リスク要因の予防や被害拡大防止措置を講じることにより、当該リスクの発生確率や損失を減じる。

c　リスクが受容可能な場合や対策費用が損害額を上回るような場合には、あえて何も対策を講じない。

d　保険に加入したり、業務をアウトソーシングするなどして、他者との間でリスクを分散する。

〔解答群〕

ア　a：リスク移転　b：リスク低減　c：リスク回避　d：リスク保有

イ　a：リスク移転　b：リスク保有　c：リスク回避　d：リスク低減

ウ　a：リスク回避　b：リスク移転　c：リスク保有　d：リスク低減

エ　a：リスク回避　b：リスク低減　c：リスク保有　d：リスク移転

オ　a：リスク低減　b：リスク回避　c：リスク移転　d：リスク保有

解答・解説編

解答：エ

リスク対応に関する記述とその用語に関する出題である。

a：リスク回避が適切である。リスク回避は、リスクを伴う活動の停止やリスク要因の根本的排除によって損失を被る可能性があるものを除外し、当該リスクを発生させない対応である。

b：リスク低減が適切である。リスク低減は、「起こりやすさの変更」ともされ、リスク要因の予防や被害拡大防止措置を講じることによって当該リスクの発生確率や損失を減じる対応である。

c：リスク保有が適切である。リスク保有は、リスクが小さく受容可能な場合や対策費用が損害額を上回るような場合は、あえて何も対策を講じない対応である。

d：リスク移転が適切である。リスク移転は、「リスクの共有」ともされ、保険への加入や、業務をアウトソーシングするなどして、他者との間でリスクを分散する対応である。

よって、選択肢エが最も適切である。

必須テーマ　重要例題⑤　―第4章―

令和４年度　第16問

問題編

パスワードを適切に設定して管理することは、ネットワーク社会でセキュリティを守るための基本である。

総務省は、「IDとパスワードの設定と管理のあり方（国民のための情報セキュリティサイト）」でパスワードの設定と管理についての留意点をあげている。パスワードの漏洩（ろうえい）リスクを低減するための個人や組織の対策として、最も不適切なものはどれか。

ア　アカウントの乗っ取りやパスワード流出の事実がなくとも、管理者がユーザにパスワードの定期的変更を要求すること。

イ　パスワードのメモをディスプレイなど他人の目に触れる場所に貼ったりしないこと。

ウ　パスワードを電子メールでやりとりしないこと。

エ　パスワードを複数のサービスで使い回さないこと。

オ　やむを得ずパスワードをメモなどに記載した場合は、鍵のかかる机や金庫など安全な方法で保管すること。

解答・解説編

解答：ア

パスワードの漏洩リスクを低減するための個人や組織の対策に関する出題である。

ア：不適切である。これまではパスワードの定期的な変更が推奨されていたが、2017年に、米国国立標準技術研究所（NIST）からガイドラインとして、サービスを提供する側がパスワードの定期的な変更を要求すべきではない旨が示された。日本においても、内閣サイバーセキュリティセンター（NISC）から、流出時に速やかにパスワードを変更する旨が示され、定期的な変更は不要とされた。
イ：適切である。他人の目に触れる場所にパスワードのメモを貼るべきではない。
ウ：適切である。電子メールでパスワードのやりとりをするべきではない。
エ：適切である。何らかの原因で利用中のサービスからパスワードが漏洩してしまえば、第三者から重要情報にアクセスされてしまう可能性があるため、パスワードを複数のサービスで使い回すべきではない。
オ：適切である。やむを得ずパスワードを記載したメモを保管する場合は、鍵をかけて保管するべきである。

テーマ別出題ランキング

過去18年分 平成18年（2006年）～令和5年（2023年）	
1位	回帰分析
1位	連続型確率分布
2位	離散型確率分布
2位	パラメトリックな検定手法
2位	ノンパラメトリックな検定手法
3位	分散分析

直近10年分 平成26年（2014年）～令和5年（2023年）	
1位	回帰分析
2位	パラメトリックな検定手法
2位	分散分析
3位	※該当項目が多数のため省略

過去18年間の出題傾向

18年間で、回帰分析・連続型確率分布が各6回、離散型確率分布・パラメトリックな検定手法・ノンパラメトリックな検定手法が各5回以上出題されている。いずれのテーマも、平均値や期待値など「データ群の代表値」と、バラツキや分散・標準偏差など「代表値と実際データとの差」から経営に役立つ法則を導くイメージが重要になる。

第 5 章

統計解析

Ⅰ 統計解析の基礎

Ⅱ 確率分布

Ⅲ 検定・推定

Ⅳ 多変量解析

I 統計解析の基礎

1 統計解析とは 

統計解析は、過去のデータを分析して、将来を予測する手法である。売上の予測、顧客の増加予測、資材の使用予測など、適切な経営判断に必要な情報を提供する。

膨大なデータから将来を予測するので、情報システムなしでは解析は難しい。企業の基幹系システムで使われるような高度な統計解析ソフトウェアから、Excelのような簡単な統計解析が可能なソフトウェアまで存在する。

2 統計データの分類 

データには、測定可能か不能かによる分類や測定尺度（評価や判断の基準）による分類がある。

【データの測定尺度】

質的データ（測定不能）	名義尺度	• 他と区別や分類するために割り当てたデータ • 同じか違うかわかる	男女、血液型、郵便番号など
	順序尺度	• 大小関係に意味があるが間隔に意味がないデータ • 大きいか小さいかがわかる	順位、5段階評価など
量的データ（測定可能）	間隔尺度	• 目盛が等間隔のもの • 大小関係と差がわかるデータ • 比率（何倍など）はわからない • 値ゼロに相対的な意味しかない	摂氏温度、標準偏差など
	比（比例）尺度	• 物理的に計測可能なデータ • 大小関係と差と比率（何倍など）がわかるデータ • 値ゼロに絶対的な意味がある	長さ、重さ、価格など

時系列分析の定期的継続的なデータ収集のため、大規模集団から収集対象者を選択する方式にも分類がある。特定の年に生まれた人など比較的大規模集団を**コーホート**という。コーホート内の収集対象者選択には、調査の都度対象者を選択する独立サンプル方式と、毎回同じ対象者とする同一サンプル方式がある。同一サンプル方式の対象者集団を**パネル**、パネルから収集したデータを**パネルデータ**という。

3 確率 

確率とは、ある事象が起こる確かさのことである。ある事象が起こる確率は、ある事象が起こる度数（物事が起こったり行われたりする回数）を、すべての事象が起こる度数で割って求める。

4 基礎統計量

統計解析を学ぶうえで基礎となる統計量（データの特徴を表す値）を次に示す。

(1) 代表値を表す統計量

① 平均値

R02-23
H21-25

標本となるデータの和をデータ数で割ったものである。異常値に弱い。

ある企業の従業員A、B、Cの年収が、520万円、490万円、535万円とすると、A、B、Cの平均年収は、

$$\frac{520\text{万円}+490\text{万円}+535\text{万円}}{3\text{人}}=515\text{万円}$$

となる。

② 中央値（メディアン）

標本となるデータを小さい順（または大きい順）に並べて中央に位置するデータの値である。

前述の従業員A、B、Cを年収の低い順に並べると、490万円（B）、520万円（A）、535万円（C）なので、中央値は520万円となる。

中央値と平均値は求め方が異なる。

③ 期待値

期待値は確率と確率変数の積の和である。例えばサイコロの場合、1～6のそれぞれの目（確率変数）が出る確率（サイコロはそれぞれ6分の1）の期待値は3.5となる。

$$1\times\frac{1}{6}+2\times\frac{1}{6}+3\times\frac{1}{6}+4\times\frac{1}{6}+5\times\frac{1}{6}+6\times\frac{1}{6}=3.5$$

(2) バラツキを表す統計量

ここでは個々のデータを $\chi_1, \chi_2, \chi_3, \cdots \chi_n,$ とし、平均値を $\bar{\chi}$ とする。また絶対値を $|\chi|$ とする。

① 平方和

H21-24

個々のデータについて、平均値との差をとり二乗したものの合計である。

$$S=\left(\chi_1-\bar{\chi}\right)^2+\left(\chi_2-\bar{\chi}\right)^2+\left(\chi_3-\bar{\chi}\right)^2+\cdots\left(\chi_n-\bar{\chi}\right)^2$$

② 分散

H22-24

平方和（S）をデータ数（n－1）で割ったものである。平方和ではデータ数が異なる標本同士を比較することができない。そこでデータ数で割ることにより比較する条件を揃えたものが分散である。

$$V=\frac{S}{n-1}$$ （分母を n とする場合もある。）

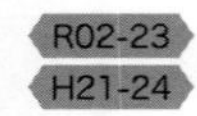

③ 標準偏差

分散の正の平方根である。

$$S = \sqrt{V}$$

①～③の基礎統計量はすべてバラツキを表したものである。バラツキを表した平均値からの差を積み重ねたものが基本となっているから、バラツキの大小は、変動係数（バラツキ÷基準値。例えば標準偏差÷平均値）の大小で評価する。

体重70kgの人が、AとBの体重計で何回か体重を測定したところ次のようになった。測定回数は同じなので、どれも山の中の面積は同じである。標準偏差が大きくなると左右に広がり、それだけ山の高さが低くなる。

下のグラフを見ると、体重計Aの方が、バラツキが少ないことがわかる。

【測定分布】

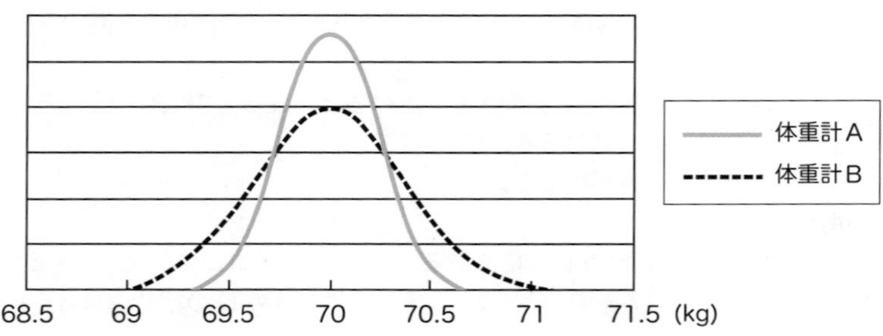

ある企業の従業員A、B、Cの年収が、520万円、490万円、535万円、平均値が515万円とすると、従業員A、B、Cの年収の平方和は1,050万円^2、分母をnとした場合の分散は350万円^2、標準偏差18.708…万円である。

平方和＝(520万円－515万円)^2＋(490万円－515万円)^2＋(535万円－515万円)^2
　　　＝1,050万円^2

$$\text{分散} = \frac{1{,}050\text{万円}^2}{3} = 350\text{万円}^2$$

$$\text{標準偏差} = \sqrt{350\text{万円}^2} = 18.708\cdots\text{万円}$$

R01-24

④ 平均偏差

個々のデータについて、平均値との差の絶対値をとり、取得した絶対値の平均値を求めたものである。

$$M = \frac{|\chi_1 - \bar{\chi}| + |\chi_2 - \bar{\chi}| + |\chi_3 - \bar{\chi}| + \cdots |\chi_n - \bar{\chi}|}{n}$$

II 確率分布

1 離散型確率分布

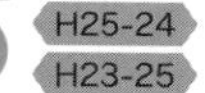

コイントスや、サイコロ投げなど離散的な値が得られる確率を求める場合の前提となる分布を**離散型確率分布**という。離散型確率分布には、次に示すものがある。

(1) 二項分布

H24-25

コインの裏表、サイコロの偶数奇数など、結果が二項的な試行をn回独立に繰り返した(観察した)時に、ある事象Aが起こる(観察される)確率の分布である。

(2) ポアソン分布

試行回数が非常に多く、かつ、注目する特性を持つ標本の割合が非常に小さい場合の二項分布と等価な確率分布である。

不良のような割合の非常に小さな特性(例えば、不良率0.1%)に注目する場合には、二項分布に代わって、ポアソン分布を使用する。

(3) 幾何分布

「独立な試行を繰り返し行って標本を抽出」する場合に、「注目する特性を持つ標本が初めて得られるまでの試行回数」に関わる確率分布である。例えば、製品の不良を注目する特性とすると、全数検査において100個目までは良品で注目する特性が現れず、101個目が不良品で注目する特性が現れる確率に関わる確率分布は、幾何分布である。

(4) 超幾何分布

ある大きさの母集団から、「ある個数の標本を取り出す」場合に、その中で「注目する特性を持つ標本の個数」に関わる確率分布である。例えば、1,000個の母集団から取り出した101個の標本の中で、1個が不良品である確率に関わる確率分布は、超幾何分布である。

(5) ベルヌーイ分布

ベルヌーイ分布とは、ある事象Aが起きる確率をp、事象Aが起きない確率を1－pとしたときの確率分布である。

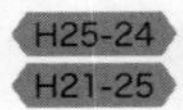

2 連続型確率分布

機器の故障発生確率や、時間ごとの来店客数の確率などを求める場合の前提となる分布を**連続型確率分布**という。連続型確率分布は、時刻ごとの来店客数など、連続した値が得られる分布であり、次に示すものがある。

(1) 正規分布

連続型確率分布の中で実際によく見られる分布であり、平均値を頂点として、左右に末広がりに広がっている分布である。

(2) 指数分布

確率分布が指数関数に従って減少する分布である。指数分布は、ある時刻までに故障が発生する確率の計算などに使用する。

(3) カイ２乗分布

カイ２乗分析で算出したカイ２乗統計量（理論値とどれだけ違うか）の分布である。理論値が妥当かどうかの判断などに使用する。

III 検定・推定

1 検定とは

A県とB県での売上の違いに相関性はあるのか、機械Cと機械Dの故障確率に関連性はあるかなど、統計学の理論を使って、母集団の特徴の仮説を立て、標本で得られたデータからその仮説が成り立つかどうかを判断する手法が統計学の**検定**である。

2 検定手順

(1) 帰無仮説の設定

帰無仮説とは、検定でとりあえず立てる仮説であり、「ゼロ仮説」ともいわれる。帰無仮説は、検証したい仮説（対立仮説）の反対の仮説を設定する。例えば、「差がある」という対立仮説を検証したい場合に、「差がない」という帰無仮説を設定し、検定する。検定で「差がない」という帰無仮説が棄却されることにより「差がないとはいえない」となり、「差がある」という対立仮説が採択される。帰無仮説を棄却することで対立仮説を採択する手法を**背理法**という。

(2) 統計量の算出

帰無仮説を検定するための統計量を算出する。検定手法やデータの状況で、統計量の算出方法は異なる。

(3) 判断基準の設定（有意水準） H28-25

結果の判断基準として、帰無仮説を棄却する領域を設定する。判断基準で設定される値は**有意水準**（帰無仮説が正しい場合に、算出した統計量になる確率が稀である（有意である）と判断する基準の確率）といわれる。「有意水準5%」の場合、「帰無仮説が正しい場合に、算出した統計量になる確率が5%以下ならば『稀である』と判断する」という意味になる。

(4) 判定

試験上、算出した統計量が有意水準に対応する統計量より大きい場合、「帰無仮説を正しい場合に、算出した統計量になる確率は稀である」となり、「帰無仮説を棄却する」と判定することが多い。

有意水準は、帰無仮説が正しいにも関わらず、帰無仮説が誤りとして棄却する第1種の誤りの確率と等しい。一方、帰無仮説が誤っているにも関わらず、帰無仮説が正しいと採択することを第2種の誤りという。（1－第2種の誤りの確率）を検定力（検出力）という。

【 検定と誤り 】

		帰無仮説	
		採択	棄却
真実	帰無仮説正しい	○	第１種の誤り
	帰無仮説誤り	第２種の誤り	○

自由度によって、有意水準に対応する統計量などが異なることがある。**自由度**とは、ある代表値や合計値があるときに自由に値を取れるデータの個数である。t検定の自由度は[データ数－データ群数]、m×n分割表の自由度は[(m－1)×(n－1)]、一元配置分散分析の自由度は[データ群数－１]となることが多い。例えば、共通部品を３社から仕入れている組立工場が、３社の共通部品の平均重量に差があるかの一元配置分散分析をする場合、の自由度は２（３－１＝２）となる。

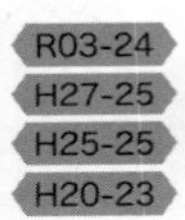

3 パラメトリックな検定手法

分布モデルとして正規分布や二項分布を取り上げ、その母数（パラメータ）や確率について検定するものを、パラメトリックな検定手法という。

H28-25 (1) t検定

平均値の有意差の有無を検定する方法の総称である。相関分析の相関係数（因果不明）や重回帰分析の偏回帰係数（因果あり）による有意差の有無の検定もt検定に含まれる。群の等分散性（分散が同じか同じでないか）などにより適用できるt検定が異なる。

① スチューデントt検定

２つの正規母集団において、両群の分散が等しいとする場合の母平均関する検定である。

② ウェルチt検定

２つの正規母集団において、両群の分散が等しくないとする場合の母平均関する検定である。

(2) z検定

分散値が判明している場合の、母集団の平均に関する検定である。標本の平均と母集団の平均とが統計学的にみて有意に異なるかどうかを検定する方法である。

(3) F検定

独立した複数の群の分散が同じか違うかを検定する方法の総称である。一元配置の分散分析もＦ検定に含まれる。

【 2群の平均のパラメトリックな検定体系 】

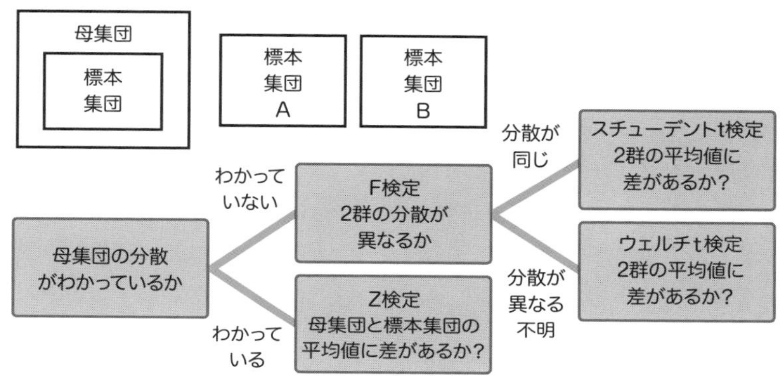

4 ノンパラメトリックな検定手法 基

与えられたデータに対応するモデルがわからない、あるいはデータ変換によってもなおデータの従う分布が確定できない、すなわち分布の母数（パラメータ）も特定できないときがある。ノンパラメトリックな検定手法は、このような場合に用いられる方法で、分布に依存しない方法ともいわれる。

R03-24 R02-23 H20-23 H19-23

(1) カイ2乗（χ^2）検定

クロス集計などで理論値との有意差の有無を検定する方法の総称である。度数データが特定の分布や理論値からからどのくらい離れているか調べる適合度検定や、異なる要因が互いに影響しあっているか否かを調べる独立性の検定がある。

5 推定とは 基

推定とは、母集団から無作為に抽出した標本から、未知である母数（母集団の平均や分散）を定めることである。

R04-24

(1) 点推定

点推定とは、無作為抽出された標本の平均や分散から、未知の母数をひとつの値で推定することである。

200人受験の試験結果から無作為抽出した10人の得点が

2、2、4、5、5、7、8、8、9、10

のとき、点推定による母平均の推定値は6.0で、母分散（不偏分散）の推定値は8.0である。

- 母平均の推定値＝（2＋2＋4＋5＋5＋7＋8＋8＋9＋10）÷10 ＝6.0
- 母分散（不偏分散）の推定値＝{（各得点－母平均）^{2}の総和}÷（データ数－1）

$$= \{(2-6.0)^2+(2-6.0)^2+(4-6.0)^2+(5-6.0)^2+(5-6.0)^2 + (7-6.0)^2+(8-6.0)^2+(8-6.0)^2+(9-6.0)^2+(10-6.0)^2\} \div (10-1) = 8.0$$

H23-24 **(2) 区間推定**

区間推定とは、無作為抽出された標本の平均や分散から、未知の母数の存在しうる範囲を推定することである。

IV 多変量解析

1 指数平滑法

H28-24

指数平滑法とは、観測値が古くなるにつれて指数的に重みを減少させる、重み付け移動平均法である。

予測値は次に示す式で表される。

予測値＝α×前回の実績値＋（1－α）×前回の予測値
　　　＝前回の予測値＋α×（前回の実績値－前回の予測値）

この式は、前回の実績値が前回の予測値からどれくらい外れたかを算出し、それに一定の係数α（平滑化係数）を掛けた修正値を、前回の予測値に加えて今回の予測値を算出することを意味している。

2 回帰分析

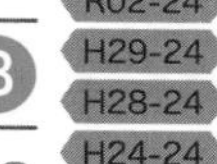

R02-23
R02-24
H29-24
H28-24
H24-24
H21-24

目的変数yと説明変数xの間に「y＝a＋bx」などの関係式を想定し、両変数間の関係を調べるとともに、xによるyの予測を目的とした統計分析法である。yとxとに相関（何か関係がある・寄与している）関係がある場合、回帰分析は効果的だが、yとxとの因果関係はわからない。

説明変数xが1つの場合を**単回帰分析**、複数の場合を**重回帰分析**という。回帰分析では、未知のaとbを最小2乗法によって求める。

自己回帰モデル（AutoRegressive（AR）model）は、最新の観測値を目的変数、前回以前の観測値を説明変数とする時系列データから、次の観測値を予測する一種の重回帰モデルである。自己回帰モデルにおいて、移動平均モデル（Moving Average model）を組み合わせたものがARMAモデルである。

【単回帰分析の例】

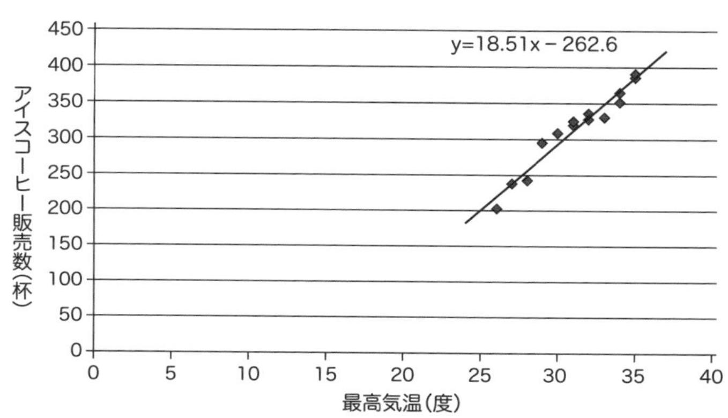

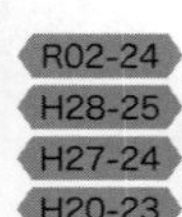

3 分散分析

分散分析とは、3つ以上のデータ群における平均値や利益率などの差の有意性有無を同時に分析する手法である。データ群を分ける因子が1つのデータを分析する**一元配置分散分析**、因子が2つのデータを分析する**二元配置分散分析**、因子が3つ以上のデータを分析する**多元配置分散分析**がある。例えば、3社の共通部品の平均重量に差の有意性有無を同時に分析する分散分析は、データ群を分ける因子が「会社」という1つだけの、一元配置分散分析である。3つ以上のデータ群に対して、特定の2つのデータ群間の平均値の分析を繰り返すと、検定の多重性により、第1種の誤りが大きくなる。

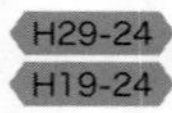

4 因子分析

因子分析とは、複数の変数間に潜む共通の因子を見つけ出す手法である。

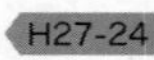

5 判別分析

判別分析とは、事前に与えられたデータが複数の異なるグループに分かれる場合、新しいデータがどのグループに入るのかを区別する分析手法である。

R02-24
H27-24

6 A／Bテスト（A／B分析）

A／Bテストとは、Webサイトで2つの異なるページパターンをランダムに表示して、それらに対する利用者の反応の違いを統計的に分析する手法である。

R02-24
H29-24

7 クラスター分析

クラスター分析は、複数の変数間の類似性に着目して、似ている変数同士をグループ（クラスター）化して分類する手法である。

H29-24

8 コンジョイント分析

コンジョイント分析は、複数の変数間の組み合わせを評価する手法である。新製品開発などにおいて、機能や価格といった変数の組み合わせに対する消費者の購入意向や嗜好を評価する場合に利用する。

厳選!! 必須テーマ［○・×］チェック ―第5章―

過去23年間（平成13～令和5年度）本試験出題の必須テーマから厳選！

問題編

Check!!

問1 (H29-25) ［○・×］

比（比例）尺度で測定されたデータは、身長や体重などのように値0（ゼロ）が絶対的な意味を持つ。

問2 (H29-25) ［○・×］

同一標本に対し継続的に繰り返し調査を行う場合、調査対象となった集団をコーホートという。

問3 (H29-24) ［○・×］

販売促進費と売上高の関係式を求めるための分析手法には、クラスター分析が適している。

問4 (R02-23) ［○・×］

ある商品について売上高と気温の相関係数を計算すると0.855であった。相関係数の値が正で値も大きいので、売上高を決める原因は気温である。

問5 (R03-24) ［○・×］

カイ二乗検定では、クロス集計表において、変数（分類基準）間に関連性があるかどうか、つまり、変数間は独立であるという帰無仮説を棄却できるかどうかを検定する。

問6 (R04-23) ［○・×］

検定力（検出力）とは、第1種の過誤を犯す確率のことである。

解答・解説編

問1　○：比（比例）尺度で測定されたデータは、大小関係と差と比率（何倍など）がわかる。

問2　×：同一標本に対し継続的に繰り返し調査を行う場合、調査対象となった集団はパネルである。

問3　×：販売促進費と売上高の関係式を求めるための分析手法には、回帰分析が適している。クラスター分析は、複数の変数間の類似性に着目して、似ている変数同士をグループ（クラスター）化して分類する手法である。

問4　×：相関係数が正で値が大きいことは、因果関係でなく、比例的関係が強い意味である。

問5　○：カイ２乗検定は、クロス集計などで理論値との有意差の有無を検定する方法の総称である。

問6　×：（1－第２種の過誤の確率）を検定力（検出力）という。

必須テーマ　重要例題①　―第5章―

令和2年度　第23問

問題編

以下に示す4つのデータ分析の事例における調査データや統計量の解釈は統計の視点から見て正しいものであるか。それぞれの事例に関する正誤の組み合わせとして、最も適切なものを下記の解答群から選べ。

事例1：ある商品について売上高と気温の相関係数を計算すると0.855であった。相関係数の値が正で値も大きいので、売上高を決める原因は気温である。

事例2：ある企業の従業員の年収の平均値を計算すると582万円であった。この企業の従業員である私の年収は560万円である。私の年収は平均値を下回っているので、従業員の年収を高い順に並べた時、下位半分に位置する。

事例3：A店舗の100日間の売上高の平均値は40万円、標準偏差は10万円であった。B店舗の同じ期間の売上高の平均値は100万円、標準偏差は20万円であった。B店舗の標準偏差はA店舗の標準偏差よりも大きいので、B店舗の方が売上高のばらつきが大きい。

事例4：あるレストランは男性からも女性からも評判の良い店である。既存のメニューを改善する目的で新メニューを開発した。新メニューを評価するために男女各50人に、既存メニューと新メニューに対する評価（「良い」か「悪い」か）を調査した。下表がその結果である。この調査結果によると、新メニューの方が良いと回答した割合が5ポイント高いので、既存メニューを新メニューに置き換えれば売上高は伸びる。

	良い	悪い	合計
既存メニュー	55人	45人	100人
新メニュー	60人	40人	100人

〔解答群〕

ア　事例1：正　事例2：正　事例3：正　事例4：正

イ　事例1：正　事例2：誤　事例3：誤　事例4：正

ウ　事例1：誤　事例2：正　事例3：正　事例4：誤

エ　事例1：誤　事例2：誤　事例3：誤　事例4：誤

解答：エ

統計量の解釈に関する出題である。

事例1：誤りである。相関係数は2つの変数間にある「比例的な」関係の強さを示す指標である。2つの変数において、相関係数が1あるいは－1に近い値である場合に、必ずしも因果（原因と結果）関係があることを示しているわけではない。

事例2：誤りである。平均値は、標本となるデータの和をデータ数で除したものであり、データの中央に位置することを示すものではない。標本となるデータを小さい順（または大きい順）に並べて中央に位置するデータは、中央値である。極端に大きい値や小さい値（外れ値・異常値）がある場合、平均値は外れ値に影響されるが、中央値は影響されない。

事例3：誤りである。2つの集団のばらつきの程度は、変動係数（標準偏差÷平均値）で比較する。A店舗の変動係数は標準偏差10万円÷平均値40万円＝0.25、B店舗の変動係数は標準偏差20（万円）÷平均値100万円＝0.2となり、変動係数の大きいA店舗のほうが、売上高のばらつきが大きい。

事例4：誤りである。調査結果は、調査内容は既存メニューと新メニュー自体に対する評価（「良い」「悪い」）だけであり、メニューを置き換えた場合の売上高変化を予測するものでない。

よって、選択肢エが最も適切である。

必須テーマ　重要例題②　―第5章―

平成27年度　第25問

問題編

年中無休のある店舗で、日次売上高を2年分集計した。年ごとの平均日次売上高の母集団の分布と分散は分からないが、平均日次売上高に有意な差があるかどうかについて、有意水準5％でz値を計算し仮説検定を行った。z値は、各年の平均日次売上高の差が分子、各年の日数で調整した標本標準偏差を分母としたときの比率（z＞0）である。

この仮説検定に関する記述として、最も適切なものはどれか。

ア　「1－（第2種の誤りの確率）」を、検定力という。

イ　z値が1.96よりも大きいときは、帰無仮説が採択できる。

ウ　z値を計算するときの分母は、各年の標本標準偏差を各年の日数で除したものの和である。

エ　問題文中の記述と同様にして、年ごとの平均月次売上高の差も検定できる。

解答・解説編

解答：ア

平均の差の検定に関する出題である。

平均日次売上高のように標本数が多い場合には、年ごとの標本平均が母平均に等しいとみなせる。平均の差の検定ではt検定などを利用するが、標本数が多い場合には近似的に標準正規分布となり、正規分布の性質を利用したz値で検定できる。

ア：適切である。検定力（検出力ともいう）とは、帰無仮説を棄却すべきときに、正しく棄却する確率である。全事象の確率である1から、第2種の誤りの確率を除いたものが検定力となる。

イ：不適切である。有意な差があるかを検定するため、有意水準が5%の両側検定となる。z値が1.96よりも大きいときには、帰無仮説を棄却する。

ウ：不適切である。z値を計算するときの分母は、各年の標本分散を各年の日数で除した和の平方根である。

エ：不適切である。平均日次売上高では標本数が十分に多いが、平均月次売上高では標本数が多いとはいえない場合、問題文中の記述と同様には検定できない。

厳選!!

必須テーマ　重要例題③　―第5章―

令和4年度　第23問

問題編

統計的仮説検定に関する記述として、最も適切な組み合わせを下記の解答群から選べ。

a　第1種の過誤とは、帰無仮説が真であるにもかかわらず帰無仮説を棄却してしまう誤りをいう。
b　第1種の過誤とは、帰無仮説が偽であるにもかかわらず帰無仮説を採択してしまう誤りをいう。
c　第2種の過誤とは、帰無仮説が偽であるにもかかわらず帰無仮説を採択してしまう誤りをいう。
d　第2種の過誤とは、帰無仮説が真であるにもかかわらず帰無仮説を棄却してしまう誤りをいう。
e　有意水準（危険率）とは、第1種の過誤を犯す確率のことである。
f　有意水準（危険率）とは、第2種の過誤を犯す確率のことである。
g　検定力（検出力）とは、第1種の過誤を犯す確率のことである。

〔解答群〕

ア　aとcとe
イ　aとcとf
ウ　aとfとg
エ　bとdとe
オ　bとdとg

解答：ア

統計的仮説検定に関する問題である。

a：適切である。帰無仮説が正しいにも関わらず、帰無仮説が誤りとして棄却することを第1種の過誤という。
b：不適切である。帰無仮説が誤りにも関わらず、帰無仮説が正しいとして採択することを第2種の過誤という。
c：適切である。帰無仮説が誤りにも関わらず、帰無仮説が正しいとして採択することを第2種の過誤という。
d：不適切である。帰無仮説が正しいにも関わらず、帰無仮説が誤りとして棄却することを第1種の過誤という。
e：適切である。有意水準は、第1種の過誤の確率と等しい。
f：不適切である。有意水準は、第1種の過誤の確率と等しい。
g：不適切である。第2種の過誤を起こさない確率を検定力という。

よって、選択肢アが最も適切である。

厳選!!

必須テーマ　重要例題④　―第5章―

平成28年度　第25問

問題編

当社は製造に必要なある共通部品を3社から仕入れている。手元にある各社の在庫部品からいくつかを抜き出して、それぞれの重量を計った（下表参照）。在庫部品の平均重量が仕入元によって異なるかどうかを知りたい。

その方法に関する記述として、最も適切なものを下記の解答群から選べ。

各部品の重量

A社	B社	C社
12.3	12.1	11.9
12.6	12.5	12.1
12.4	12.9	12.6
13.4	12.4	12.7
	12.2	12.4
	12.5	

〔解答群〕

ア　3社のデータについての比較なので、多元配置の分散分析を利用する。

イ　3社のデータについての比較なので、分散分析では群間の自由度は2になる。

ウ　5％の有意水準で2社間の平均値の差のt検定を3回繰り返して、いずれも有意差が出ないならば、5％水準で差がないといえる。

エ　平均値の差のt検定を任意の2社間で繰り返すと、検定の多重性による第二種の過誤が大きくなる。

解答：イ

平均値の差の検定に関する出題である。
分析対象が3社のデータで多数となるため、分散分析で平均値の差を検定する。

ア：不適切である。在庫部品の重量という1つの因子で比較するため、1元配置の分散分析を利用する。
イ：適切である。3社のデータを比較するため、3群のデータがある。群間の自由度は、自由な値をとることができる群数のことであり、3－1＝2となる。
ウ：不適切である。表のデータについて特定の2社間でt検定を3回繰り返す場合、3回とも同じデータを使用するため繰り返し回数による違いがない。繰り返しに意味がなく、いずれも有意差が出なければ、という基準で判定しない。
エ：不適切である。A社とB社、A社とC社、B社とC社というように、t検定を任意の2社間で繰り返した場合に、検定の多重性が問題となる。検定の多重性とは、第一種の過誤が大きくなることである。

厳選!!

必須テーマ　重要例題⑤ ―第5章―

平成27年度　第24問

問題編

様々なデータ分析技法が開発されており、広く使われている。それらの技法に関する以下の①～③の記述と、その名称の組み合わせとして、最も適切なものを下記の解答群から選べ。

① 複数の母集団の平均値の間に差があるかどうかを統計的に検定するのに使える方法。
② Webサイトで2つの異なるページをランダムに表示して、それらに対する利用者の反応の違いを統計的に分析するのに使える方法。
③ 事前に与えられたデータが2つの異なるグループに分かれる場合、新しいデータがどちらのグループに入るのかを区別するのに使える方法。

〔解答群〕

ア　①：判別分析　②：A/Bテスト　③：分散分析
イ　①：判別分析　②：分散分析　③：A/Bテスト
ウ　①：分散分析　②：A/Bテスト　③：判別分析
エ　①：分散分析　②：判別分析　③：A/Bテスト

解答：ウ

データ分析技法に関する出題である。

①：分散分析が適切である。分散分析は、3つ以上のデータ群における平均の差の有意性有無を同時に分析する手法である。

②：A/Bテストが適切である。例えば、無料見積りページにリンクを貼ったボタン上のテキストに「見積もりはこちら」「無料見積りはこちら」の2パターンをランダムに表示して、どちらのテキストの方がクリック率が高いかを分析する場合などにA/Bテストが使われる。

③：判別分析が適切である。判別分析では、データの内容を判別式に代入し、判別式の計算結果によって、データがどのグループに入るのかを判別する方法が用いられる。

よって、選択肢ウが最も適切である。

出題マップ：経営情報システム

第1章：経営戦略と情報システム		令和5年度	令和4年度
I	経営戦略と情報化		
II	経営革新と情報システム	03-ニューラルネットワーク,深層学習、04-半構造化データ、15-DX、16-ダイシング、24-混同行列、25-情報流通の特徴	04-データレイク、09-DXレポート2.1、15-機械学習、25-ブロックチェーン
III	情報活用の関連用語		
第2章：情報技術に関する基礎知識			
I	ハードウェア	01-フラッシュメモリ、10-ストレージ技術	01-Bluetooth
II	ソフトウェア		02-Python、03-プログラミング言語、21-スループット,レスポンスタイム
III	アルゴリズムとデータ構造		
IV	情報処理システムの形態と関連技術	07-マルチメディアのファイル形式、14-アナログデータのデジタル化、19-ITサービスマネジメント	12-システムの処理能力、18-SLA、22-アウトソーシング,クラウドコンピューティング
V	ファイルとデータベース	02-正規表現、05-データベース管理システム、08-正規化、09-SQL	02-KVS、05-SQL、06-相対パス、14-データベース
第3章：通信技術に関する基礎知識			
I	通信ネットワーク	12-LAN接続機器、13-ネットワークの性能	01-無線LAN規格、08-IPアドレス
II	インターネット	11-サブネットマスク、15-Society5.0,Web3.0,インダストリー4.0	07-通信プロトコル、08-ドメイン、10-オープンデータ
第4章：システムの開発・運用・評価			
I	情報システムの開発	17-モデリング手法、18-エラー埋め込み法	11-クラス図、13-システム開発方法論
II	情報システムの評価	06-負荷分散、20-プロジェクト管理	19-CPI,SPI、21-RASIS
III	情報システムの運用	21-モバイル端末管理、22-ネットワークセキュリティ、23-リスクマネジメント	07-SSL/TLS、16-IDとパスワード、17-リスク対応、18-ITサービスマネジメント、20-デジタル署名
第5章：統計解析			
I	統計解析の基礎		
II	確率分布		
III	検定・推定		23-統計的仮説検定、24-母平均と母分散
IV	多変量解析		
その他			

令和3年度	令和2年度	令和元年度
)2-RFID、08-データの収集・加工・分析、3-人工知能（AI）、15-SoS、16-DX	11-AI、16-新システムへの移行、22-サブスクリプション、25-RPA	15-ERPシステム、16-意思決定のためのデータ支援
)1-USB規格	01-入出力インタフェース、02-フラッシュメモリ、12-スマートフォンの主なセンサー	01-タッチパネル、02-記憶媒体
)4-ソフトウェアの役割・機能、05-OSS、)6-Python		04-表計算ソフト
)3-コンテナ技術、07-コンピュータの処理形態	04-3層クライアントサーバシステム、13-仮想化	06-バッチ処理、10-画像ファイルフォーマット、22-アウトソーシング、23-クラウドコンピューティング
)9-検索システム、10-SQL	06-正規化、07-ACID特性、08-CSVファイル	09-データモデル
	09-無線LAN	11-機器接続の要素技術、12-OSI基本参照モデル
2-チャットボット、17-SOA	05-Cookie、19-ユーザビリティ	03-Webアプリケーション、05-マッシュアップ、08-URL
4-UML、18-エクストリーム・プログラミング、19-共通フレーム2013	03-オブジェクト指向、17-UMLのダイアグラム、20-ブラックボックステスト	17-システム開発手法、18-テスト
20-情報システムの信頼性、23-顧客生涯価値	14-インターネットマーケティングの効果測定指標、18-プロジェクト管理、	13-システムの稼働率、21-バランスト・スコアカード
1-認証、21-ゼロトラスト、22-情報セキュリティ5か条、25-テレワークセキュリティガイドライン	10-ネットワークセキュリティ、15-ITガバナンス、21-リスクの対応策	07-システム構成、14-ビジネスモデル特許、19-暗号化、20-中小企業の情報セキュリティ対策ガイドライン、25-標準化組織
	23-データや統計量の解釈	24-代表値とバラツキの統計量
24-検定方法		
	23-データや統計量の解釈、24-データ分析手法	

参考・引用文献

- 『経営情報論』遠山暁、岸真理子、村田潔共著　有斐閣
- 『情報品質の研究』関口恭毅著　中央経済社
- 『情報システム設計・開発入門』関口恭毅著　近代科学社
- 『インターネット・マーケティング』前川浩基編著　同文舘出版
- 『初級シスアド スーパー合格本』三輪幸市著　秀和システム
- 『初級シスアド基本用語辞典（第2版）』ノマド・ワークス著　新星出版社
- 『情報処理用語辞典』福嶋宏訓著　新星出版社
- 『基本情報図解テキスト1 ハードウェアとソフトウェア』NECラーニング編　日本経済新聞出版社
- 『基本情報図解テキスト2 ネットワークと情報社会』NECラーニング編　日本経済新聞出版社
- 『基本情報図解テキスト3 アルゴリズムとシステム開発』NECラーニング編　日本経済新聞出版社
- 『マスタリングTCP/IP入門編（第3版）』竹下隆史他著　オーム社
- 『コンピュータシステムの基礎（第15版）』アイテック
- 『実践コンピュータシステム』アイテック
- 『ネットワークとデータベース』アイテック
- 『システム開発の基礎』アイテック
- 『戦略的システムライフサイクルマネジメント』アイテック
- 『ソフトウェア開発ライフサイクル』アイテック
- 『図解でわかる統計解析』前野昌弘、三國彰著　日本実業出版社
- 『勉強したいひとのための統計解析のきほん』松井敬著　日本実業出版社
- 『統計的データ解析入門 単回帰分析』岩崎学著　東京図書
- 『IT用語辞典e-Words』http://e-words.jp/
- 『DEMO』飯島淳一編著　NTT出版
- 『脆弱性対策の効果的な進め方（実践編）』独立行政法人 情報処理推進機構（IPA）
- 『達人に学ぶDB設計　徹底指南書』ミック著　翔泳社
- 『パソコン・IT用語事典』大島邦夫・堀本勝久著　技術評論社
- 『Microsoft Access 2010　応用』富士通エフ・オー・エム
- 『情報セキュリティプロフェッショナル教科書』佐々木良一監修　アスキー・メディアワークス
- 『IT用語辞典バイナリ』http://www.sophia-it.com/
- 『CodeZine』https://codezine.jp/
- 『グリーンITキーワード』日経BP社ウェブサイト
- 『中小企業ビジネス支援サイト J-Net21』（独）中小企業基盤整備機構
- グリーンIT委員会ホームページ
- （一財）日本情報経済社会推進協会（JIPDEC）ホームページ
- （独）情報処理推進機構（IPA）ホームページ
- 国税庁ホームページ
- 特許庁ホームページ

索　引

【O】

【P】

【Q】

【R】

【S】

【T】

【U】

【か】

【き】

【く】

【け】

編著者紹介

渡邉　義一（わたなべ　よしかず）

㈱経営教育総合研究所主任研究員、中小企業診断士、社会保険労務士、1級販売士、日商簿記1級、東京販売士協会参与、産業能率大学兼任講師。システムエンジニアを経て独立し、情報システムの設計・開発からシステム活用による業務改善と労務管理を中心に活動する。

福井　泰介（ふくい　たいすけ）

㈱経営教育総合研究所主任研究員、中小企業診断士。情報処理技術者（ST、PM）。OA機器販売会社で顧客の生産性向上を支援する業務に従事。業務プロセスの標準化とITの活用による業務改善を実践している。

吉田　昭（よしだ　あきら）

㈱経営教育総合研究所研究員、中小企業診断士。PMP。電子機器製造メーカの品質管理部門でものづくりや生産管理を経験した後、資材部門で取引先の管理や取引関係の契約管理に携わっている。

小路　康弘（しょうじ　やすひろ）

㈱経営教育総合研究所研究員、中小企業診断士、情報処理技術者（プロジェクトマネージャ）。前職の情報通信会社にてクラウドサービスの販売活動や事業企画・管理業務に従事。

小林　仁（こばやし　ひとし）

㈱経営教育総合研究所研究員、中小企業診断士、情報処理技術者（PM、AU）、公認システム監査人。通信系SIerにおいて数多くの大規模システム開発のPMを歴任後、事業管理や品質マネジメント等の管理業務も経験。現在は独立し、システムや経営のコンサルティング活動に従事。

藤田　浩幸（ふじた　ひろゆき）

㈱経営教育総合研究所研究員、中小企業診断士、情報処理技術者（PM、AU、NW等）。ITコンサルタントとして、情報システムの最適化計画、IT調達支援、PMO支援などの業務に従事している。

米森　啓貴（よねもり　ひろたか）

㈱経営教育総合研究所主任研究員、中小企業診断士。医療系ITベンチャー企業のセールス部にて、マネージャーとして営業活動・チームマネージメントに限らず、ITツールを活用した業務効率化に従事。企業外では、歯科医院を中心に経営支援を行っている。

執筆者紹介

鳥島　朗広（とりしま　あきひろ）

㈱経営教育総合研究所主任研究員、中小企業診断士。

田中　賢一郎（たなか　けんいちろう）

㈱経営教育総合研究所研究員、中小企業診断士。

三谷　誠一（みたに　せいいち）

㈱経営教育総合研究所研究員、中小企業診断士。

渡邉　奈月（わたなべ　なつき）

㈱経営教育総合研究所研究員、中小企業診断士。

瑚山　逸朗（こやま　いつろう）

㈱経営教育総合研究所研究員、中小企業診断士。

監修者紹介

山口　正浩（やまぐち　まさひろ）

㈱経営教育総合研究所 代表取締役社長、㈱早稲田出版 代表取締役社長、中小企業診断士、経営学修士（MBA）、TBC受験研究会統括講師、中小企業診断士の法定研修（経済産業大臣登録）講師、日本FP協会の認定教育機関講師。

24歳で中小企業診断士試験に合格後、常に業界の第一線で活躍。2011年12月のNHK（Eテレ）の「資格☆はばたく」では、中小企業診断士の代表講師＆コンサルタントとして選抜され、4週間にわたる番組の司会進行役の講師とNHK出版のテキスト作成に携わる。

従業員1名から従業員10,000名以上の企業でコンサルティングや研修を担当し、負債3億円、欠損金1億円の企業を5年間で黒字企業へ事業再生した実績を持つ。日本政策金融公庫、日本たばこ産業株式会社などで教鞭をふるい、静岡銀行、東日本銀行（東日本倶楽部経営塾）では、経営者へ実践的な財務会計の研修を行う。

主な著書は「マーケティング・ベーシック・セレクション・シリーズ」（全12巻）同文館出版、販売士検定関連の書籍は「動画で合格（うか）る販売士3級テキスト＆問題集」早稲田出版など10冊、年度改訂の書籍を含めると450冊以上の監修・著書があり、日経MJ新聞「マーケティング・スキル（いまさら聞けない経営指標）毎週金曜日 全30回」や月刊「近代セールス」の連載も持つ。近年、若手コンサルタントのキャリアアップに注力し、執筆指導のほか、プレゼンテーション実践会を主催している。

2024年版　TBC中小企業診断士試験シリーズ

速修テキスト　6 経営情報システム

2023年12月1日　　初版第1刷発行

編 著 者……渡邉義一／福井泰介／吉田 昭／小路康弘／小林 仁／藤田浩幸／米森啓貴
監 修 者……山口正浩
発 行 者……山口正浩
発 行 所……株式会社 早稲田出版
〒130-0012 東京都墨田区太平1-11-4 ワイズビル4階
TEL：03-6284-1955　FAX：03-6284-1958
https://waseda-pub.co.jp/
印刷・製本……新日本印刷株式会社

ISBN 978-4-89827-575-7 C0030

書籍の正誤についてのお問い合わせ

万一、誤りと疑われる解説がございましたら、お手数ですが下記の方法にてご確認いただきますよう、お願いいたします。

書籍の正誤のお問い合わせ以外の書籍内容に関する解説や受験指導等は、一切行っておりません。そのようなお問い合わせにつきましては、お答え致しかねます。あらかじめご了承ください。

【1】書籍HPによる正誤表の確認

早稲田出版HP内の「書籍に関する正誤表」コーナーにて、正誤表をご確認ください。

URL:https://waseda-pub.co.jp/

【2】書籍の正誤についてのお問い合わせ方法

上記、「書籍に関する正誤表」コーナーに正誤表がない場合、あるいは該当箇所が記載されていない場合には、書籍名、発行年月日、お客様のお名前、ご連絡先を明記の上、下記の方法でお問い合わせください。
お問い合わせの回答までに１週間前後を要する場合もございます。あらかじめご了承ください。

●FAXによるお問い合わせ

FAX番号：**03-6284-1958**

●e-mailによるお問い合わせ

お問い合わせアドレス：**infowaseda@waseda-pub.com**

**お電話でのお問い合わせは、お受けできません。
あらかじめ、ご了承ください。**